BREST

ET

LE FINISTÈRE

SOUS LA TERREUR

PAR

A. DU CHATELLIER.

BREST,
CHEZ **NORMAND**, LIBRAIRE,
Rue de la Mairie, 35.

PARIS,
CHEZ **DUMOULIN**, LIBRAIRE,
Quai des Augustins, 13.

1858.

AVANT-PROPOS.

Adonné, depuis plus de trente ans, à la recherche soutenue de tout ce qui pouvait faire apprécier dans ses détails le grand mouvement de la Révolution de 89 au sein des populations bretonnes, j'ai eu l'insigne bonheur, comme je l'ai dit ailleurs, de joindre à tout ce que j'ai recueilli moi-même dans les dépôts publics, la correspondance, la pensée et souvent jusqu'aux souvenirs vivants des hommes éminents qui, comme Hoche, Guezno, Guermeur, Prieur, Daru, Petiet, Aubert Dabayet et beaucoup d'autres, prirent une part si décisive à tout ce qui se passa dans l'Ouest. A cette source inépuisable de documents, j'ai pu ajouter la correspondance des chefs vendéens eux-mêmes, et comme Cambry, quand il inventoriait en l'an III les parchemins et les pièces qui n'avaient point encore été converties en gargousses et en munitions de guerre, j'ai pu sauver beaucoup de débris, et je suis parvenu à former une collection assez riche et assez complète pour éditer aujourd'hui le livre que je soumets à l'appréciation consciencieuse de mes concitoyens, plutôt comme un fait que comme une œuvre d'art.

Quand, il y a plus de vingt ans, je publiai sur l'ensemble des départements Bretons, les six volumes qui, sous le titre d'*Histoire de la Révolution dans les départements de l'Ouest*, ont défrayé en détails de toute espèce tant de metteurs en scène qui y ont puisé à pleines mains pour leurs romans, leurs prétendus mémoires et ce qu'ils ont appelé des *histoires pittoresques*, il fut dit par quelques-uns que *c'était une rage d'impartialité qui s'était emparée de moi, et qu'il serait difficile de me contredire.* — J'acceptai et j'accepte encore aujourd'hui ce jugement comme le plus honorable qui pût être porté de mon livre.

Celui que je publie, et qui est comme le complément de celui que j'ai publié en 1832, méritera, j'en ai le profond sentiment, le même suffrage, la même attestation de vérité et d'exactitude....... Qu'on me pardonne, à ce titre, d'avoir ainsi conservé le trait toujours exact des physionomies que j'avais à reproduire, au lieu d'avoir surchargé ma palette de couleurs plus ou moins chatoyantes sous lesquelles ce trait se serait inévitablement perdu.

J'ai déjà eu souvent l'honneur, pour ma première publication, de me voir copier, extraire, traduire même; quelquefois en étant cité, souvent aussi en étant oublié : qu'il en soit encore de même, et je n'aurai aucune raison de me plaindre.

Et à ce sujet, qu'on me permette ici de remercier les amis nombreux et dévoués qui, en remarquant avant moi ce qu'on m'avait emprunté, quelquefois sans trop de mesure, m'ont ainsi confirmé dans la ligne de parfaite impartialité que je me suis toujours efforcé de suivre, et que, parmi eux, il me soit surtout permis de nommer mon ami Levot, le savant Bibliothécaire de la Marine à Brest, auquel je dois tant d'utiles renseignements, la communication de pièces si précieuses, et qui, tourmenté comme moi de la manie de savoir et de conserver, prépare pour la ville et le port de Brest une précieuse histoire où le pays et les hommes d'étude trouveront le souvenir de tant d'efforts accumulés pour la création et le développement d'un établissement qui forme aujourd'hui l'une des gloires de la France.

Mes remerciements aussi à M. Fleury, l'obligeant et laborieux Archiviste de la ville de Brest, pour la parfaite courtoisie avec laquelle il a bien voulu me communiquer tout ce que possède le dépôt qu'il dirige, fait que je regrette de n'avoir pas toujours rencontré ailleurs.

BREST ET LE FINISTÈRE

sous

LA TERREUR.

CHAPITRE PREMIER.

Mission des Représentants envoyés près des côtes de Brest et de Lorient en Août 1793.

Je veux décrire la mission des Représentants du peuple envoyés près les côtes de Brest et de Lorient à la suite des événements du 31 Mai, c'est-à-dire, après la dispersion des Girondins et après la mise en jugement de l'administration départementale du Finistère, accusée d'avoir provoqué le mouvement fédéraliste des départements de l'ouest.

La mission de ces Représentants, parmi lesquels figurent : Tréhouart, — Bréard, — Jean-Bon Saint-André, — Prieur de la Marne, — Laignelot — et Carrier lui-même, comprend un espace de temps qui s'écoula du mois d'Août 1793 au mois d'Août 1794 (Thermidor, an II), c'est-à-dire toute la crise de 93, avec la terreur et les tribunaux révolutionnaires pour complément.

Je me bornerai à dire ce qui se passa dans le Finistère, et plus particulièrement à Brest, siége presque constant de la représentation déléguée. Nantes, sous Carrier, offrit encore plus d'horreurs que Brest ; mais j'ai sur cette dernière ville et le Finistère beaucoup plus de documents que sur la Loire-Inférieure ; et comme ce n'est pas l'histoire générale de la terreur que j'essaie de faire, mais bien celle d'un de ses épisodes les plus sanglants, je me renfermerai dans ce qui se passa à Brest et dans le Finistère. J'ai d'ailleurs fait, en un autre livre, l'histoire de cette horrible compression de la Montagne sur l'ensemble des départements de l'Ouest : je décris, aujourd'hui, particulièrement et d'une manière plus complète son action sur un département où se concentrèrent les plus grands efforts de la République dans sa lutte contre l'Angleterre et dans ses cruelles représailles contre le parti de la Gironde et des Fédéralistes.

On était au mois de Juillet 1793, très profondément alarmé par les agitations des clubs et de la commune de Paris ; l'ensemble du Finistère et ses administrations frémissaient d'impatience tout en redoublant de zèle et de dévouement pour sauver la patrie et maintenir l'ordre si c'était possible. Toutes les grandes mesures révolutionnaires successivement prescrites depuis la chute du trône et depuis la proclamation de la République s'étaient accomplies, non sans peine quelquefois, mais d'une manière résolue et sûre, avec probité et modération, comme devaient l'entendre et le faire des administrateurs élus par le peuple, mais généralement choisis dans la classe la plus éclairée de la population. — On avait partout dans le Finistère satisfait à la levée des trois cent mille hommes, non sans quelques troubles, mais sans mécompte sur l'ensemble de la mesure, presque sans désertions. De toutes parts, les municipalités s'étaient révolutionnairement constituées. L'impôt se payait couramment, et soit pour le ravitaillement des républicains qui poursuivaient les rebelles de la Vendée, soit pour les armements exceptionnels du Port de Brest, toutes les réquisitions demandées s'acquittaient sans trop de peine. La loi même des émigrés recevait son application ; les listes des absents étaient partout dressées ; le séquestre était mis sur les propriétés de ceux que l'on croyait à l'ennemi, et la tiédeur, d'où qu'elle vînt, n'était admise nulle part, ni pour personne. Tout le monde marchait, soit contre l'ennemi du dehors, soit contre celui qui, à l'intérieur, niait ou contestait le pouvoir du jour.

Mais au milieu de ce mouvement accepté des plus timides, secondé même des plus prudents et des plus sages, il se trouva dans le Finistère, comme ailleurs, des hommes, sans nom, sans famille, sans intérêts avoués ou avouables qui prétendirent que rien n'allait assez vite, et qu'après avoir renversé le clergé et l'église, la noblesse et les vieilles institutions de la monarchie, il restait encore des *aristocrates* auxquels on ne sut d'abord quel nom donner, mais qu'on appela bientôt des feuillants, des modérés, des fédéralistes dès qu'ils n'acceptèrent pas de se rendre au pied de la sainte Montagne, au sommet de laquelle Marat et quelques autres s'étaient audacieusement posés comme les dépositaires de cette foudre révolutionnaire, au bruit de laquelle la France et le monde devaient se régénérer.

De ce jour, les partis s'animèrent parmi nous, comme à la Convention et à la Commune de Paris, et il fut facile de prévoir que toute crise et toute collision qui surviendrait au sein de la capitale aurait son contre-coup dans le Finistère.

D'ailleurs, les hommes les plus considérables du pays ne s'en cachaient pas : à l'administration départementale du Finistère tout se préparait pour une résistance ouverte aux entreprises que la Montagne et la Commune de Paris semblaient organiser de concert; l'affreux crime du 2 Septembre n'avait été excusé par aucune âme honnête de la province, et l'un des agents les plus accrédités de la Commune de Paris, en arrivant à Quimper, pourvu des instructions secrètes de Danton, fut promptement saisi, arrêté, jeté en prison et long-temps gardé à vue malgré les réclamations des meneurs et les menaces de Marat lui-même, qui écrivait, à la date du 27 Décembre 1792, qu'il *poursuivait avec fureur son élargissement près des comités de la Convention.*

Composée de trente et quelques administrateurs, la plupart jeunes et instruits, appartenant aux meilleures familles de la bourgeoisie du pays, présidée par un ancien maréchal-de-camp de l'une des plus illustres familles de la noblesse bretonne, l'administration départementale du Finistère, tout en restant sérieusement occupée de la gestion des affaires publiques, ne négligeait aucun moyen de contenir ou de modérer au moins les sociétés populaires et les administrations locales, qu'un esprit trop éminemment révolutionnaire entraînait au-delà du but. — En correspondance suivie avec les ministres et les députés du département, cette administration cherchait à faire apprécier des premiers le bien qui pouvait être tenté ; à faire connaître aux seconds la marche qu'il fallait suivre pour contenir ou repousser les perturbateurs de quelqu'ordre et de quelqu'opinion qu'ils fussent. Se ressentant elle-même des dissensions intestines de la Convention, qui la jetaient souvent dans la plus sérieuse perplexité, elle prêchait à ses représentants, à Paris, la fermeté, la résistance même à toute usurpation, à toute entreprise des Montagnards. Elle leur faisait parvenir des adresses, elle leur offrait des secours et même, s'il en était besoin, le concours d'une protection efficace, par la levée d'une force armée qui marcherait sur Paris et qu'elle mettrait à leur disposition.

C'est dans ces circonstances qu'eut lieu le 31 Mai et l'acte de proscription qui obligea soixante et quelques députés du parti de la Gironde à s'éloigner de Paris et de la Convention.

Un acte si décisif et si anormal fut regardé, par un grand nombre de villes et par plusieurs départements, comme un acte formel d'usurpation, comme un acte tyrannique et subversif de tout ordre légal. Cet acte fut pour le Finistère, déjà très disposé à la lutte, le signal d'une résistance ouverte aux entreprises des Montagnards.

La conduite et la résolution des membres de toutes les administrations du département, mais surtout de l'administration départementale, furent très caractéristiques et très promptes.

On organisa la force armée dont on avait parlé. On nomma des délégués pour se concerter avec les départements de la Bretagne et de la Normandie qui paraissaient disposés à la résistance, et tout en contestant ainsi la validité d'un acte tyrannique et attentatoire à la liberté des départements et de leurs représentants, on suspendit partout dans le département l'adhésion sollicitée en faveur de la Constitution de l'an II qui venait d'être soumise à l'approbation des assemblées primaires.

Le pays entier, on le conçoit, se ressentit très vivement de cette agitation, et l'exemple donné par presque toutes les administrations de l'ouest, par plusieurs grandes villes, comme Lyon, Bordeaux, Rennes, Caen, Nantes, Toulouse, etc., etc., et jusque par les représentants en mission dans nos départements, même après le 31 Mai, ne pouvait qu'être suivi par la masse éclairée de la population (1).

Presque partout le contingent de la force armée organisée par le département et dirigée sur Paris et la Normandie pour se mettre aux ordres de la Convention, et plus tard aux ordres des députés en fuite, s'était formé par des enrôlements volontaires. Beaucoup de soldats et d'officiers de la gendarmerie des garnisons du Finistère s'y étaient fait inscrire. Dans quelques localités, comme à Brest, c'étaient les sections elles-mêmes de la population entière qui avaient tenu à faire les désignations,

(1) Nous avons retracé ailleurs (Livre IV de notre *Histoire de la Révolution dans les départements de l'Ouest*) les circonstances qui entraînèrent les départements Bretons et ceux de la Normandie à se prononcer ouvertement contre les événements du 31 Mai et l'expulsion des Girondins de la Convention. Peu ou point de doutes ne peuvent être restés sur la pureté des intentions des administrateurs qui, désignés comme fédéralistes, furent bientôt sacrifiés à la jalouse inquiétude des montagnards. Mais quelques pièces nouvelles que nous avons recueillies depuis peu, nous fourniront plus tard l'occasion de revenir sur cette importante question.

et partout le mouvement avait été prompt, spontané et résolu (1). En peu de jours, les députés des départements Bretons, réunis à Rennes sous la présidence de Le Graverend, Roujoux étant secrétaire, eurent résolu, par un acte public et solennel, la résistance aux entreprises de la Montagne, et confirmé la marche des hommes armés qui devaient joindre, à Caen, les députés en fuite et les ramener vers Paris pour les réhabiliter à la Convention à laquelle les fédéralistes ne reconnaissaient ainsi aucun droit de se scinder, en expulsant ceux des représentants qui avaient toujours résisté aux excès et aux entreprises de la Montagne.

Le droit et la justice de cette cause ne devaient cependant pas être reconnus. — Dispersés avant d'avoir en quelque sorte combattu, les Girondins et les hommes des départements de l'Ouest, après avoir dépassé Caen et marché jusqu'à Verneuil, furent obligés de se retirer devant des forces supérieures qui ne leur permirent pas de poursuivre leurs projets de réhabilitation.

Une partie des représentants, mis hors la loi par leurs collègues dans la journée du 31 Mai, furent saisis et destinés à passer au tribunal révolutionnaire. Chaque jour d'ailleurs, la Convention et le Comité de Salut public rendaient des décrets d'accusation contre les villes et les administrateurs des départements qui s'étaient révoltés à l'idée de voir leurs députés saisis et chassés de l'Assemblée nationale. Le 19 Juillet 93, Barrère, montant à la tribune au nom du Comité de Salut public, donna connaissance de l'une des proclamations des administrateurs du Finistère et les fit décréter d'accusation, en même temps qu'il provoqua la translation de l'administration départementale de Quimper à Landerneau. Quelques députés, renchérissant

---

(1) Les sept sections composant l'ensemble de la population de Brest s'appelèrent, un peu plus tard : Égalité, — Sans-Culotte, — de la Liberté, — de la Raison, — de la Montagne, — de Marat, — de Le Pelletier.

sur ces mesures, firent ajouter que, dès la mise en suspicion des administrateurs prévenus de fédéralisme, toutes leurs propriétés seraient immédiatement placées sous le séquestre, et que la seule absence de leur poste suffirait pour l'application de cette mesure.

De son côté, Jean-Bon Saint-André, collègue de Barrère au Comité de Salut public, accusant les mêmes administrateurs d'avoir pris quelques mesures relativement à l'embargo mis sur les corsaires et les bâtiments de commerce par la loi du 22 Juin, faisait décréter la peine de mort contre toute administration civile qui s'immiscerait, de près ou de loin, dans les mouvements de la marine et des vaisseaux de guerre. Sur quoi Bréard et quelques autres députés de la Montagne, reprenant la question, vingt fois émise, d'épurer le Corps de la marine, proposa d'en expulser définitivement tous les ci-devant nobles qui pouvaient encore s'y trouver, avançant que la République et l'armée de mer seraient beaucoup mieux servies par les officiers du commerce, qui avaient pour eux une longue et utile pratique.

Voilà dans quelles circonstances le département du Finistère vit Bréard envoyé en mission extraordinaire près du Port de Brest et de la Marine. Tréhouart lui fut adjoint pour collègue.

Mais, avant d'entrer dans le détail des mesures que ces deux Représentants eurent à prendre, rappelons qu'en voyant les dissensions de la Convention, la journée du 51 Mai, l'expulsion d'une partie de la représentation nationale, le soulèvement de plusieurs villes, l'assassinat de Marat par Charlotte Corday (15 Juillet 93), la révolte ouverte de Lyon et les meurtres juridiques du tribunal révolutionnaire, qui faisait tomber tant de têtes chères à la monarchie, rappelons que la Vendée, faisant un effort suprême, débordait de toutes parts, attaquant à la fois Nantes, Saumur, et se répandant jusque dans la Normandie, le Morbihan et les Côtes-du-Nord.

Avec ces éminents périls, la rage et la fureur des Montagnards s'élevaient aussi, et, vers la fin d'Août, la société-mère des Jacobins de Paris, s'épurant elle-même sur la proposition de Robespierre, incitait les administrations et les autres clubs de la République à suivre cet exemple et à faire enfin justice, par la voie du scrutin, des tièdes et des timides qui, en se mêlant aux affaires publiques, retardaient, prétendaient-ils, le complet succès des grands principes de la République. Comment en aurait-il été autrement ? l'ère républicaine venait d'être proclamée ; une constitution nouvelle avec la déclaration des droits de l'homme pour base, venait d'être soumise à l'acceptation des assemblées primaires, et il fallait, à tout prix, entraîner le pays, le faire se prononcer pour le régime qu'on lui offrait, et, cela fait, marcher résolument à l'accomplissement de cette folle régénération que des énergumènes avaient résolu d'accomplir au prix de tant de sang et de sacrifices.

Nous allons voir comment ils s'y prirent à Brest et dans le Finistère, qui leur furent livrés l'un et l'autre sous le prétexte de disperser le fédéralisme comme une contre-révolution nouvelle, de régénérer la marine et de venger le pays de l'échec de Toulon qui venait de se rendre aux Anglais (27 Août 1793). Leur mission ostensible fut de réorganiser la flotte qui, suivant l'expression de Bréard, *devait bientôt prouver à l'Europe étonnée*, que (dès que les officiers du commerce auraient pris la place des ci-devant) (1), comme il l'avait proposé, *les Français libres sauraient triompher sur terre comme sur mer.*

Bréard, muni des instructions secrètes du Comité de Salut public, partit donc de Paris pour Brest, le 25 Août 1793, et la marine fixa tous ses soins ainsi que ceux de son collègue Tréhouart.

La flotte conservait encore un certain nombre d'officiers ayant appartenu à l'ancien corps de la marine particulièrement recruté dans l'ordre de la noblesse et des privilégiés de l'an-

(1) Bréard, député de la Charente-Inférieure, était de Marennes, petite ville maritime riche par son commerce et son cabotage.

cienne monarchie. Du reste, ces officiers étaient à-peu-près les seuls hommes capables de diriger nos vaisseaux, et les levées nouvelles qui avaient été faites en Mars et Avril 1793, avec promesse expresse d'augmenter la solde des hommes de mer, d'assurer la subsistance de leurs femmes et de leurs familles, et de leur donner dans les prises qui seraient faites sur l'ennemi une très forte part, n'avaient généralement fourni que des hommes très peu expérimentés et encore moins disciplinés.

Defermon, Rochegude et Prieur envoyés en mission extraordinaire sur les côtes de Brest et de la Manche, vers la fin de Mars, avaient préparé l'organisation et la mise en activité des équipages et des vaisseaux, qui, sous les ordres de Morard de Galle, reçurent mission de se rendre dans les eaux de Belle-Ile pour croiser en vue de la Vendée et du Morbihan, afin d'empêcher tout débarquement de l'ennemi.

Mais, ainsi retenu près des côtes de la Vendée et du Morbihan, Morard de Galle, dont on accusa la nonchalance et le peu d'énergie, eut le tort assez marqué de laisser ses officiers et ses hommes communiquer trop fréquemment avec la côte, sous prétexte de faire du bois et des vivres. Il en résulta que la discipline des équipages se relâcha, et que, sur quelques vaisseaux, on passa promptement de la plainte aux murmures, et bientôt aux actes formels d'insubordination.

On était en Septembre 93, et, depuis quelques jours, à la nouvelle de la prise de Toulon par les Anglais, les insubordinations s'étaient répétées d'une manière alarmante. Vainement l'amiral et les capitaines de vaisseau donnaient-ils l'ordre d'appareiller ; les manœuvres ne s'exécutaient point, et chacun émettait son avis, proposait de garder le mouillage ou de rentrer à Brest sous prétexte que les navires n'étaient pas pourvus du matériel nécessaire pour faire face à l'ennemi. D'autres alléguaient que Toulon ayant été livré aux Anglais, on pouvait craindre que le port de Brest ne le fût également, et qu'il était urgent de rentrer pour contenir les conspirateurs et les ennemis de la République.

C'est dans ces circonstances, que le 13 Septembre 1793, en transmettant à la flotte le Décret de la Convention, du 6 Septembre, sur la prise de Toulon, les représentants Bréard et Tréhouart ajoutèrent que *si les marins et les ouvriers de la marine faisaient leur devoir et restaient fidèles à leur serment, nos ennemis seraient bientôt punis*..... Mais l'insubordination marchait rapidement, et le 15 Septembre, quand les Représentants nouvellement arrivés à Brest en appelaient ainsi au concours de tous, les équipages de Morard de Galle, entrant en pleine insurrection, envoyèrent leurs mandataires à bord du *Terrible*, monté par l'amiral, pour lui demander formellement que deux députés des équipages fussent envoyés l'un à la Convention, l'autre près des Représentants en mission à Brest, afin de solliciter un ordre formel de rentrer dans le Port. Antoine-Hippolyte VERNEUIL, soldat de marine en garnison sur *Le Juste*, fut dépêché près de la Convention, et CONOR, timonier sur la *Côte-d'Or*, fut envoyé près des Représentants en mission. Mais ces deux hommes avaient à peine quitté leurs camarades, que ceux-ci, sans attendre leur retour, forcèrent leurs officiers et l'amiral à appareiller pour se diriger sur Brest.

Tréhouart, informé de ce qui se passait, se consultant avec son collègue, partit sans retard de Brest sur un bâtiment léger, et rencontra la flotte, déjà sous voiles, à quelque distance de Quibéron. Il la fit rentrer dans les eaux de Belle-Ile ; et, ayant, le 21 Septembre, réuni tous les chefs militaires, il les somma de se prononcer sur l'état de leurs navires et de leurs équipages. Presque tous établirent, d'une manière péremptoire, l'impossibilité de tenir la mer. — L'ordre fut, en conséquence, donné de rentrer à Brest, et le 29 Septembre la flotte était en rade.

Un des premiers soins des Représentants fut de consigner les équipages, d'interdire toute communication avec la terre, et d'engager les autorités constituées et la Société populaire à envoyer des députations à bord de chaque vaisseau pour éclairer et patriotiser les équipages.

Les Représentants visitèrent eux-mêmes chaque bâtiment de la flotte et renouvelèrent sur chacun d'eux l'invitation faite aux *vrais républicains de dénoncer les faits coupables venus à leur connaissance.* Chaque chef militaire fut, en conséquence, interrogé séparément, et le plus obscur matelot accueilli, dès qu'il eut un de ses officiers à dénoncer.

Enfin, après quelques jours d'informations et de sourdes menaces appuyées par un agent intime, Le Breton, auquel on avait remis une somme de 2,400 francs sur les fonds de police, l'ère des arrestations et des destitutions commença, et les Représentants eux-mêmes, en se résumant dans leur rapport à la Convention, établirent

« Que le vice-amiral Morard de Galle avait contre lui sa naissance et la méfiance de l'armée, son indiscrétion, trop de déférence pour son chef de pavillon Bonnefoux, et, ce qui était beaucoup plus grave, une prédilection marquée pour les officiers issus de l'ancien grand corps ;

» Qu'il devait, en conséquence, se rendre sans délai auprès du Comité de Salut public et du Conseil exécutif pour se justifier ;

» Que le contre-amiral Landais était patriote et avait fait connaître par un mémoire, que des signaux étrangers avaient été plusieurs fois répétés entre le vaisseau-amiral et quelques autres bâtiments de la flotte ; mais qu'il était susceptible et comme tel peu propre au commandement.

» Que les contre-amiraux Le Large et Kerguelen étaient peu sûrs, imbus de préjugés incompatibles avec les principes de la République et qu'ils devraient en conséquence quitter la flotte et la ville de Brest dans les vingt-quatre heures.

» Que Bonnefoux et Daugier (1), l'un capitaine de pavillon du général, l'autre major de l'armée, étaient soupçonnés d'a-

---

(1) Daugier, mort vice-amiral, le 12 Avril 1834. Il était né à Courtezon (Vaucluse), le 12 Septembre 1764.

voir communiqué avec leurs amis à l'insu des patriotes, et qu'ils avaient été mis provisoirement en état d'arrestation.

» Que le capitaine Duplessis-Grenédan, de la *Côte-d'Or*, devait être traduit au Tribunal révolutionnaire, afin que la nation intimidât par la sévérité quiconque oserait servir sur ses vaisseaux après avoir porté les armes contre elle (1). Que Guignace, lieutenant, Verneuil, commis aux vivres, et Vilson, son protecteur pour l'avoir fait embarquer, seraient mis en arrestation.

» Que, quant aux matelots et canonniers du vaisseau la *Bretagne*, on les avait vus souvent à genoux sur leurs pièces, gémissant sur la perte de la religion ; qu'à ce titre ils étaient suspects, et que la justice exigeait qu'ils fussent traités comme tels et détenus ;

» Que Le Bourg et Enouf, lieutenants à bord du *Tourville*, Le Duc, enseigne sur le même vaisseau, seraient traduits au Tribunal révolutionnaire pour insubordination.

» Que Boissauveur, capitaine du *Superbe*, qui avait eu l'imprudence de donner un bal à Quibéron le lendemain de la nouvelle de la trahison de Toulon, acte qui faisait connaître à lui seul ses sentiments, devrait quitter la ville de Brest dans les vingt-quatre heures.

» Que La Richerie, capitaine du vaisseau la *Bretagne*, soupçonné d'avoir émigré, serait immédiatement mis en état d'arrestation.

» Que Coëtnempren, commandant le *Jean-Bart*, dénoncé comme contre-révolutionnaire, jouant le patriotisme, était accusé d'avoir favorisé le relâchement de la discipline, d'avoir négligé l'exercice du canon, d'avoir fait débarquer son argenterie au moment où l'ennemi pouvait se présenter, etc....., faits qui obligeaient à le remettre au Tribunal révolutionnaire,

---

(1) Duplessis-Grenédan (Toussaint-Jean), âgé de 29 ans, natif de Rennes, fut condamné à mort et exécuté le 27 Nivôse an II, le même jour que Coëtnempren et Verneuil, cités plus loin.

pour qu'il fût fait justice d'un homme aussi profondément incivique (1). »

La correspondance du ministre Dalbarade avec le commandant des armes du port de Lorient (lettre du 29 Brumaire an II), ajoute à cette liste : Le Tendre, capitaine du *Nestor* ; Bruix, capitaine de l'*Indomptable* ; Thomas, du *Northumberland* ; Terrasson, du *Superbe* ; Mons, du *Sans-Pareil*, Labbatut, de la *Convention* et les lieutenants Clément la Roncière, Gérard la Coudraye, Massard et Tuvache, comme ayant été également destitués par les Représentants en mission, et Fichet et Lécluse, enseignes du vaisseau le *Commerce-de-Marseille*, comme ayant été traduits par eux au Tribunal révolutionnaire de Paris (2).

Mais pour bien comprendre la terreur que cette affaire répandit dans l'armée navale et dans la ville de Brest, il faut reproduire quelques-unes des turpitudes que ce régime fit naître dès le premier moment. Ce fut d'abord une lettre des citoyens Le Clerc, Martin, Roxlo, Conrier, Gautier et Le Nôtre, lieutenants et sous-lieutenants au 2ᵉ régiment de la marine, tous hommes que nous retrouvons plusieurs fois chargés de missions spéciales de la part des Représentants.

« Les événements du 31 Mai, disaient-ils, que tout bon Français devrait bénir, ont été à Brest le signal de l'éclat contre la Convention et la ville de Paris ; le moment où Brest n'a plus retenti que des invectives les plus atroces, des calomnies les plus noires contre tout ce qui émane de cette capitale, taxant la Convention de triumvirat et de tyrans, les Parisiens de brigands sanguinaires, et l'acte constitutionnel, chef-d'œuvre de

---

(1) Joseph-Marie de Coëtnempren, natif de Morlaix, âgé de 36 ans, et Louis-Henri Verneuil, natif de Recouvrance, âgé de 30 ans, commis de marine, furent condamnés à mort, le 27 Nivôse an II, par le Tribunal révolutionnaire de Paris, et exécutés le même jour.

(2) Lécluse, Jean-Marie, de Douarnenez, âgé de 28 ans, fut condamné à mort, le 2 Pluviôse an II, par le même Tribunal révolutionnaire et exécuté.

vos lumières, gage précieux qu'adorera la postérité, d'acte absurde que les libelles et les placards engageaient à refuser.

» Aussi, ajoutaient-ils, plusieurs de nos frères, livrés à la risée et à la satyre la plus humiliante, ont-ils été vexés et conduits à la municipalité pour avoir arraché un placard venu du comité établi à Rennes, et où on lisait : *Plus de Montagne* ! en même temps qu'on y prêchait les doctrines les plus contre-révolutionnaires, et dont le but était de nous replonger dans *l'esclavage le plus honteux*, en traitant les patriotes de *factieux soldés par Marat et la Montagne.*

» Qu'on éloigne donc de nos armées les nobles qui conspirent, écrivait un caporal du vaisseau la *Côte-d'Or*, en répondant à l'appel de dénonciation qui avait été fait à tous les équipages : « qu'on les proscrive de la terre de la liberté, car si
» tous les sans-culottes de la *Côte-d'Or* ont frémi à la nou-
» velle des événements de Toulon, *il n'en a pas été de même*
» *du lieutenant et du commis aux vivres.* »

Plus vague dans ses accusations, mais non moins perfide, un autre disait du capitaine de son vaisseau, « qu'il avait plusieurs fois refusé à l'équipage de faire l'exercice du canon ; — qu'il avait relâché à Lorient cinquante jours quand il aurait pu n'y rester que trente ; — qu'il avait, contrairement aux réglements, donné la permission à un matelot d'aller à plusieurs lieues dans les terres et qu'il avait tenu des propos injurieux contre la Convention et les Représentants. — Puis cet homme terminait en disant que *sa répugnance à servir sous un tel chef était insurmontable*, ce qui voulait dire que le capitaine du *Jean-Bart*, Coëtnempren de Kerdournan serait déféré au Tribunal révolutionnaire comme le porta l'arrêté des Représentants. »

Quant aux dénonciations verbales que les plus obscures passions inspirèrent, qui pourrait dire combien de victimes elles livrèrent ou désignèrent aux envoyés de la Convention chargés de la double mission d'épurer la flotte, comme ils le disaient, et de comprimer à son principal foyer le *fédéralisme* auquel ils attribuaient tous les troubles de la République.

Ce premier succès obtenu, Bréard, comme pour en résumer les résultats, s'adressa aux habitants de la ville de Brest et à la marine entière, par une proclamation où nous trouvons les passages suivants :

« Valeureux Brestois, incorruptibles républicains, vous pro-
» curerez promptement à la marine les objets dont elle a be-
» soin.

» Des subsistances, des chanvres, du bois, du fer, voilà ce
» qu'il nous faut ; il ne s'agit donc que d'engager les proprié-
» taires à les fournir à la marine.

» Magistrats du peuple, société populaire, et vous tous ci-
» toyens intrépides, défenseurs de la liberté, vous remplirez
» cette mission sainte, vous ferez sentir aux habitants des
» campagnes qu'il est temps que la voix de la patrie étouffe
» les cris féroces du fanatisme ; vous direz aux négociants ce
» que le salut public exige d'eux ; — vous direz aux froids
» égoïstes et aux perfides spéculateurs que leur intérêt person-
» nel est de vendre à la République les objets dont elle a be-
» soin pour triompher de ses ennemis ; — enfin, vous direz à
» tous, que tout ce qui tend à sauver la patrie est sévèrement
» commandé et devient indispensable.

» La loi est là ; elle a parlé ; mais nous préférons obtenir
» ces objets de votre dévouement à la chose publique ; si ce-
» pendant la voix de la raison, si celle du patriotisme n'é-
» taient point entendues, dites au nom de la patrie, à ces enfants
» ingrats que le peuple regardera comme mauvais citoyens,
» comme traîtres tous ceux qui se refuseraient à ce désir im-
» périeux..... »

Comme on le voit, c'était tout un programme et c'était celui qu'ils allaient suivre invariablement et sans se laisser distraire du but indiqué.

Pour plus de sûreté et d'entraînement d'ailleurs, cette pièce fut envoyée à toutes les sociétés populaires de la France, et les réponses de celles-ci, dont plusieurs sont sous nos yeux, confirmèrent les Représentants en mission à Brest dans les plus virulentes mesures de coërcition qu'on puisse imaginer.

« Ne voyez-vous pas, disait la société montagnarde de Dieppe, que ce sont *des esclaves qui redemandent des fers !...* Nous ne pouvons croire que parmi ceux qui ont ainsi oublié la patrie il se trouve aucun *Dieppois* ; s'il en était, qu'ils renoncent à ce nom, qu'ils n'espèrent pas revoir jamais la ville qui leur a donné le jour. Elle les repoussera pour toujours. »

« Que les traîtres, disait une autre réponse, *croupissent dans le marais de la plaine ! Nous avons su gravir la montagne sainte et en atteindre le sommet : nous saurons nous y maintenir pour en foudroyer tous les traîtres !* »

Ces faits et ces dispositions montrent assez quel était l'esprit des Représentants en mission près de la flotte et quels allaient être leurs actes et leurs décisions. Leur correspondance le révèle encore plus complètement.

Écrivant, le 1er Octobre 93, à leurs collègues en mission près des ports de la Rochelle et de Rochefort (c'étaient Lequinio et Laignelot), ils leur disaient, après leur avoir demandé un rendez-vous dans une ville intermédiaire pour se concerter sur les mesures à prendre, « qu'il leur était démontré que les équipages avaient été travaillés par les fédéralistes et les agents de l'Angleterre ; qu'il était urgent de mettre en sûreté les individus soupçonnés d'être les auteurs des troubles survenus dans la flotte, et qu'ils allaient tout régénérer autour d'eux. »

Rendant compte de ces premiers actes de leur mission au Comité de Salut public, ils lui disaient (Vendémiaire, an II.— Octobre 93), « que leurs premiers moments avaient été employés à tout voir et à tout examiner ; que le danger avait été imminent ; mais que l'escadre de la République ne présentait, quant aux équipages, que des hommes pleins d'ardeur dont l'égarement n'était que l'effet des manœuvres combinées de l'intérieur et de l'extérieur ; que ce qui l'avait surtout entraînée à l'insubordination, c'est que ses chefs anciens avaient eu l'imprudence de la tenir mouillée *dans le voisinage du chef-lieu du Finistère peuplé d'aristocrates et de fédéralistes* ; que *dans ce même chef-lieu les assignats étaient sans valeur en même temps que la contre-révolution y était désirée, et qu'on y recrutait presque publiquement pour la Vendée, en même temps que les députés fugitifs (les Girondins) y avaient soufflé avec succès le feu de la révolte* (1)... »

» Mais nous avons eu le bonheur, ajoutaient-ils, de trouver des marins sensibles à nos discours, et, après avoir harangué l'un après l'autre les vaisseaux de l'escadre et jusqu'au moindre brick, ils nous ont demandé avec empressement de les renvoyer à la rencontre de l'ennemi. »

Puis, revenant sur le compte de Morard de Galle et des officiers aristocrates qui exerçaient, disaient-ils, une funeste influence sur son caractère, ils ajoutaient « que leur embarras et leur perplexité étaient très grands pour aviser au remplacement de ces officiers par des sans-culottes dont le savoir et le dévouement fussent à la hauteur des circonstances ; que, d'une autre part, avisés que la Convention et le Comité de la Marine songeaient à faire désigner par les équipages eux-mêmes les officiers qui devaient commander la flotte, ils priaient en grâce le Comité de Salut public de faire remettre indéfiniment ce projet, parce que *les équipages, quoique bons, étaient encore engoués de plusieurs officiers qui appartenaient à l'ancien grand Corps de la Marine; qu'il fallait absolument les remplacer,* et que par la même raison *il convenait que le Ministre sursît lui-même à toute nomination dans les ports, afin de laisser aux Représentants en mission la faculté d'agir suivant que les circonstances l'exigeraient.*

» D'ailleurs, ajoutaient-ils, les autorités de Brest sont aussi mauvaises qu'on puisse le dire, district, municipalité, tribunal,

---

(1) Ces perfides insinuations et ces rapprochements ne reposaient évidemment sur rien, car les rapports de l'administration départementale du Finistère avec la flotte étaient nuls, et le mouillage des bâtiments aux embouchures de la Vilaine et de la Loire ne permettait aucune relation suivie avec le chef-lieu du Finistère.

tout est fédéraliste. Le peuple, même a été trompé, et nous serions bien embarrassés pour remplacer ces mauvais citoyens. — Il était temps que nous arrivassions ; et nous tenterions vainement, citoyens collègues, de vous exprimer le risque que courait cet établissement important. Nous avons la preuve écrite de la main de Kervélégan (l'un des députés en fuite) qu'on voulait mettre Brest en insurrection, et nous avons aussi la preuve que nos ci-devant collègues, décrétés par la Loi du 31 Mai, ont fui sur une barque qui a fait voile pour la rivière de Bordeaux où elle est entrée (1).

» Nous avons visité la garnison et les troupes de la marine que nous croyons bien intentionnées ; mais nous devons vous observer que les campagnes sont fanatisées, qu'on les irrite sous le prétexte du *maximum* et de la diminution forcée du prix des grains ; — qu'on travaille à faire manquer le pain dans la ville de Brest, et que s'il fallait *faire face sur plusieurs points à la fois nous nous trouverions faibles..... Ne perdez donc pas de vue que nous marchons sur un volcan et que nous sommes au milieu des précipices.* »

C'est ainsi que les Représentants nouvellement arrivés à Brest décrivaient leur position et celle du pays. Ils ajoutaient que, dépourvue de vivres et de matériel, la flotte comptait au moins six mille marins sur les rôles ; que de nombreux ouvriers étaient réunis dans le port, et qu'avec la garnison militaire on pouvait compter au moins dix mille étrangers dans la place.

---

(1) Nous avons raconté ailleurs cette fuite des Députés de la Gironde. — Voir notre *Histoire de la Révolution dans les départements de l'Ouest.*

CHAPITRE II.

Épuration de la Société populaire de Brest
et réorganisation des Autorités constituées. — Police,
Fonds secrets et Agents intimes. — Nouvelle
de la mort de la Reine. — Marine et Déserteurs. —
Création du Cabinet d'Histoire Naturelle de Brest.

Il faut être juste même envers ses adversaires, et l'on ne saurait nier, à part les excès et le principe du nouveau régime qui allait tenter la fondation du *Gouvernement révolutionnaire*, suspensif de tous les pouvoirs légalement constitués, que la situation ne fût au moins très délicate et très difficile ; car trente administrateurs du Finistère, hommes influents et des plus justement considérés, s'étaient ouvertement prononcés contre les mesures draconiennes et sanguinaires des zélateurs de la Montagne. De nombreux Députés, illégalement décrétés d'accusation par leurs collègues, avaient un instant trouvé un refuge dans le Finistère, et partout, comme le disaient les Représentants arrivés en mission à Brest, les campagnes peu sympathiques à tant d'excès, regrettaient leurs prêtres et l'ancien culte, craignaient justement pour leur travail et leur propre fortune si fatalement atteints par la *Loi du maximum*. A Brest et sur la flotte rien ne paraissait plus rassurant, quand l'arrivée inopinée, vers le 15 Octobre, de deux vaisseaux, le *Patriote* et l'*Entreprenant*, qu'on savait avoir fait partie de la flotte de Toulon tombée au pouvoir des Anglais, causa dans la population et sur l'esprit des Représentants un étonnement dont il n'était pas facile de se rendre compte. Désarmés de leurs canons, ces deux vaisseaux portaient, outre leurs équipages, un grand nombre de passagers et de marins précédemment attachés au port de Toulon et aux vaisseaux armés dans cet arsenal. Les clubs, les Représentants eux-mêmes, comme l'indique leur correspondance, crurent à une nouvelle trahison, à un coup monté par les Anglais, à des intelligences avec les équipages de la flotte, et à une nouvelle entreprise sur Brest et son arsenal..... Mais rien de cela n'était, et tout s'expliqua quand on sut que ces deux vaisseaux avaient été désemparés de leurs canons par les Anglais eux-mêmes, et ainsi convertis en gabares de transport pour conduire dans un port de France les équipages Toulonnais qui, suivant les clauses de la reddition de cette place, devaient être transportés dans leurs foyers. C'était tout simplement parce que l'amiral anglais n'avait pas trouvé de navires marchands à noliser pour ce transport.

La preuve de ces faits fut promptement acquise aux Représentants eux-mêmes... Mais leur action ne pouvait s'arrêter là. Dès l'arrivée de ces deux vaisseaux dans la rade, ils commencèrent par séparer les équipages de leurs officiers, mirent ceux-ci en arrestation à terre, firent apposer les scellés sur les effets de tout le monde, saisirent les papiers qu'ils trouvèrent, et, munis de ces éléments d'accusation, ils écrivirent à Rochefort et à Lorient pour qu'on usât des mêmes précautions et des mêmes rigueurs à l'égard de tous les bâtiments qui, par suite du désastre de Toulon, avaient eu le malheur d'être en communication avec l'ennemi. — Parmi les officiers ainsi saisis et aussitôt détenus, se trouvèrent le lieutenant De Rougemont et les deux jeunes enseignes du vaisseau la *Ferme*, nommés Keréon et Montécler, etc.... — Quelques pièces qui se rencontrèrent dans les papiers saisis déterminèrent aussi les Représentants à transmettre l'ordre immédiat aux districts de Morlaix et de Lesneven de mettre sans délai le séquestre sur toutes les propriétés mobilières et immobilières de l'amiral Trogoff, qui s'était trouvé avoir un commandement à Toulon au moment de la reddition de cette place.

Tout cela cependant n'était que de la compression, un commencement de terreur et, jusqu'à un certain point, la désorganisation des équipages de la flotte qu'on ne laissait pas que de blesser très vivement dans leurs affections et leur sincère estime pour des officiers dont l'expérience et les services leur étaient connus. Pour couper court à ce fâcheux état de choses, les Représentants, après s'être enquis du caractère, de la capacité et encore beaucoup plus des principes des officiers subalternes de la flotte, se décidèrent à une organisation qui donna le commandement supérieur à l'amiral Villaret-Joyeuse avec quatre contre-amiraux sous ses ordres : — Martin, — Bouvet, — Cornic — et Vanstabel. — Pour les vaisseaux, tous les anciens commandants furent à peu près démontés, et les lieutenants Lucadou, — Le Franc, — Monnier, — Larréguy, cadet, — Bazire, — Lhermite, — Morel, — Le Ray, — Baudvachères, — Le Mancq, — Coudé, — L'Héritier, — Vignot, — Pilet et Huguet, du commerce, comme enseignes non-entretenus, furent élevés au grade de capitaines de vaisseau avec des commandements immédiats.

Cependant les Représentants, ainsi qu'ils l'avaient écrit au Comité de Salut public, étaient fort embarrassés et ne savaient comment *faire face* à tant de difficultés. Après avoir épuré le corps des officiers, ils épurèrent aussi l'administration civile de la marine, en commençant par la mise en arrestation de l'ordonnateur-général Redon, et ils s'occupèrent en même temps de la régénération de la Société populaire ; car, ainsi que le porte leur dépêche du 4 Brumaire, où nous puisons ces détails, *tout était gangrené à Brest et tout avait besoin du scalpel du patriotisme.*

Un nouveau noyau se forma donc dans le sein de la Société populaire et il fut chargé de la régénération projetée. — Un mémoire présenté plus tard aux Représentants Brue, Faure et Tréhouart, qui vinrent après le 9 Thermidor calmer une partie des déchirements dont Brest avait été si tristement affligé, porte que le petit nombre de ces adeptes élus de Bréard et de Jean-Bon Saint-André furent : Boniface, capitaine au 1er régiment de marine ; — Le Nôtre, adjudant-major au même régiment ; — Le Clerc, ci-devant officier dans l'infanterie de marine, nommé (de création expresse) capitaine d'artillerie au port de Lorient ; — Colin, sous-comite du bagne; — Roxlo (prussien), adjudant-sous-officier, — et Philippe, sergent au 2e régiment de Marine (1).

(1) Une lettre du 6 Brumaire adressée aux Représentants eux-mêmes par un certain Damour, s'intitulant médecin des Antilles et ex-membre du Comité révolutionnaire de la section du Panthéon de Paris, s'exprimait ainsi à l'occasion de cette régénération :
« Citoyens Représentants, nous vous bénissons de l'arrêt de mort
» que vous avez prononcé contre les Feuillants de cette ville. Une
» société vraiment républicaine va donc enfin pouvoir être la boussole
» des Sans-Culottes. Il est urgent d'agir. Ainsi, en exécution de votre
» arrêté d'hier, voici les noms de douze montagnards intrépides qui
» pourraient former le noyau révolutionnaire que vous désirez :
» — Gauthier, officier ; — Le Clerc, officier ; — Boniface,
» officier ; — Béranger, commis ; — Julien Jullien, commis ; —
» Philippe, sergent ; — Palis, chirurgien ; — Taupin, lieutenant de
» port ; — Pradier ; — Decombe ; — Villars — et Roxlo, adjudant.
» Une observation sage et constante des maximes que dicte la
» raison, que commande l'égalité, un choix scrupuleux des sociétai-
» res, une surveillance active : voilà en quatre mots l'évangile que
» suivront ces apôtres zélés de la démocratie. Ils subjugueront les
» plus opiniâtres par la force de leurs principes et la vigueur de leurs

C'est sous le contrôle et la désignation de ces hommes, d'ailleurs étrangers à Brest, et qui, tous, reçurent un avancement marqué pour prix de leurs complaisances, que les deux administrations du district et de la commune de Brest furent reconstituées, ainsi que le porte très expressément l'arrêté des Représentants Bréard et Jean-Bon Saint-André, qui brisèrent du même coup les deux administrations existantes, et nommèrent pour la Commune :

Jérôme Berthomme, maire ; — Julien Jullien, sous-chef de la marine, procureur ; — Lansquenet, horloger, substitut de la commune.

Et pour officiers municipaux :

Beurier, neveu, fondeur ; — Brulé, aîné, maître de forges ; — Paufer, horloger ; — Larue, serrurier ; — Rostant, comédien ; — Des Clefs, ferblantier ; — Bouchard, marchand de vin ; — Durand, commandant de bataillon ; — Quartier, commandant de bataillon ; — J. J. Le Guen, fils aîné, marchand ; — Quemeneur, serrurier ; — Montenot, négociant ; — Duparc, vitrier ; — Le Grand, entrepreneur.

Quant aux notables, au nombre de trente, on les trouva parmi les ouvriers du port, les sous-comites du bagne, les perruquiers, les cafetiers et les comédiens ou artistes dramatiques, comme on commençait déjà à les appeler.

Pour le district, ce furent : — Vatrin, aîné ; — Lorans, négociant ; — Bermond, pharmacien ; — Descombes, commis de l'Hôpital, et Salaun, de Lannilis.

» résolutions. Guerre au fanatisme et à l'aristocratie ; — *mort aux*
» *fédéralistes, aux muscadins, aux intrigants.*

» Citoyens Représentants, comme vous êtes des rochers de la Mon-
» tagne sainte dont les explosions font trembler les tyrans et pâlir les
» conspirateurs, vous nous aiderez à bâtir l'édifice jacobin que nous
» avons dessein d'entreprendre et vous en formerez la pierre angu-
» laire.
  » Au nom d'un grand nombre de Sans-Culottes.
    » Signé : DAMOUR. »

Les deux arrêtés relatifs à ces nominations ne portaient d'autres considérants *que le désir vivement exprimé* de ce renouvellement et *la nécessité* d'y satisfaire. — Les articles 2 et 3 disaient que ces nominations étaient définitives, en attendant que *les circonstances permissent de recourir à des élections dans les formes prescrites par la Loi* ; et, enfin, une lettre au Comité de Salut public, en date du 5 Frimaire, an II, ajoutait que ce renouvellement des autorités de Brest s'était fait sur *des listes fournies par la Société populaire régénérée.*

Toutefois, ces nominations et ces régénérations avec un noyau d'agents dévoués pris dans les rangs de l'armée ne suffisant pas, les Représentants ne cessaient d'exposer que des sommes importantes et promptement mises à leur disposition pourraient seules les placer à la hauteur des circonstances..... Une lettre du 25 Brumaire porte qu'ils reçurent, à cette époque, six millions de francs ; une autre, toute spéciale et traitant de la police, ajoute *que la trésorerie nationale venait de leur faire compter les* 300,000 *francs* que le Comité de Salut public leur avait attribués par son arrêté du 18 Septembre « et
» qu'ils allaient faire de cette somme l'usage qui avait été con-
» venu avec le Comité. Qu'ils ont, du reste, déjà disposé de
» quelques sommes sur les fonds qui leur avaient été remis à
» leur départ de Paris, et qu'*ils y trouvent le double avantage*
» *de secourir de bons patriotes indigents et de savoir par eux*
» *tout ce qui se passe, même dans l'intérieur des familles,*
» *connaissances bien précieuses dans la position où nous nous*
» *trouvons.* »

A qui et comment furent distribués ces fonds ? C'est ce que nous ne savons ; mais nous avons lieu de croire que tous les Comités locaux, à la hauteur des circonstances, en eurent leur part et furent chargés d'en faire un emploi conforme aux *sages prévisions* consignées dans la lettre des Représentants. Le registre du Comité révolutionnaire de Landerneau fait mention d'une somme de 3,000 francs ainsi reçue du représentant Bréard, et de laquelle un certain nombre d'impatients demandaient déjà un compte exact au 1er Nivôse an II.

Bien qu'ainsi armés, ainsi pourvus de tous les moyens d'espionnage, de compression et de terreur dont ils allaient bientôt user sans réserve, ils voulurent frapper les yeux de la multitude par une démonstration publique. La nouvelle du jugement et de la mort de la reine Marie-Antoinette, servit de prétexte à la célébration d'une fête civique dans le goût révolutionnaire.

Un arrêté de Bréard et de Jean-Bon Saint-André venait, d'ailleurs, de rappeler aux habitants de Brest

« Que les Français en prenant la cocarde nationale avaient
» juré de ne la quitter qu'après que les tyrans auraient été
» exterminés ;

» Que, néanmoins, les fauteurs secrets de l'ancien despo-
» tisme s'efforçaient d'affaiblir chaque jour le respect dû aux
» couleurs nationales, et que, dans ce but, ils changeaient,
» dénaturaient, modifiaient la cocarde nationale, afin de la
» faire regarder comme une distinction indifférente ;

» Qu'ils allaient même jusqu'à faire d'une apparence de
» cocarde nationale défigurée par eux, un signe de reconnais-
» sance ;

» Qu'un tel abus ne pouvait être toléré, et que désormais
» tout citoyen de l'un et de l'autre sexe devrait être décoré de
» cocardes en laine aux trois couleurs nationales, toute autre
» de soie ou de rubans, dont les couleurs s'effacent bientôt,
» restant prohibée et interdite. »

Un autre arrêté venait de porter que « le vaisseau la *Côte-
» d'Or*, sur lequel l'amiral Villaret devait arborer son pavillon,
» s'appellerait désormais la *Montagne*, et qu'un modèle de
» ce vaisseau serait offert à la Convention au nom des habi-
» tants de Brest (1). »

---

(1) C'est à ce même moment que les villes de Pont-Labbé et de Pont-Croix prirent le nom de *Pont-Marat*; que Quimper s'appela *Montagne-Odet*, et que Lesneven, la ville si souvent suspectée des Maratistes, trouva le moyen de se recommander en changeant le nom de la rue de *Jérusalem* en celui de rue *Marat*.

C'est dans ces circonstances et quand le club et les autorités déjà régénérés commençaient à se mettre en mouvement, que les Représentants firent parvenir inopinément à la Société populaire l'avis, *trop tardif, suivant eux, de l'exécution de cette femme qui avait causé tous les maux de la France.*

« Emportés par un mouvement spontané, » dit la dépêche où nous trouvons ces détails, « tous les membres du club se
» levèrent en criant : *Vive la Montagne!* et se dirigèrent
» vers la Salle de spectacle pour y porter l'heureuse nouvelle,
» qui fut accueillie par les acclamations les plus unanimes et la
» résolution subite de se rendre au pied de l'arbre de la liberté,
» où les cris de : *Vive la République* ne cessèrent de se faire
» entendre toute la soirée malgré la saison avancée où l'on se
» trouvait.

» Une illumination promptement improvisée fut l'heureux
» accompagnement de cette belle soirée, disent toujours les
» Représentants, et comme rien ne pouvait satisfaire ou con-
» tenir la joie populaire, il arriva que les officiers municipaux
» organisèrent pour le lendemain un bal public auquel fut
» conviée toute la ville de Brest, en même temps que les vais-
» seaux de la flotte reçurent l'ordre de saluer de 23 coups de
» canon la mort de celle que l'on présentait ainsi comme
» l'ennemie jurée de la France ! ! ! (1). »

Ainsi s'animaient la ville et la flotte de Brest. Tous les rap-

(1) Aujourd'hui encore, nos lecteurs ne seront pas fâchés de savoir comment ce même événement fut considéré à l'étranger, et comment la République des Etats-Unis en particulier le jugea elle-même. — Pour cela nous n'avons qu'à produire la lettre suivante que l'un des Représentants en mission à Brest adressait, à quelques jours de là, au Comité de Salut public :

« Ce que j'ai recueilli du capitaine d'Oge, s'accorde assez avec ce
» que j'entends tous les jours. Les Français républicains qui arrivent
» de l'Amérique, sont unanimement d'accord que le peuple améri-
» cain, surtout celui des campagnes, est très attaché à la révolution
» française; mais ce qu'il ne m'a pas dit, et qui est cependant cons-

ports des Représentants au Comité de Salut public l'annonçaient, et l'on ne dut plus douter que la République allait bientôt avec sa marine punir la perfide Albion et la faire se repentir de tous ses méfaits.

Pour plus de sûreté cependant, les Représentants publièrent, sur l'organisation de la flotte, un Code complet de discipline militaire, où la peine de mort et celle de la cale n'étaient pas épargnées. Mais nous avons tout lieu de croire que l'effet en fut médiocrement heureux, car, le 20 Brumaire, s'adressant, par un arrêté spécial, aux marins de la rade, ils leur disaient
« qu'il ne suffisait pas pour l'honneur de notre marine d'a-
» voir des vaisseaux imposants par leurs masses, des équipages
» courageux et disciplinés ; qu'il ne suffisait pas d'avoir re-
» poussé de leur sein des hommes suspects ; mais qu'il fallait
» surtout extirper de tous les cœurs le germe des passions qui
» nuisaient au bien public ; — que de nombreuses pétitions
» étaient incessamment adressées aux Représentants pour
» demander de l'avancement.

» On nous parle de passe-droits, d'ancienneté ; chacun nous
» vante ses talents et son expérience ; chacun veut commander.
» — Nous nous demandons où sont ceux qui veulent obéir.—

» tant, c'est que le gouvernement ne partage pas les mêmes senti-
» ments. Les émigrés trouvent auprès de lui une protection marquée.
» Malouet et une foule d'autres scélérats semblables à lui, tous les
» contre-révolutionnaires venus des îles ont trouvé un asile sûr en
» Amérique, et le royaliste Teslon et le traître Noailles sont reçus
» tous les jours chez Washington.

» Sans la vigueur des Sans-Culottes français qui se sont trouvés à
» New-York, le sol de l'Amérique était souillé par un catafalque
» élevé au tyran Capet ; son oraison funèbre, l'apologie de ses cri-
» mes, l'éloge stupide du royalisme ont été imprimés et rendus pu-
» blics. Je vous envoie un exemplaire de cette infâme lâcheté, vous
» frémirez comme moi en la lisant. Mais ce qui m'a été encore assu-
» ré, c'est que Washington a dans sa chambre les portraits de Capet
» et d'Antoinette ; qu'il en a porté le deuil, etc., etc..... »

» Sous l'ancien régime, Beausset, naviguant sous les ordres de
» La Touche, se fit un jeu de lui désobéir pendant toute la
» croisière, et, à son retour, il obtint le brevet de chef d'es-
» cadre. — Les Beausset du nouveau régime, s'il pouvait s'en
» trouver, iraient aussi à Paris, mais ce serait pour y trouver
» un tribunal redoutable. »

Et comme si cet avis demi-bienveillant n'eut suffi, ils ajoutaient par un autre arrêté du 5 Ventôse, placardé sur tous les murs de la ville de Brest, que « nul matelot ni soldat ne pour
» rait sortir de la ville ni du port de Brest.

» Qu'il serait établi sur les routes du Conquet et de Lander-
» neau des patrouilles de gendarmerie pour arrêter tous les
» marins et soldats fugitifs ; »

» Que la municipalité de Brest ferait faire des visites domi-
» ciliaires, et que ceux qui seraient trouvés cachés ainsi que
» ceux qui les auraient retirés seraient saisis et conduits à la
» Maison d'arrêt, etc., etc. »

Alliant à ces mesures d'âpre répression, ces sentiments de sensiblerie humanitaire qu'on retrouve dans tous les actes de cette époque, on les voit arrêter en même temps (13 et 27 Brumaire, an II) :

» Qu'il serait établi à bord de tous les vaisseaux portant plus
» de 20 canons, un instituteur chargé de l'instruction élémen-
» taire des jeunes marins, en commençant par la lecture des
» Droits de l'Homme et de l'Acte constitutionnel avec com
» mentaires ;

» Que tout gabier, qui aurait pris sous sa direction deux
» novices et les aurait formés à la manœuvre, jouirait de la
» paie de quartier-maître à 51. »

Puis, par un autre arrêté signé de Bréard : — « Qu'un
» Cabinet d'histoire naturelle, destiné à l'instruction publique,
» serait fondé au Jardin Botanique de la Marine, à l'aide de
» tous les objets provenant des maisons d'émigrés et du dépôt
» de coquilles et de minerais qui se trouvaient dans un maga-
» sin de la maison où se tenait l'administration du district. »

CHAPITRE III.

Les Clubs. — Les Comités Révolutionnaires. — La Commission administrative du Département.

Un décret du 19 Juillet 1793 avait prononcé la dissolution de l'ancienne administration du département du Finistère, et la formation d'une commission administrative provisoire, qui étant composée d'un membre de chaque district, prendrait en mains les affaires générales du pays, et se réunirait à Landerneau, qui devenait ainsi, pour un moment, le chef-lieu du département au lieu de Quimper. L'objet de ce décret était à la fois de punir l'administration départementale du Finistère de sa résistance aux entreprises de la Montagne, de comprimer les populations peu disposées en faveur des Maratistes, et surtout de déjouer les entreprises des Girondins et des Députés décrétés le 31 Mai, qui s'étaient un instant réfugiés dans le Finistère et y avaient trouvé un asile hospitalier.

L'un des premiers soins des Représentants fut de rechercher dans les neufs districts les hommes les plus dévoués et les plus ardents pour composer la commission administrative sur laquelle allaient rouler toutes les affaires du département.

Ces neuf membres furent :

Perrin, — Moyot, — Leissègues, — Du Run, — Du Couëdic, — Le Grain, — Gonidec, — Goëz, — et Davon (1).

Leurs titres à cette faveur des Représentants reposaient, pour la plupart, sur des actes incontestables de zèle dans les clubs et les commissions extraordinaires, qui avaient été chargés de la recherche des suspects, du sequestre de leurs biens, de la fermeture des églises et de la poursuite des prêtres insermentés.

Nous ne rappellerons pas ici ces titres ; ils étaient généralement très nombreux et du meilleur aloi en vue de la besogne qui se préparait. D'ailleurs, nous allons retrouver ces hommes à l'œuvre, et l'on pourra facilement juger de ce dont ils étaient capables : il suffira pour cela que nous les suivions dans leurs délibérations et leurs actes ; leurs registres même nous serviront de guides.

Animés d'autant de zèle que les Représentants, et les dépassant souvent, nous les trouvons en correspondance ou en conférence de tous les jours avec ces dépositaires de la pensée intime du Comité de Salut public.

Un de leurs premiers soins, celui qui leur tenait le plus au cœur, fut d'arrêter et de poursuivre les membres de l'ancienne administration départementale. C'était sans doute, pour plusieurs, un acte de parti et peut-être de conviction politique ; mais ce fut pour beaucoup d'entr'eux et pour les plus zélés certainement un acte de vengeance qu'il nous sera facile de caractériser et que notre devoir est de ne pas taire.

(1) Ces commissaires, en entrant en fonctions, prêtèrent le serment de *maintenir la liberté, l'égalité, l'unité et l'indivisibilité de la République.* — Aux neuf administrateurs que nous venons de citer, il faut ajouter les noms des citoyens Le Roux, — Guibert, — Née, Castaignet — et Lamy qui entrèrent plus tard et successivement dans la commission administrative.

Dès son entrée en fonctions, le 30 Juillet (Lettre du 14 Pluviôse, an II), cette commission envoya Perrin, l'un de ses membres, à Quimper, pour poser les scellés sur les papiers de l'ancienne administration et se saisir de tout ce qui pourrait servir à éclairer la Convention et les Réprésentants en mission sur la prétendue conspiration de l'ancien département.

Deux hommes de loi de Quimper, Lharidon et Silguy, furent chargés d'assister Perrin dans cette délicate mission et de dresser procès-verbal de tout ce qui serait fait.

La plus active vigilance fut déployée par Perrin, et les éloges répétés de ses collègues de Landerneau en témoignent hautement. Sa mission, d'ailleurs, ne se borna pas à fouiller les archives de l'ancien département. Interroger et observer sur place tous les hommes engagés, de près ou de loin, dans cette malheureuse affaire, fut aussi l'une de ses principales occupations; et on le rencontre partout, à la Société populaire de Quimper, au Comité de surveillance qui se forma sous son inspiration et sous celle de la commission de Landerneau. On le trouve également en mission extraordinaire à Douarnenez, à Pont-Croix, où Tréhot-Clermont passait pour avoir eu une correspondance suivie avec Kervélégan et les Girondins; on le trouve aux clubs de ces villes qu'il régénère; on le trouve à Carhaix; on le trouve en visite répétée chez le représentant Bréard; et, quand les papiers des administrateurs accusés ont été saisis, quand leurs registres ont été arrêtés et contre-signés par lui et Du Run, on le voit s'entendre avec le commandant du bataillon de Seine-et-Oise, parcourir les campagnes seul ou avec Jullien et Guermeur, qui avaient une mission spéciale des Représentants pour l'arrestation des suspects et la réorganisation des autorités de Quimper; puis, on le rencontre à Carhaix, où plusieurs des administrateurs décrétés d'accusation le 19 Juillet étaient écroués, en même temps que d'autres l'étaient à Morlaix et à Landerneau.

Perrin et ses collègues poussaient donc cette affaire avec une activité sans égale, et toutes les lenteurs qui se présentaient dans cette information, semblaient les animer outre mesure contre des adversaires qu'ils craignaient de voir se relever, et dont il fallait, suivant eux, débarrasser la République à tout prix.

« Nous venons de prendre des mesures, écrivent-ils le
» 9 Septembre aux Représentants de Brest, pour que les enne-
» mis de notre liberté soient enfin retirés de la société qu'ils
» empoisonnent de leurs principes ; un des nôtres se rend
» demain à Carhaix pour y préparer un local propre à les re-
» cevoir, et tous les hommes, membres de l'ancienne admi-
» nistration et autres, qui ont échappé au décret d'accusation,
» sont déjà arrêtés et incarcérés par nos soins.

» Nous avons également suspendu, par un arrêté de ce
» jour, le Procureur-Syndic de Carhaix, qui, depuis qu'il est
» en fonctions, a mis la négligence la plus marquée dans la
» vente des biens nationaux.

» C'est surtout sur les fonctionnaires qui ont servi le parti
» monstrueux du fédéralisme que se porteront nos regards,
» et sous telle dénomination qu'on nous présente, c'est la
» liberté que nous voulons, et *nous ne la voulons pas à demi!*»

Pour donner d'ailleurs aux administrations et aux hommes qu'ils appelaient à les seconder tout l'élan qu'ils croyaient nécessaire au succès de leur cause, ils continuaient à aller d'un point à l'autre du département, tantôt seuls, tantôt accompagnés des délégués des Représentants en mission près des municipalités, près des clubs et des comités de surveillance qui se réorganisaient sur tous les points à la fois. Mais, à en juger par quelques confidences intimes sur ces sujets délicats, tout ne marcha pas d'un pas égal, paraît-il, et il se trouva plusieurs localités, même des chefs-lieux de districts, comme Morlaix et Lesneven, où, faute de patriotes suffisamment éprouvés, ils furent forcés d'envoyer des jeunes gens pris dans le contingent de la réquisition de trois cent mille hommes, en demandant pour eux aux Représentants une dispense de service, afin d'en faire des administrateurs qu'ils placèrent à la tête des districts qu'ils accusaient de tiédeur. Cet honneur insigne fut réservé à Pénanrun, l'un des membres les plus zélés de la Société Sans-Culotte de Landerneau, dit la dépêche que nous avons sous les yeux.

Une couple de mois avaient d'ailleurs suffi pour ces réorganisations ; secondés qu'ils étaient par les nouveaux décrets de la Convention, qui accorda successivement dix millions de subvention aux communes, des secours immédiats aux familles des défenseurs de la patrie, et d'autres secours, même des propriétés territoriales, aux vieillards et aux indigents dénués de ressources, ils préparaient tout pour la prochaine organisation du *Gouvernement révolutionnaire proprement dit.*

Quant aux Représentants, toujours réunis à Brest, leurs mesures de compression ne s'étaient ralenties en rien. Ils exigeaient partout la sévère exécution de la loi contre les suspects, les anciens nobles et les parents d'émigrés, arrêtant ceux qu'ils pouvaient saisir, sequestrant leurs biens et nommant des régisseurs nationaux pour en toucher les revenus ou les verser dans les caisses et magasins de la République, en même temps qu'ils disposaient de tout ce qui pouvait être utilisé pour l'armement de la flotte, l'équipement des troupes et l'alimentation des ateliers où se confectionnait tout ce qui était nécessaire à la mise sur pied des forces disponibles du pays.

Nous avons sur tous ces sujets une foule de pièces plus curieuses les unes que les autres, et qui nous apprennent avec quelle rapidité foudroyante toute décision prise sur ces matières fut mise à exécution : un jour, quelques heures, suffisaient aux mesures de l'application la plus générale. Tous les suspects du district de Pont-Croix avaient ainsi été arrêtés et incarcérés en un seul jour par les ordres de Perrin. Les clubs et les comités locaux de surveillance avaient d'ailleurs été réorganisés d'une manière vraiment formidable. Au club, tout se discutait, toute matière et tout sujet étaient abordables. On y traitait à la fois, et sur la simple interpellation d'un membre, de l'administration et des intérêts privés ; on y discutait les mesures de salut public et la vie des particuliers, leur famille, leur intérieur, leur maison, leurs habitudes, leurs intentions et leur passé connu ou contesté. Au comité, c'était bien autre chose : on y recevait journellement toutes les dénonciations qui pleuvaient sous toutes les formes ; et comme tous les citoyens fonctionnaires ou autres en relevaient pour le double certificat de *civisme* et de *résidence*, dont tout républicain était tenu de se pourvoir, sous peine d'être d'abord classé comme *suspect*, destitué s'il était fonctionnaire, et ensuite privé de sa carte, c'est-à-dire de son pain et de sa vie, quand la loi du *maximum* apparut, il advint que personne ne put échapper au double contrôle de ces deux pouvoirs révolutionnaires ; et jugez de leur terrible action, en vous rappelant que l'un de ces pouvoirs, le plus mobile, le club, était en quelque sorte ouvert de toutes parts au courant désordonné des passions populaires, et que l'autre, le Comité de surveillance, après s'être formé par la voie de l'élection dans le milieu si vivement échauffé des clubs, s'était tout aussitôt renfermé dans le profond secret de ses instincts révolutionnaires, affranchi de tout contrôle, travaillant dans le mystère, sans aucun compte à rendre aux administrations locales, à la masse des citoyens, ni même aux Représentants en mission ; pouvant correspondre avec toutes les forces organisées du pays, les requérir et s'en servir sans autre contrôle que celui du Comité de Salut public, avec lequel il était en rapport immédiat.

Je ne crois pas que jamais organisation plus perfide et plus machiavélique ait été conçue et mise en pratique. — Aussi, voyez, à la texture et au libellé de ceux de leurs procès-verbaux qui nous sont parvenus, ce qu'ils osèrent et ce qu'ils surent faire. — J'ouvrirai, pour cela, deux registres, celui du Comité de Landerneau, siège de la nouvelle administration départementale, et celui de la petite ville de Pont-Croix, où les meneurs du jour traquèrent un pauvre diable de juge accusé de Girondisme, très inoffensif ce me semble, mais imprudent et bavard, qu'ils menèrent jusque sur la banquette ensanglantée du tribunal révolutionnaire.

Aussitôt donc que la nouvelle commission administrative se fut organisée, le club et le comité de surveillance de la bonne ville de Landerneau durent aussi s'organiser pour se mettre en harmonie avec cette nouvelle puissance, et l'aider à relever la sainte Montagne un instant ébranlée.

Le 8 Octobre 1793 fut le jour où s'installa le Comité en question, sous la présidence de Leissègues, père, qui avait été un instant administrateur du district. — Du Couëdic, de Lesneven, que la populace appelait *pen laou* à cause de sa malpropreté, — Félix Nouvel, du Faou, — René Mazé, — Mathurin Pongérard, — Jean Callégan, — Davon, — Gourvès, lui furent adjoints pour collègues et tous agréés par les Représentants en mission près des côtes de Brest et de Lorient.

Comme pour s'essayer à leur œuvre, ils décidèrent, dans une première séance, que tous les fonctionnaires du district leur présenteraient, sous huitaine, les certificats de civisme qui pouvaient leur avoir été accordés, afin d'être soumis à la révision du Comité, et ils firent en même temps défense à tout Payeur de la République, d'acquitter aucuns gages ou traitements à ceux qui ne justifieraient pas d'un certificat ainsi visé, comme aux receveurs de l'enregistrement de recevoir aucun acte, soit de notaires ou de simples citoyens, qu'au préalable le certificat exigé n'ait été produit.

Et dès la seconde séance, le bureau étant déjà couvert de lettres, dénonçant un grand nombre de citoyens suspectés d'incivisme, comme Fédéralistes, comme parents d'émigrés ou soupçonnés d'être hostiles à la nouvelle Constitution, il fut décidé, *en raison de ce qu'il était instant de réprimer la fureur des aristocrates,* que toutes ces lettres seraient portées aux Représentants du peuple à Brest par le commissaire Davon, avec invitation de mettre en arrestation les personnes y désignées. Parmi celles-ci se trouvèrent la mère et la sœur de D'Arnault, Barbier, Le Borgne de la Tour, Mascle, Julien Le Roux, Le Goff, frère d'un prêtre émigré, la servante de l'ancien recteur de Landerneau, la mère et la sœur de l'émigré La Chapelle,

Lamy et son gendre Bardouille, le premier *pour être fanatique*, le second *pour être d'une caste ci-devant privilégiée*, *et comme n'ayant donné aucune preuve de civisme à la connaissance du membre du comité qui les a dénoncés.*

Ces arrestations et ces dénonciations faites par des étrangers et le plus souvent, comme nous le voyons, par les membres mêmes du comité, se continuèrent pendant plus d'un mois ; et tout ce qui parut entaché d'*aristocratie* ou de *fédéralisme*, comme on le disait alors, fut incarcéré et détenu, soit aux Capucins, soit aux Ursulines de la ville de Landerneau, où les administrations s'étaient elles-mêmes établies en même temps qu'on avait converti une partie de ces édifices en casernes pour les troupes de passage ou de réquisition.

Les étrangers, qui traversaient Landerneau, étaient eux-mêmes tenus de se présenter au Comité et de justifier de leur civisme. Des postes de la garde nationale et des dragons volontaires avaient été placés sur toutes les routes, et, de jour comme de nuit, tout voyageur passant par la ville devait présenter ses papiers et sa personne au Comité qui s'était déclaré en permanence à cet effet. On conçoit toutes les difficultés qui furent ainsi faites en maintes occasions aux voyageurs les plus inoffensifs eux-mêmes. Aucun n'échappait à ce qu'il paraît, et dès qu'un visage nouveau était signalé en ville ou dans les environs, il y avait de suite un citoyen zélé ou un membre du Comité qui en faisait un rapport à la première assemblée. — Un jour, c'est Roulin qui rentre à la séance, tout effaré, et qui apprend aux gardiens de la sûreté publique que, passant la veille, à dix heures du soir, dans une des rues de Landerneau, il a rencontré deux hommes qui arrivaient à franc étrier et lui avaient demandé où demeurait la veuve Duval-Le Gris. — De suite information et *cédule* à la veuve Le Gris pour se rendre au sein du Comité et lui donner des explications. — Son interrogatoire, repris deux fois, établit que c'était son fils qui, malade à Quintin et n'ayant pu trouver de voiture publique, s'était fait conduire en chaise de poste au domicile maternel pour y recevoir les soins dont il avait besoin.

Une autre fois, c'est M*** , aussi membre du Comité, qui, passant à la chute du jour près des Capucins, lieu où étaient détenus les suspects, a remarqué certains signes d'intelligence entre les détenus et des femmes qu'il n'a pu reconnaître. — D'où interrogatoire du geôlier et de l'officier commandant le poste..... C'étaient tout simplement des blanchisseuses de la ville, qui, n'ayant pu prendre à l'heure habituelle le linge des prêtres détenus, étaient rappelées pour aviser aux besoins pressants de ces malheureux privés des vêtements et des choses les plus nécessaires à la vie.

Mais tout ceci n'était que des roses, si l'on peut dire, pour le Comité, et comme un jeu où les passions et la jalousie, qui travaillent si souvent les habitants des petites villes, trouvaient à s'ébattre derrière la monstrueuse autorité dont les Comités révolutionnaires avaient été saisis; des journées plus rudes se présentèrent bientôt. La loi du *maximum* venait d'être rendue. Le manque de subsistances se faisait sentir partout. Outre que les ressources du pays s'épuisaient rapidement par les réquisitions incessantes qui en étaient faites pour l'armement et le ravitaillement des troupes, la récolte de 1793 avait été très mauvaise, les bras avaient même manqué dans plusieurs départements pour la faire, et le cours forcé des assignats et des billets de confiance, qui perdaient chaque jour de leur valeur, venait rendre la position de plus en plus difficile, de plus en plus inextricable. La présence à Brest d'une flotte nombreuse et d'une garnison qui se grossissait chaque jour, rendait la situation presque désespérée. — A Landerneau comme à Brest, et dans toutes les autres villes du Finistère, ce furent les Comités révolutionnaires qui se trouvèrent chargés, sur ce point, de seconder les mesures générales décrétées par la Convention et celles toutes locales prises par les Représentants en mission. Les réquisitions furent surtout du ressort des districts et des municipalités ; mais l'application de la loi du *maximum*, le tableau des valeurs données à chaque denrée et à chaque marchandise, la mise à exécution de toutes les mesures pratiques concernant la vente des marchandises aux prix indiqués, leur paiement en assignats, l'approvisionnement des particuliers et des marchés, l'accumulation et l'emmagasinement des denrées, leur circulation : tous ces détails immenses et minutieux, leur furent confiés avec l'absolu pouvoir de régler les choses comme ils l'entendraient, et toujours dans cet esprit de *salut public* derrière lequel les factions agissaient à outrance.

Des tableaux des marchandises et des diverses denrées de consommation avaient été dressés dans tous les districts, dans toutes les communes de la République. Ces tableaux avaient été affichés et publiés partout où besoin en avait été, et, dèslors, ils devinrent obligatoires pour le vendeur comme pour l'acheteur. Une pareille opération pourtant ne s'était pas faite sans hésitation, et nous voyons les plus grandes communes du département, Brest, Morlaix, Landerneau y revenir à plusieurs reprises et changer les taxations. Quelques-uns de ces tableaux que nous possédons, comptaient leurs articles par centaines, par milliers même. Les dénominations de certains articles manufacturés, comme draps, étoffes, quincaillerie, etc., etc., allaient à l'infini et n'avaient jamais tout compris.

L'effet le plus immédiat de ces étranges mesures fut de conduire tous les détenteurs de marchandises à dissimuler l'état de leurs approvisionnements et les consommateurs à exagérer leurs besoins. — Les Comités furent les souverains arbitres des difficultés qui résultèrent de cet état de choses. Presque aussitôt cependant il fut remarqué partout que les marchés cessaient d'être approvisionnés, que certaines marchandises s'en retiraient ouvertement, que quelques denrées de première nécessité y devenaient de plus en plus rares, que quelquesunes y manquaient absolument..... — Comment parer à tant d'embarras ? — On inventa les cartes et les *bons* pour les distributions de vivres ; on inventa les visites domiciliaires, les réquisitions et les confiscations pour toutes les marchandises dissimulées, cachées ou détournées des marchés où elles devaient paraître, et sur tout cela, le Comité, agissant de son plein pouvoir et de sa science certaine, décida (séance du 1ᵉʳ Brumaire, an II), que tous les jours de la semaine, excepté le samedi (jour même du marché), les habitants viendraient au Comité prendre les bons dont ils auraient besoin, et que, pour les obtenir, ils présenteraient leur carte civique, qui serait elle-même examinée, pour plus de sûreté, par des membres que la Société des Sans-Culottes de Landerneau serait invitée à désigner pour concourir à la distribution et à l'examen de ces cartes et des titres de chacun.

C'est ainsi organisées que les choses marchèrent à Landerneau comme partout ailleurs. Le Comité et le club, toutefois, ne désemplissaient pas de pétitionnaires et de postulants demandant à vendre ou à acheter les marchandises portées au tableau du *maximum*. Une fois ce sont les cultivateurs de la campagne qui viennent se plaindre qu'on ne trouve plus de fer chez les marchands, et qu'on ne pourra plus continuer à travailler la terre. Vite, le Comité de demander à tous les marchands de fer de la localité l'état de leur approvisionnement. L'un des détenteurs de ces fers, qui n'a pu justifier de l'usage qu'il a fait des 500 livres de ce métal qu'on avait reconnues chez lui à un précédent recensement, sera privé de bons de distribution jusqu'à ce qu'il ait fourni au Comité des explications suffisantes. — Une autre fois, ce sont de pauvres ouvriers qui viennent déclarer qu'ils ne trouvent au marché ni œufs, ni beurre, ni farine même; que les hommes de la campagne se font l'habitude d'aller de porte en porte chez les riches, et qu'ainsi le pauvre peuple est privé de tout : d'où visites domiciliaires, confiscations et arrestations des suspects d'un nouveau genre, qui sont accusés de vouloir *affamer le peuple* et d'avoir ourdi une affreuse conspiration contre la République........ Nous en trouverons, en parlant du Tribunal révolutionnaire que Brest allait avoir le bonheur de posséder, qui payèrent de leur tête tous ces imprudents conseils de la faim ou de la peur.

Mais voici des choses bien autrement graves : à la séance du 19 Brumaire, deux administrateurs du district viennent au

Comité se plaindre de ce que les marchands de vin vendent comme *des vins vieux* du vin ordinaire sujet à la taxe, de sorte qu'on ne peut plus se procurer de vin ordinaire. Plusieurs membres du Comité confirment les faits, et l'on arrête immédiatement, que *les marchands de vin seront avertis de suite par une proclamation à son de caisse, afin qu'ils aient à faire, sans retard, la déclaration de leurs vins et des qualités qu'ils leur attribuent ; qu'un des membres du comité se réunira aux commissaires du district* (les plaignants eux-mêmes), *pour faire avec un gourmet la dégustation des vins et les placer dans la classe à laquelle ils appartiennent.* — Dans une autre commune, à Douarnenez, le Comité établissait, après délibération du 22 Ventôse, que, depuis plusieurs mois, la ville se trouvait totalement privée de vin.

Après les vins viennent les eaux-de-vie, et sur nouvelles plaintes faites du défaut d'approvisionnement de certains débitants, force visites pour procurer aux patriotes cette boisson d'*urgente nécessité.*

Toutefois, les embarras s'accroissaient rapidement, et après avoir exposé, dans une délibération du 21 Brumaire, que la pénurie en viande, farine et beurre devenait si grande, que les gens de la campagne ne pouvaient plus se présenter au marché sans courir le risque d'être culbutés, maltraités et quelquefois violemment dépouillés par les consommateurs, qui ne leur donnaient pas le temps d'exposer leur marchandise, il fut décidé que, pour *éloigner ces dangereux abus*, la municipalité serait invitée à dresser un tableau de tous les habitants de la commune, tableau sur lequel chacun serait inscrit suivant le nombre des membres de sa famille pour les quantités dont il serait autorisé à se pourvoir. Mais comme en même temps il fallait aviser à ce que toutes les ressources disponibles fussent réservées aux bons citoyens de la commune, il fut décidé que toute personne étrangère au district ne pourrait pas s'approvisionner sur le marché, et que pour que la morale publique et les vrais principes du républicain ne fussent pas indignement blessés, tous les détenus auxquels il fallait aussi fournir des vivres jouiraient de la même nourriture, et que le riche pourvoirait ainsi à l'entretien du pauvre en se réduisant aux mêmes aliments que lui, à une nourriture *simple et frugale*, ainsi que le voulait la loi !

Mais ni ces arrêtés ni ces mesures n'arrivaient à faire approvisionner les marchés qui, de jour en jour, devenaient de plus en plus dépourvus, et il fut dès-lors décidé par un arrêté spécial dépêché aux Représentants : — qu'il serait fait un recensement général des grains existant dans le district ; — que des commissaires visiteraient les campagnes à cet effet et veilleraient à ce que l'ensemencement des terres fût fait comme d'habitude, et que tout malveillant qui y porterait obstacle serait sévèrement puni, ainsi que les municipalités qui n'y auraient pas veillé ; — enfin que les citoyens aisés seraient appelés à fournir les fonds nécessaires pour la création d'un grenier d'abondance ; — que les grains qui y seraient recueillis seraient distribués sur une liste fournie par la municipalité ; — que toute mesure prompte, efficace, utile à l'exécution de ce projet serait prise avec l'agrément des Représentants, et que si les ressources, malgré ces mesures, venaient à manquer, on s'adresserait au Comité de Salut public lui-même pour parer aux horreurs de la disette....

Qu'est-il besoin d'aller plus loin, et qui ne comprendra dans quelles inextricables difficultés tomba le pauvre Comité dont nous venons de retracer une partie de l'existence. La confusion fut promptement à son comble ; les distributions ne se firent plus qu'à grand'peine, bientôt on signala des complaisances dans la répartition des bons, tant pour les membres du Comité que pour leurs amis, et le district et le club retentirent de ces plaintes en même temps que de celles des marchands qui se disaient injustement requis de fournir des marchandises qu'ils n'avaient pas. On ne parla au dehors du Comité de rien moins que de sa mise en suspicion, de sa dissolution même, et cependant il n'avait pas trois mois d'existence..... Pour répondre à ce qu'il appela d'infâmes calomnies, le Comité commença de son côté par redoubler de sévérité envers les suspects et par en reviser la liste en étendant les arrestations déjà faites, à Gilbert, père et fils; à Chalut, mère et sa fille, *constamment fanatiques et aristocrates*, à sept religieuses *fanatiques et aristocrates*, à Mervé, *femme d'émigré*, et à sa mère Mazurić, *mère d'émigré* ; à Jézéquel, tailleur, *vulgairement dit commissionnaire des aristocrates, à cause de ses relations avec eux ;* à Mascle, *proche parent de plusieurs émigrés, n'ayant point déposé sa croix de Saint-Louis*, etc., — et à beaucoup d'autres coupables d'aussi énormes méfaits. — Puis, faisant ressortir le zèle qui l'animait, il décida, sur la dénonciation d'un certain greffier de justice de paix de Plogastel, qu'il fallait sans retard fouiller et démolir quelques châteaux des environs qui menaçaient la sûreté publique, et en même temps briser les vitraux de l'église de Daoulas, sur lesquels il existait encore des armoiries qui étaient la honte des vrais républicains.

Mais tout cela ne put y faire. Le blé, la viande, les œufs, le vin, le fer, les fils, les draps, c'est-à-dire tout ce qui était nécessaire à la vie, continuait à faire défaut et ne se trouvait plus..... Deux affidés intimes de Bréard, Hérault, commissaire du Comité de Salut public, et Le Clerc, délégué direct du représentant, furent chargés de se rendre à Landerneau et y arrivèrent le 1er Frimaire, munis de pleins pouvoirs pour reconstituer le Comité révolutionnaire ainsi que le demandaient depuis quelque temps la Société Sans-Culotte de Landerneau, le district et les plus ardents qui s'étaient promptement fatigués du zèle de leurs propres élus. — Le comité Leissègues fut donc dissout et remplacé par un nouveau groupe de fidèles. Une adresse à la Convention, pour la prier de rester à son poste, fut le premier acte de ces nouveaux élus. — « Vertueux
» Montagnards, disaient-ils, restez à votre poste ! Le Comité
» de surveillance Sans-Culotte révolutionnaire de Landerneau
» vous le répète aussi, restez à votre poste, restez jusqu'à ce
» que les tyrans coalisés aient abandonné la terre de la liberté

» et nous demandent en vain la paix ! Nous vous en prions,
» nous les organes de nos frères qui ont volé en foule à la
» défense de la patrie, de nos épouses qui viennent offrir à
» l'envi leur vieux linge et travailler aux vêtements qui doi-
» vent couvrir les défenseurs de la liberté. » — Et ce nouveau *credo* de la foi montagnarde ainsi prononcé, ils se mirent
en mesure d'apprécier la conduite de leurs prédécesseurs. —
Un mémoire inséré dans les procès-verbaux du Comité forme
la principale pièce de cette justification, et établit que tous les
faits articulés à la charge de l'ancien Comité sur sa coupable
complaisance dans la distribution des bons, avaient été, au
préalable, discutés au sein de la Société populaire et commandés par elle; qu'il n'y avait que les dénonciateurs de la Société
Sans-Culotte qui pussent avoir oublié ce dont il avait été convenu avec eux, avec le district, avec la municipalité elle-même;
— que le reproche qui lui était aussi fait d'avoir étendu ses
pouvoirs aux autres communes du district, au lieu de se renfermer dans les limites de la ville de Landerneau, était sans
fondement, et que c'était encore, sur la demande de cette
Société populaire, que ses pouvoirs avaient été étendus par
l'administration du district ; que, d'ailleurs, si des embarras
réels et constants étaient survenus dans la distribution des
bons, et, par suite, dans le placement et la vente des marchandises, la chose avait surtout tenu à ce que la taxe du *maximum* n'était pas uniforme dans toutes les localités, et qu'il
arrivait journellement que des marchands obligés de s'approvisionner au dehors, y rencontraient des taxes plus élevées que
celles au taux desquelles ils étaient obligés de vendre à Landerneau et dans le district, mais qu'ils avaient vainement signalé
ce fâcheux abus au Comité de Salut public et aux Représentants en mission......

Toutefois, le nouveau Comité, non plus que les commissaires Le Clerc et Hérault n'étaient gens à se payer de si minimes
raisons, et il fut décidé qu'on appellerait dans le sein du
Comité tous ceux qui auraient à se plaindre, et en première

ligne les Sans-Culottes de la Société populaire, qui avaient si heureusement décélé les abus. La procédure fut longue, les deux Leissègues, Mazé fils, Duclos - Le Gris, Desforges et Callégan furent successivement appelés et longuement interrogés.

De tout ce qui fut dit, nous apprenons que, pour aviser à la prompte expédition des affaires, des bons avaient été signés en blanc ; que plusieurs avaient été pris ou détournés, et que quelques-uns avaient été remplis de manière à établir des préférences non contestables ; enfin, que la signature de Rabusson, l'un des membres de l'ancien Comité, avait été méchamment contrefaite. Sur quoi le Comité régénéré, prenant une souveraine délibération, décréta, avec l'agrément des commissaires délégués de Bréard, que trois des membres de l'ancien Comité avaient manqué à leurs devoirs, démérité de la patrie, et qu'ils seraient en conséquence publiquement signalés à la Société populaire de Landerneau ainsi *qu'à tous les citoyens de la commune.*

Voilà un des notables résultats auxquels aboutit la création des Comités révolutionnaires ainsi que la double action des clubs et de ces comités, appliqués les uns et les autres à cette même œuvre de compression et d'exaltation républicaine, que les meneurs du moment croyaient seule capable de fonder le nouveau régime qu'ils entendaient donner à la France.

Les nombreuses délibérations des Comités de Brest, de Morlaix, de Quimper, de Lorient, de Camaret, de Douarnenez et de beaucoup d'autres villes, que nous possédons en original, ne font que confirmer ce que nous venons de dire, et formeraient à elles seules un gros volume. Nous remarquons, toutefois, par l'ensemble de ces délibérations, que rien ne fut ni moins prévu ni moins réglé que l'action de ces terribles commissions. Un décret du 21 Mars 1793 en avait, dans le principe, prescrit la création, sous prétexte d'éloigner du sol de la liberté tous ses ennemis et notamment les étrangers, dans un moment où une nouvelle Constitution allait être donnée au pays. Mais combien les pouvoirs et les attributions de ces commissions n'avaient-ils pas eux-mêmes changé avec les circonstances. Nommées, dans le principe, simples *comités de surveillance*, elles s'étaient appelées, après la chute des Girondins, *Comités révolutionnaires*, et quelquefois *Comités de recherche et de Salut public*. — Issues d'abord de l'élection à raison de cent votants par mille citoyens inscrits, elles durent bientôt leur création et leur terrible mandat aux Représentants et aux Sociétés populaires quand on voulait bien consulter celles-ci. Tout rentra d'ailleurs dans leurs attributions, et je les vois aller, à Morlaix et à Quimper, jusqu'à briser les administrations en fonctions, pour les reconstituer dans un sens plus révolutionnaire. — En correspondance de tous les jours avec les clubs, les administrations, les municipalités, les tribunaux, les Représentants et le Comité de Salut public lui-même, quand il y avait lieu, rien n'échappait aux Comités, rien ne se faisait sans qu'ils fussent consultés. Sûreté publique, — police, — matières contentieuses ou de finances, — fêtes, — travaux publics, — action révolutionnaire, — interrogatoires, — visites domiciliaires et mandats d'arrêt, tout était de leur compétence, et animés de cette ardeur fiévreuse de l'époque, qui n'admettait pas de milieu entre *liberté* ou *la mort*, devise sous laquelle ils s'étaient rangés, on les vit attaquer et poursuivre tout ce qui, dans le présent ou le passé, pouvait être une protestation contre l'affreux nivellement qu'ils poursuivaient, en ramenant la société entière des sommets élevés où elle était parvenue jusqu'à la plus infime dégradation des caractères et des institutions.

Dans les campagnes, qui furent aussi dotées de Comités révolutionnaires (toutes, grâce à Dieu, n'eurent pas ce bonheur), les choses se passèrent un peu différemment, et la politique nous semble y avoir cédé presque partout le pas aux intérêts plus positifs et plus matériels de la vie commune. — Y a-t-il une visite à faire, une délégation à remplir près du district ou d'une commune voisine ? les membres du comité demandent purement et simplement s'ils seront indemnisés de leur temps et de leur déplacement, et sur la négative, ils se refusent à rien faire. — Les terres de quelques absents étant restées incultes faute de bras pour les travailler, et la loi faisant une obligation au Corps municipal d'y aviser, les dénonciations apprennent que ces bons patriotes n'ayant rien vu à gagner, n'ont voulu rien faire. Plusieurs terres furent ainsi frappées de chômage dans la commune de Cléden-cap-Sizun, près d'Audierne. Enfin, des fers et des cuirs, à la suite de la pénurie qui a été provoquée par la loi du *maximum*, sont-ils envoyés dans les communes rurales pour être répartis entre les cultivateurs, d'autres dénonciations apprennent également que les officiers municipaux ont tout gardé pour eux et les leurs. — Pour les réquisitions, c'est encore pis, s'il est possible, et ce sont les plus pauvres et les plus faibles qui ont été les premiers et les plus complètement dépouillés. L'exercice de tous les pouvoirs révolutionnaires y prend cette direction d'une manière presque invariable.

Mais, avant d'aborder l'administration même des Représentants en mission près les côtes de Brest et de Lorient, et d'exposer les actes personnels de leur gestion, suivons encore pendant quelques pas le Comité régénéré de Landerneau, ne fût-ce que pour constater la parfaite obéissance de ces aveugles instruments de la terreur, que nous trouverons à son paroxisme dans les tribunaux révolutionnaires qui, comme celui de Brest, firent verser tant de sang et tant de larmes.

Hérault, Le Clerc et un autre délégué nommé Vaucelle, après avoir dissout l'ancien Comité, procédèrent à Landerneau comme ils l'avaient fait à Brest, comme ils allaient le faire à Quimper, à Morlaix, à la régénération de la Société populaire. Tous pouvoirs leur avaient été donnés à cet effet, et nous voyons, par une lettre de Bréard, du 21 Frimaire, qu'il leur fut recommandé d'être sans pitié pour ces ennemis de la République; en même temps qu'ils furent autorisés à prendre toutes les mesures nécessaires, quelque rigoureuses qu'elles fussent, sans recours aux Représentants. Leur arrêté désigna donc douze citoyens des plus purs, qui eurent mission de se constituer, d'en choisir douze autres pour leur être adjoints, et, avec ceux-ci, d'en élire vingt-quatre autres, qui tous ensemble désigneraient les citoyens qui leur paraîtraient aptes à faire partie de la *Société populaire et révolutionnaire des amis de la liberté et de l'égalité*, après que leurs noms auraient été publiquement affichés dans leurs sections et que tous les citoyens eussent été appelés à se prononcer sur leur civisme.

Ainsi constitués, ces nouveaux sociétaires, au nombre de cinquante, nommèrent le Comité qui allait succéder à celui que l'on avait renversé. Les désignations furent faites par la voie de l'élection, et, dès le 24 Frimaire, Landerneau eut le bonheur d'avoir un club et un comité révolutionnaire encore une fois régénérés. Nous voyons en même temps que de nouveaux délégués du représentant Bréard, *chargés de purger les campagnes des aristocrates qui s'y trouvaient*, reçurent plusieurs dénonciations et des renseignements sur les utiles captures que l'on pourrait faire, notamment du côté de Daoulas. En même temps des lettres de la poste ayant été saisies et lues en séance, on reconnut que la citoyenne *Caroline Lantivy* devait être immédiatement arrêtée, et l'on décida qu'on enverrait au représentant Bréard copie de la lettre qui lui était adressée.

Dès ce jour, une commission, dite des postes, composée de deux membres, fut chargée de se trouver, tous les jours, à l'ouverture de la malle, et de retenir les dépêches qui, par leurs suscriptions ou par le nom des personnes auxquelles elles seraient adressées, leur paraîtraient suspectes. « Pourquoi, en » effet, » disait un autre membre du Comité, dont nous avons aussi les procès-verbaux sous les yeux, celui de Saint-Brieuc, « pourquoi aurions-nous des ménagements pour des êtres qui » n'en eurent jamais pour les citoyens, et qui, tournant notre » loyauté contre nous, feraient servir notre délicatesse à la » réussite de leurs projets? Tournons contre eux leurs propres » armes, et voyons ce que ces coquins se disent. Cette précau- « tion nous a déjà servi; trois lettres, etc.. »

D'ailleurs, les bons conseils de Le Clerc et de Hérault continuaient à être prodigués aux nouveaux Sans-Culottes du Comité, et ces deux commissaires, écrivant de Montagne-sur-Odet (Quimper), où ils régénéraient aussi tous les corps politiques, aux complaisants montagnards de Landerneau, leur prescrivaient de rechef de poursuivre les membres de l'ancien Comité en ajoutant qu'il fallait *veiller soigneusement à la correspondance des intrigants et des gens suspects ; n'épargner aucune mesure de sévérité, les demi-mesures étant désormais hors de saison, et les victimes de l'aristocratie et du fanatisme devant être promptement vengées.* — Doux et bons conseils que n'eurent garde de négliger les nouveaux élus, qui demandaient aussitôt au représentant Bréard *que toutes les autorités constituées du district fussent promptement épurées !* — (Séance du 8 Nivôse an II).

Ces faits suffisent et au-delà, sans doute, pour caractériser ce Comité de Landerneau comme tous ceux qui furent alors constitués ; et il n'est personne qui ne devine ce que purent avoir à ajouter et à conseiller les délégués envoyés sur les lieux, ou les Représentants eux-mêmes quand ils voulaient bien se rendre au sein des Comités pour les animer de l'ardeur qui les dévorait. Tout le monde sait ce que surent faire dans ce genre Carrier et le Comité Bachelier à Nantes, ce que Couthon et Le Bon firent dans le Nord, ce que d'autres tentèrent et poursuivirent avec cette effervescence qui poussa un instant les masses d'un instinct de destruction que rien ne semblait devoir arrêter. Voici sur ces tristes temps la théorie que Carrier lui-même prit le soin de tracer aux membres du Comité de Saint-Brieuc, comme la ligne de conduite que les Montagnards devaient suivre sans hésitation.

Deux mandats d'arrêt avaient été lancés de Rennes contre Rupérou et Du Couëdic, membres de l'ancienne administration départementale des Côtes-du-Nord, que le Comité local avait désignés comme partisans des Girondins. Mais d'autres prévenus, déjà arrêtés, essayaient de se prévaloir des disposi-

tions de la loi pour demander à être interrogés. — « J'approu-
» ve toutes les mesures que vous avez prises, dit Carrier
» (16 Septembre 93) ; continuez à développer le même zèle
» pour vous assurer de tous les malveillants et des hommes
» suspects. Faites promptement le département. Qu'on ne
» vienne pas vous dire que les détenus doivent subir un inter-
» rogatoire vingt-quatre heures après leur arrestation. Les
» mesures qu'on prend dans ces moments de crise pour les
» réduire à l'impossibilité de nuire ne sont pas soumises à
» cette formalité. Le salut public est la suprême loi dans les
» circonstances qui nous environnent et commande impérieu-
» sement leur arrestation sans qu'on soit assujetti aux forma-
» lités qu'on suit en temps calmes. Ceux qui ont fait par leur
» incivisme, par leurs prédications fédéralistes, des plaies pro-
» fondes à la patrie, doivent s'estimer fort heureux qu'on ne
» fasse que s'assurer de leurs personnes. Ceux qui seraient
» vraiment coupables subiront la peine que provoquent leurs
» crimes. Je me rendrai incessamment à Saint-Brieuc, et alors
» je livrerai ceux-là à la justice nationale.....
» Tout à vous après la République. Salut et fraternité.
» CARRIER. »

Et cette semence fut, à ce qu'il paraît, versée en bonne terre, car le Comité, se mettant aussitôt à l'œuvre, fit savoir à Carrier, peu de jours après l'émission de ses premiers mandats, *que dès qu'on peut faire le bien c'est un mal de ne pas y procéder de suite*, et, qu'à cet effet, pour rendre plus efficaces les premières mesures prises par le Représentant, ils avaient pensé devoir ajouter d'autres arrestations à celles qu'il avait prescrites. Le Comité de Saint-Brieuc, déduisant à son tour sa propre théorie et se montrant en cela presqu'aussi habile que le maître, ajoutait *qu'en débutant dans la carrière par de grands coups, il espérait imprimer ainsi un mouvement salutaire à la machine, parce que tous ces lâches ennemis de la République ne manqueront pas de s'isoler, et que chacun d'eux ayant toujours l'espoir d'échapper à la vengeance de la nation en se persuadant qu'on n'en voudra qu'aux chefs, attendra son arrêt en tremblant.*

Puis, en forme de confidence, ces bons patrons ajoutaient à Carrier : *Telles ont été nos principales raisons, nous vous déduirons les autres par la suite* (Délibération du 14 Septembre 1793).

Mais arrêtons-nous, car l'histoire des Comités serait interminable, et si celui de Saint-Brieuc n'eut pas le bonheur de voir Carrier arriver dans les murs de cette ville pour tout régénérer, ainsi qu'il se le proposait et qu'il le fit si bien à Nantes, ce n'est pas qu'il eût manqué sur les lieux d'hommes capables de le seconder, ainsi que nous l'apprend l'ancien procureur-général syndic du département des Côtes-du-Nord, qui va jusqu'à dire, dans sa correspondance privée, que tout avait été préparé sur les lieux pour des noyades dans le genre de celles pratiquées à Nantes. Comprenant d'ailleurs toute la portée de leur mandat, les affidés de ce même Comité en exprimant à Carrier *tout le regret qu'ils avaient de voir s'éloigner l'instant où ils auraient joui de sa présence*, lui faisaient sentir qu'il était important de ne pas créer de Comités dans les communes rurales, *parce que l'esprit public y serait promptement faussé et que les villes seules étaient en mesure d'inoculer aux gens de la campagne les véritables principes du gouvernement républicain*. C'est à ce moment que deux de ses membres, Roux et Chevalier, se rendant à la maison du séminaire, où étaient détenus les suspects, saisissaient tous les bons souliers qui pouvaient s'y trouver, afin d'en pourvoir les républicains qui marchaient avec le général Tribout de Brest sur Dinan ; c'est enfin dans ce même moment, et toujours inspirés des mêmes sentiments, que les zélés révolutionnaires du Comité de Saint-Brieuc se rendant au bureau des messageries, sur l'avis de son directeur, y saisissaient une somme de 2,355 francs adressée à la femme Du Boisguéhenneuc, en se fondant sur ce qu'elle n'aurait pu en faire qu'*un mauvais usage*.

Ne croyez pas d'ailleurs que ce fait fut isolé et exceptionnel.

Nous trouvons à la même date (22 Ventôse an II), que le Comité révolutionnaire de Brest demandait à être autorisé à ouvrir les lettres chargées à la poste, pour s'assurer s'il ne s'y trouvait rien de contraire à l'intérêt de la République (1). — Nous trouvons sur le registre du Comité de Landerneau (Séance du 14 Ventôse an II), que le Comité de Blaye venait de lui écrire pour se plaindre des *détournements considérables* de fonds qui avaient été faits dans plusieurs bureaux de poste au détriment des négociants de Blaye. — A quoi le Comité et la commission des postes répondaient qu'ils s'emploieraient *avec tout le zèle dont ils étaient capables, pour tâcher de découvrir les auteurs de ces délits*. — Une lettre de la prison de Vannes, datée du 16 Vendémiaire an III, et signée de la veuve de notre célèbre Du Couëdic, qui gémissait alors avec sa sœur, son beau-frère et sept enfants sous les verroux de la terreur, nous révèle un fait plus énorme encore s'il est possible, à l'occasion d'une petite somme de 100 francs qui aurait été expédiée de Josselin à la citoyenne Duvergier, sa sœur, à Quimperlé, avec prière à celle-ci de la distribuer à quelques pauvres familles habituées de sa maison. Et nous trouvons, dis-je, qu'au lieu d'arriver à sa destination, cette somme aurait été saisie à Quimperlé et versée dans la caisse du receveur de l'enregistrement. De sorte que l'État lui-même, raisonnant comme les clubs et les comités révolutionnaires, aurait essayé un instant de se porter juge de l'emploi de fonds en circulation (2).

(1) Les membres du Comité révolutionnaire de Brest étaient en ce moment : Palis et Pasquier, qui devinrent, un instant après, juges du Tribunal révolutionnaire ; — Le Fournier et Désirier, qui en furent jurés; — Baron, — Azcas, — Brandin, — P. Philippes et James.

(2) En parlant des infidélités de l'administration des postes, qu n'épargnaient pas même les Représentants dans leurs relations avec leur famille et leurs commettants, Guermeur, représentant de Quimperlé, disait, dans une lettre du 30 Floréal, an II, à la Société populaire de cette ville : « Quant à moi, j'ai fait bien des sacrifices

Ils étaient donc, en tout, dignes de leurs chefs, comme on le voit, et nous ne devons pas trop nous étonner de ce que firent les Représentants en mission dans nos départements, en voyant l'élan qu'ils rencontrèrent de la part de quelques-uns, chacun des autres se persuadant, comme l'avait si bien jugé le Comité de Saint-Brieuc, qu'on n'en voudrait qu'aux chefs, et que, dès-lors, la masse se *contenterait de trembler*.

Et, en effet, comment douterions-nous de la justesse de cette appréciation : tous les registres de nos anciennes administrations n'ont-ils pas conservé l'irrécusable témoignage de l'empressement obligé ou volontaire que toutes nos villes et nos communes mirent à faire savoir qu'elles acceptaient la *sublime* Constitution de 1793. — Saint-Brieuc ; si heureuse du touchant intérêt que lui témoignait Carrier, l'accepta à l'unanimité, et chargea Hamelin, le président de son Comité, d'aller en assurer la Convention.

» à la chose publique et je les ai faits de bon cœur. Mais celui qui
» me fait souffrir davantage, c'est l'interception continuelle de ma
» correspondance, j'entends parler de celle qui part de Quimperlé ;
» et l'on me permettra sans doute de regretter en particulier la perte
» des lettres de ma femme. On nous en a tant volé, que depuis
» long-temps la curiosité devrait être plus que saturée et du secret
» de nos affaires domestiques et du zèle avec lequel cette bonne et
» franche républicaine correspond à celui avec lequel je tâche de
» rendre quelques services à mes concitoyens. C'est ainsi que, de-
» puis quelque temps, dans des moments importants, j'ignore ce
» qui s'est passé et ce qui se passe dans nos parages. »

CHAPITRE IV.

Action des Représentants et de la Commission administrative. — Hésitations et divisions intestines. — Création définitive du Tribunal révolutionnaire. — Exécution des officiers De Rougemont, Le Dall-Keréon et Montécler.

Revenons aux hommes qui, plus haut placés que les comités et les administrations locales, avaient toute la pensée de ces mesures et de ces énormités, et après être resté quelque temps dans les détours obscurs des clubs et des commissions locales, où toutes les dispositions combinées ailleurs ne faisaient que recevoir leur exécution, pénétrons chez les Représentants eux-mêmes, et sachons ce qu'ils voulaient, ce qu'ils pensaient.

Mais pour être exact et juste envers ceux mêmes qu'on peut juger sévèrement sans sortir des bornes d'une loyale indulgence, disons que, vers cette époque, c'est-à-dire dans le courant de Frimaire, Brest et le Finistère, comme le reste de la Bretagne, furent inopinément très alarmés du mouvement des armées vendéennes vers la Normandie, et que la défaite des

Républicains à Pontorson, jointe à l'épuisement absolu du pays en hommes et en matériel de toute espèce, jeta les clubs et les partisans de la Montagne dans un état d'excitation plus difficile à décrire qu'à comprendre. Jean-Bon Saint-André et Prieur de la Marne, partirent subitement de Brest (Frimaire, an Ii) pour marcher à la rencontre des Vendéens, en se dirigeant sur le Morbihan et les Côtes-du-Nord. Tout ce qui était disponible, tout ce qui pouvait être utilisé, hommes, chevaux, charrettes, grains, cuirs, étoffes, toiles, habits, souliers, fers, linge, médicaments, tout fut requis et enlevé pour le service de l'armée. Sur les derrières ou confondus avec la troupe, marchèrent les hommes qui se mirent en mouvement à la suite de Tribout et de Rossignol, armés de faulx, de piques, de pieux et des armes que l'on était parvenu à trouver chez les particuliers et dans les maisons des émigrés. (On peut voir ailleurs ce que nous avons dit de cette campagne).

C'est dans ces circonstances, que Bréard, resté seul à Brest, commença ce mouvement de compression et de terreur que ses collègues lui conseillaient à chaque dépêche ; que le Comité de Salut public lui recommandait en envoyant Jullien sur les lieux, et que les clubs et les comités réclamaient à grands cris par des lettres et des délibérations où l'on disait : — « Qu'il
» fallait que les traîtres disparussent de la terre pour que l'or-
» dre régnât..... Qu'il fallait que les Fédéralistes, ces faux
» frères qui avaient entravé la Constitution, fussent frappés
» de nullité..... » A quoi Bréard répondait, en multipliant ses émissaires près des clubs et des comités. Ecrivant à son collègue Jean-Bon Saint-André, il lui disait : — « Que Jullien
» allait bien ; que Carrier était un *bon bougre* ; mais que Rennes ne marchait pas, et qu'il espérait que Prieur le pous-
» serait. »

« Du reste, ajoutait-il dans une dépêche du 11 Frimaire,
» j'ai organisé trois commissions ambulantes qui parcourent
» tous les cantons. Les membres de ces commissions m'ont
» été fournis par la Société révolutionnaire de Brest. »

Pour compléter ces mesures, il ne laissait pas d'ailleurs que d'agir activement, et plusieurs pièces, que nous avons sous les yeux, nous apprennent que c'est le moment où, tirant parti de ces *bons patriotes qui entraient jusques dans le sein des familles*, lui et ses collègues multiplièrent les arrestations qui allaient bientôt motiver la création du Tribunal révolutionnaire. C'est aussi le moment où les anciens membres du département, décrétés le 19 Juillet, furent définitivement réunis dans les prisons de Landerneau, de Carhaix et de Morlaix ; c'est le moment où les Conen de Saint-Luc, qui eurent jusqu'à trois membres de leur famille de sacrifiés, furent définitivement écroués dans les prisons de Paris, après que tous leurs papiers, au nombre de deux cent quatre-vingt-quatre pièces, eussent été saisis et adressés à l'accusateur public Fouquier-Tinville (1).

(1) La correspondance du parquet du Tribunal révolutionnaire de Brest avec celui du Tribunal révolutionnaire de Paris, nous apprend que, le 1er Thermidor an II, ce dernier tribunal condamna et fit exécuter, à Paris, Victoire Conen de Saint-Luc, née à Rennes, âgée de 33 ans ; — Gilles-René Conen de Saint-Luc, né à Rennes, âgé de 75 ans, ancien conseiller au Parlement, — et sa femme Amélie-Laurence-Céleste Dubois, née à Quimper, âgée de 53 ans ; — plus, Aimé-Marie Alour de Saint-Alouarn, né à Quimper, âgé de 28 ans ; — Françoise Laroque, âgée de 30 ans, née à Quimper, — et Floride Laroque, âgée de 33 ans, née à Quimper. Voilà pour la journée du 1er Thermidor an II.

Le 6 Nivôse de la même année, deux membres de la même famille, Alexandre-Marie Laroque Trémaria, médecin, âgé de 42 ans, natif de Quimper, — et Victor-Hyacinthe Laroque Trémaria, officier de marine, âgé de 30 ans, également de Quimper, avaient été condamnés et exécutés par jugement du même Tribunal.

Un autre jugement du 2 Messidor an II, atteignit et frappa de la peine de mort, Marie-Philippe L'Ollivier, femme Saint-Pern, née à Trégavan et âgée de 70 ans.

Un autre jugement du 6 conduisit également sur l'échafaud trois

C'est le moment où les Coatanscours de Kerjean furent détenus ; le moment où Raby et Belval, passant pour avoir été les affidés des Girondins et de l'ancien département, furent désignés pour tomber bientôt sous le coup de la hache révolutionnaire ; c'est le moment où Scanvic, le pauvre capitaine de la barque qui avait favorisé l'embarquement et la fuite des députés girondins, fut également écroué ; c'est le moment où le lieutenant Bergevin, commandant la corvette la *Vigilante*, chargée d'intercepter le passage de Guadet et de Pétion, fut également saisi et détenu ; c'est le moment où Thévenard, commandant d'armes au port de Brest, Billard, premier chirurgien de la marine, et Le Bronsort, juge du tribunal de commerce de Brest, furent aussi saisis sur la dénonciation d'une commission militaire, qui dit avoir appris de la bouche d'un Chouan au moment de mourir, qu'ils trahissaient la République et livraient ses secrets ; — enfin, c'est le moment où les prêtres insermentés furent de nouveau recherchés et jetés dans les prisons, les uns au Château de Brest, pour passer plus tard au Tribunal révolutionnaire ; les autres aux Capucins de Landerneau, pour être dirigés sur Rochefort et déportés.

Quant aux plaintes et aux réclamations que ces pauvres détenus pouvaient avoir à faire, et que d'après la hiérarchie ils

aides-cultivateurs de la commune de Bannalec : — Thomas Andres, âgé de 29 ans, — Corentin Péron, âgé de 28 ans, — et Mathieu Toupin, âgé de 26 ans.

Le 29 Prairial, ce fut le tour de Charles Moret, jeune homme de 23 ans, boucher à Brest, — et de Christophe Fustin, âgé de 26 ans, élève entrepreneur dans la même ville.

Enfin, je trouve, le 17 Messidor, une dernière exécution à laquelle succomba Claude Le Foll, maréchal-ferrant, âgé de 28 ans, né à Landerneau.

Voilà ce que la correspondance de Donzé-Verteuil avec Fouquier-Tinville nous a appris sur les exécutions qui concernent le Finistère ; mais bien d'autres eurent lieu que nous ne mentionnons pas.

devaient adresser aux Comités révolutionnaires, nous trouvons un de ces Comités qui leur fait répondre par un de ses membres, *que jusqu'au moment où les Représentants pourront eux-mêmes les entendre, il est inutile qu'ils se fatiguent l'esprit à leur citer les lois et les réglements qui sont désormais sans objet.*

Quelque circonstance venait-elle d'ailleurs à émouvoir la population ou à la surexciter, les Représentants prescrivaient aussitôt les plus minutieuses recherches, et, à leur suite, les visites domiciliaires. Il suffisait pour cela d'un navire arrivant en rade et ayant débarqué quelques personnes réputées suspectes, des Américains et des neutres qu'on supposait avoir été en relations aux Etats-Unis ou ailleurs avec les émigrés ou des Français mal notés. — L'arrivée des réfugiés de la Martinique ou de l'Acadie, après la prise de ces colonies par les Anglais, donnèrent lieu à la fréquente répétition de ces mesures, et quel caractère n'avaient-elles pas ? — Un arrêté des Représentants, faisant fermer le port et les portes, décidait, le soir, que le lendemain la générale serait battue à cinq heures du matin (cela avait lieu même en hiver) ; que chacun étant à son poste, des sentinelles seraient placées dans toutes les rues à cinq pas de distance les unes des autres ; que ces sentinelles arrêteraient toutes les personnes qui sortiraient de chez elles ou qui essaieraient de communiquer entr'elles ; que l'appel serait fait dans toutes les compagnies, et que, dès ce moment, les Commissaires préposés aux visites, assistés d'un membre de la municipalité, du district ou du comité révolutionnaire, procéderaient à leurs opérations, et que toute personne arrêtée serait conduite à la Salle de la Société populaire, rue de Siam, pour le côté de Brest, et au Temple de la Raison (ancienne église Saint-Sauveur), pour le côté de Recouvrance.

Une délibération du Comité révolutionnaire de Brest à l'occasion de l'une de ces journées, s'exprime ainsi :

« Suivant les rapports qui nous ont été faits, la visite, qui

» avait été commandée par les Représentants, s'est exécutée
» avec ordre et exactitude. Nous avons apposé les scellés sur
» plusieurs magasins que nous n'avons pas eu le temps de véri-
» fier ; — nous avons fait conduire dans un dépôt tous les
» hommes qui nous ont paru suspects ; nous avons nommé
» une commission pour les interroger, et au *decadi* prochain,
» nous constaterons le résultat de nos recherches. »

A ces mesures tout exceptionnelles, il en était une de règle courante et ordinaire, c'est que le commandant de la place pouvait faire toutes les visites domiciliaires qu'il jugeait convenables, sans avis préalable. (Arrêté du 4 Pluviôse an II).

Et cependant tant de zèle, tant d'empressement ne parvenaient pas à satisfaire les impatients, et le registre de correspondance de la commission administrative provisoire du département nous apprend que, vers le mois de Frimaire, au moment où le gouvernement révolutionnaire allait être appliqué à toute la France, en vertu de la loi du 14 de ce mois, il s'éleva au sein des clubs, comme des administrations les plus prononcées du département, des doutes sur l'énergie de Bréard un instant resté seul à Brest, pendant que ses collègues Tréhouart, Prieur et Jean-Bon Saint-André couraient vers la haute Bretagne pour faire tête aux Vendéens. — Ces doutes et ces impatiences sont exposés tout au long dans la correspondance dont nous parlons.

C'est la commission administrative qui s'adresse d'abord au Représentant, et qui au lieu de le traiter de Montagnard et de très cher Sans-Culotte, comme elle l'avait fait dans ses premières missives, ne l'appelle plus que *Républicain représentant.*

« Nous voulons t'apprendre, lui disent-ils, à la date du 17
» Frimaire an II, qu'après avoir arraché le masque dont se
» couvrait un fripon aussi fameux par son exagération que par
» ses brigandages (Du Couëdic, le procureur-général syndic de
» la commission administrative); qu'en faisant une guerre ou-
» verte à tous les désorganisateurs de son espèce, nous ne

» sommes pas plus disposés à composer avec la tourbe fédéra-
» liste qui nous avait poussés sur le bord du précipice.

» Nous te dénonçons l'effrayante rapidité avec laquelle cette
» ligue hypocrite sort du néant où les premiers éclats partis
» de la foudre vengeresse de la Montagne les avait précipités.
» Ils ne disent plus, comme autrefois, marchons en masse
» contre la Montagne, mais ils marchent en silence. L'indul-
» gence et l'impunité, la faveur même qu'ils ont surprise à
» des hommes qui ne les ont pas connus dans leur rébellion,
» qui ne les suivent pas dans leurs intrigues, les enhardissent
» à remonter sur l'horizon politique ; quelques-uns des plus
» coupables se poussent vers les fonctions publiques, se jettent
» en foule dans les sociétés populaires, mendient et entraî-
» nent de nouveau la faveur par l'étalage imposteur et men-
» songer des prétendues vertus qui divisèrent les Roland et les
» Pétion.

» Représentant, nous ne prétendons pas confondre et pour-
» suivre, avec les chefs de cette horde fédéraliste, ces hommes
» simples et de bonne foi qui croient servir la cause de la li-
» berté en servant celle des conspirateurs ; mais nous sommes
» effrayés du court intervalle qu'ils mettent entre leur repentir
» et leur nouvelle prospérité.

» Nous pensons qu'il est de la dernière importance de tenir
» encore la foule des Fédéralistes à une distance respectueuse
» de la Montagne, de resserrer les chefs de près, de dénoncer
» les intrigues déjà commencées par les vertueux partisans du
» modérantisme ; nous le pensons, nous le voulons, mais nous
» sommes dans l'impuissance d'exécuter ! Cette impuissance,
» il faut le dire, vient de toi ou plutôt des nombreux délégués
» qui agissent en ton nom dans l'étendue de notre ressort (1).

(1) Au nombre des agents employés par Bréard, nous avons trouvé Le Clerc, Boniface, Roxlo, Le Nôtre, Combas, Martin, tous officiers ou sous-officiers pris dans les troupes de la garnison et les Maratistes de Paris ; Dagorn, inspecteur de l'enregistrement, Hérault,
Guermeur et Jullien commissionnés par le Conseil exécutif ou le
Comité de Salut public et mis à la disposition des Représentants.

» Cette multitude de commissaires qui se prétendent revêtus
» de la plénitude de tes pouvoirs, qui organisent et destituent
» les administrations secondaires, dont enfin nous ne connais-
» sons ni la mission ni les opérations ; la plupart mettent,
» faute d'ensemble et de concert avec nous, des entraves in-
» vincibles au mouvement uniforme et rapide que nous vou-
» drions imprimer à l'administration de notre département.

» Les autorités constituées, entourées, harcelées de toutes
» parts par des commissaires qui agissent en vertu de pou-
» voirs supérieurs aux nôtres, oublient les tâches essentielles
» que nous leur imposons, et s'embarrassent dans les mesures
» contradictoires qu'on leur commande.

» N'as-tu recouru à l'usage de ces délégations multipliées,
» que parce que tu ne nous supposes, ni les moyens, ni
» la volonté de seconder tes efforts pour la régénération
» de ce département et l'exécution des mesures révolution-
» naires provoquées par l'acharnement des ennemis de la
» République ? Si, comme le ralentissement ou plutôt l'inter-
» ruption de tes commissaires avec nous peut le faire présu-
» mer, nous n'avons plus ta confiance, dis-le-nous avec la
» même franchise qui nous porte à te déclarer que nous
» croyons nuisible à la chose publique la reproduction multi-
» pliée de tes pouvoirs dans des hommes qui ne correspon-
» dent ni ne communiquent avec nous et qui agissent souvent
» en sens opposé......

» En un mot, si tu nous crois trop faibles pour le fardeau
» que ta confiance nous a imposé, dis-le-nous avec la même
» franchise qui nous fait te dire que ton refroidissement nous
» inquiète en donnant de l'audace aux intrigants qui commen-
» çaient à craindre notre énergique et impartiale probité. Mais
» si nous n'avons pas démérité de la confiance publique, il faut
» débarrasser l'autorité dont nous sommes revêtus du chaos
» de cette multitude de pouvoirs qui se heurtent et se brisent
» faute d'ensemble, et dont quelques porteurs n'ont pas même
» la confiance publique.

» Quelques-uns de nos collègues vont, de notre part, s'ex-
» pliquer avec toi. »

Mais Bréard fit la sourde oreille, Bréard ne reçut même pas les délégués de la commission administrative, Bréard se tint retiré pour eux et les laissa retourner à Landerneau sans leur donner audience.

Aussitôt lettre nouvelle à Prieur, quoiqu'éloigné du département :

« Représentant montagnard, lui disaient-ils (20 Frimaire),
» nous te prévenons que l'intrigue et le Fédéralisme lèvent une
» tête audacieuse dans le département du Finistère, que l'es-
» prit de désorganisation se propage, qu'il existe un projet de
» terrasser les Maratistes, de les culbuter des places où la con-
» fiance de la Montagne les avait portés, et de les forcer par
» toutes sortes de dégoûts à abandonner de nouveau le champ
» de bataille aux fédéralistes, feuillans, tartufes et modérés
» de toutes les couleurs. Ils ont réussi, à force d'impudence
» et de menées, à surprendre encore une fois la religion du
» Représentant du peuple, non pas que nous ayons cru un ins-
» tant que celui-ci entre dans les vues liberticides des intri-
» gants qui l'obsèdent. Seul, livré à la foule qui le presse,
» harcelé de toutes parts par le choc des passions qui s'agitent
» autour de lui, il n'est pas étonnant qu'il commette des
» erreurs! Mais, quoiqu'il ne soit que trompé, le mal n'en est
» pas moins réel et il est instant d'y porter remède : nous l'a-
» vons senti et nous voulons que la vérité perce. La lutte entre
» les patriotes, qui n'ont jamais varié, et ceux qui ont suivi
» constamment le courant des circonstances, est engagée. Le
» petit nombre des premiers ne les décourage pas ; ils sont
» exercés à braver la multitude, et après avoir arraché le dé-
» partement du Finistère à l'infâme conspiration du Fédéra-
» lisme, nous succomberons ou nous l'arracherons encore à
» l'intrigue et à la désorganisation.

« Pour y parvenir, nous avions chargé quatre de nos collè-
» gues de présenter le mémoire que tu trouveras ci joint au

» représentant Bréard, et d'avoir avec lui à ce sujet des expli-
» cations franches et intéressantes. Nos collègues se rendirent
» à Brest le 17, demandant audience à différentes reprises, et
» furent renvoyés d'heure en heure jusqu'au lendemain. Deux
» rejoignirent leur poste et deux autres se présentèrent le len-
» demain à l'heure indiquée ; renvoyés de nouveau d'heure en
» heure jusqu'à cinq heures du soir et désespérant enfin de
» percer jusqu'au représentant, ils sont revenus sans avoir pu
» remplir leur mission.

» Voici, au surplus, dans l'exacte vérité, la marche des évé-
» nements dans le Finistère depuis ton départ :

» Un scélérat, que le hasard avait placé à notre tête dans les
» fonctions de procureur-général-syndic (nous verrons plus
» tard quel était le crime que lui attribuaient ses collègues) a
» été démasqué, poursuivi par la commission, et enfin culbuté
» par l'exécration publique et le citoyen Bréard.

» On jugea que la Société populaire de Landerneau, où il
» avait quelques partisans, devait être épurée : elle a été dis-
» soute et recomposée par les délégués du représentant Bréard.
» C'est de cette époque que date le triomphe de l'intrigue. Des
» patriotes douteux, des hommes les plus entachés de Fédéra-
» lisme sont à la tête du nouveau club. Les *Marats* désignés
» aux assassins à l'époque du 31 Mai sont, les uns écartés,
» les autres harcelés dans cette Société.

» Les commissaires délégués par Bréard ont osé proposer
» d'exclure les autorités constituées de ce nouveau club et ont
» écarté de nous la confiance publique sans avoir vérifié si
» nous l'avions déméritée. »

Nous ne devons cependant pas omettre de dire en passant, que ce sont ces mêmes commissaires qui avaient régénéré le Comité révolutionnaire et formé le premier noyau du club par la désignation de douze Sans-Culottes chargés de faire le reste ; mais ici, comme en tant d'autres circonstances dont chaque lecteur a de nombreux exemples sous les yeux, l'esprit et les jalousies rivales de la petite localité aveuglent nos montagnards et les empêchent de voir que ce sont ces commissaires, comme les Le Clerc et les Hérault, régénérateurs des clubs de Brest, de Landerneau et de Quimper, âmes damnées des Représentants, qui allaient doter Brest d'un Tribunal révolutionnaire si vivement désiré par la commission administrative qui se plaignait toujours qu'on n'en finît pas assez vite avec les Fédéralistes.

Pauvres politiques sans expérience et sans réflexion, que la passion porte à tous les excès et à toutes les défiances qui naissent de la mobilité de leur imagination ; hommes à la fois instigateurs et dupes, qu'un semblant de patriotisme a fanatisés, et que l'aveuglement met à la disposition des intrigants les plus mal famés.

Mais continuons à les laisser parler.

« Des Fédéralistes connus par leur exagération, disent-ils à
» à Prieur, sont revêtus de grands pouvoirs. Ceux que la loi
» nous confie sont brisés dans nos mains ; des étrangers, qui
» n'ont vu de près les conspirateurs ni dans leur révolte ni
» dans leur retour, se flattent de les mieux connaître que nous,
» qui avons lutté avec eux au milieu des orages.

» Une multitude de commissaires revêtus des pouvoirs du
» représentant Bréard parcourent le département, portant le
» trouble et le désordre dans toutes les parties de l'adminis-
» tration et ne se donnant même pas le soin de communiquer
» avec les autorités constituées et d'exhiber leurs pouvoirs.

» Ou nous sommes indignes de la confiance publique, et
» alors il faut nous juger et nous punir, ou nous remplissons
» nos devoirs, et alors il faut faire justice des fripons et des
» modérés que notre énergie et notre probité embarrassent.

» Viens donc, brave Montagnard, sonder les nouvelles
» plaies du Finistère ; viens porter le flambeau scrutateur sur
» notre conduite, sur nos opérations politiques, sur ce que
» nous avons fait depuis cinq ans pour ou contre la liberté.
» Viens, il est impossible que ta présence puisse être plus utile
» ailleurs qu'ici ; il faut les mains d'Hercule pour briser les
» filets qu'on jette encore sur le Finistère, dont la régénération

» tardive accuse, non les talents et les bonnes intentions de
» ton collègue, mais la rage et l'astuce de nos ennemis com-
» muns ; viens renverser les obstacles qui nous séparent du
» représentant Bréard.

» Tu trouveras à ton arrivée un compte plus circonstancié
» de notre situation.

» Mais si, contre notre attente, tu te crois plus nécessaire
» ailleurs, nous sommes résolus à le faire connaître à la Con-
» vention.

» Le Représentant Bréard est, dit-on, malade (1) ; mais
» d'autres trouvent accès près de lui, et les entrées sont fer-
» mées pour les premiers Montagnards en date et en conduite.
» Souviens-toi que nous sommes jaloux de prouver que nous
» ne tenons ni à nos places ni à nos pouvoirs, mais au salut
» de la République, à laquelle nous sommes depuis long-
» temps dévoués, et comme magistrats et comme citoyens. »

Quelques jours se passèrent, et Bréard s'étant un peu amolli, reçut enfin les membres de la commission administrative, et tout s'arrangea pour le mieux, ainsi que nous l'apprend une nouvelle lettre du 29, adressée à Prieur, qui se trouvait à Laval, et en avait peut-être écrit lui-même à son collègue Bréard. Cette nouvelle lettre porte que le représentant Bréard, quoique toujours malade, avait reçu les membres de la commission administrative, et qu'il était revenu à leur égard du *refroidissement pénible* où ils l'avaient trouvé. Enfin, que malgré les perfides insinuations dont on l'avait circonvenu, il leur avait rendu la confiance dont ils seraient toujours dignes ; — qu'au reste, un seul Représentant, malade et accablé d'occupations, était à Brest hors d'état de faire face à toutes les affaires qui se présentaient, et qu'il était instant qu'il revînt sur les lieux pour *compléter la régénération du Finistère, glacé par le modérantisme des Fédéralistes, travaillé par l'intrigue, agité par le fanatisme, menacé par les ennemis du dehors.*

(1) Nous voyons, en effet, par les lettres de Bréard, qu'il avait, en ce moment, une attaque de goutte et la fièvre.

Une affiche, une tendre lettre de Bréard qui déclara, *par un démenti formel et public*, que jamais la commission administrative n'avait *perdu sa confiance* (lettre et affiche du 1er Nivôse), terminèrent cette affaire et firent rentrer dans le concert commun tous les ardents ouvriers des mesures coërcitives et des vengeances que leurs paroles et leur correspondance décelaient si hautement. La commission de Landerneau en remercia le Représentant, en lui disant (5 Nivôse) que l'expression franche et loyale de la confiance qu'il leur rendait, enlevait pour toujours, à leurs ennemis communs, l'espoir de voir réussir le nouveau piége où on avait essayé de le faire tomber, et que désormais la patrie était sûre d'être sauvée par l'union indispensable de ceux qui lui consacraient leur sang et leurs veilles. Car *ce dernier coup de massue*, ajoutaient-ils dans leur affiche, est le digne prix de leurs honteuses menées, et le char révolutionnaire plus rapidement entraîné va brûler leurs marais et purger l'atmosphère de leurs baves. Cette pièce publique était signée de Moyot, président ; Perrin, Gonidec, Guibert, Leissègues, Davon, Le Roux, et Goëz, secrétaire général.

Tout allait donc, d'un pas ferme et sûr, vers le but si clairement indiqué. Mais sans que nous sachions bien comment cela se fit, il s'éleva presqu'aussitôt un autre différend entre les Représentants réunis à Brest et le Comité de Salut public lui-même.

Quelques lettres des Représentants nous apprennent en effet qu'il s'était présenté à eux, vers la fin de Brumaire, deux jeunes gens, se disant envoyés par le ministre des affaires étrangères et chargés par lui d'une *mission secrète*. Très étonnés du caractère d'une pareille mission, les Représentants avaient demandé à ces jeunes gens l'exhibition de leurs pouvoirs, et ceux-ci n'ayant pu leur produire qu'un passeport signé du Ministre, sans visa du Comité de Salut public, et deux pièces servant d'instructions, mais dépourvues de l'autorisation du Comité, les Représentants en avaient manifesté tout leur étonnement.

5

« Aussi, disaient-ils, notre surprise n'a pas été grande lors-
» que nous avons lu dans ces instructions assez mal digérées,
» que les commissaires ne devaient s'ouvrir qu'avec réserve
» aux Représentants du peuple sur l'objet de leur mission. —
» *S'il est vrai qu'ils en aient une, serait-elle dirigée contre*
» *nous!* et deux jeunes gens seraient-ils *envoyés* à Brest pour
» épier notre conduite. Nous la mettrons au grand jour quand
» vous voudrez et quand la Convention nationale l'ordonnera ;
» mais nous vous déclarons avec franchise, que nous ne vou-
» lons pas d'espions à côté de nous. Si la mission des agents
» prétendus du ministère des affaires étrangères avait réelle-
» ment cet objet, nous vous demandons notre rappel ; d'au-
» tres verront s'ils doivent occuper une place à de pareilles
» conditions. Pour nous, nous vous disons franchement que
» nous ne le voulons pas ; les commissaires du conseil exé-
» cutif, Guermeur et Hérault, avoués par vous, celui du co-
» mité, Jullien, ont trouvé auprès de nous amitié et confiance ;
» nous les employons ; ils nous écoutent et ils servent la
» chose publique ; mais nous ne pouvons avoir confiance
» dans des hommes auxquels un seul ministre impose l'obli-
» gation d'avoir des secrets pour nous. »

Que conclure de tout cela et de la tiédeur de Bréard envers la commission de Landerneau? Que conclure d'un autre passage de ses dépêches où il disait (11 Frimaire) *que le Comité de Salut public l'accusait d'être trop bon, et que déjà on le traitait de modéré, parce qu'il n'organisait pas le Tribunal révolutionnaire auquel les Fédéralistes devaient passer le plus tôt possible ?*

Pour être vrai, je crois qu'il faut dire que Bréard, en l'absence de ses collègues Jean-Bon Saint-André et Prieur, accablé de besogne et de sollicitations, atteint de la goutte, malade et épuisé, faiblit évidemment et demanda bien réellement son rappel à la Convention, pour le moment où ses collègues rentreraient de leur expédition vers la Normandie. Plusieurs des biographes de Bréard lui ont fait un mérite de cette demande de rappel, et ont parlé de sa modération et du désir qu'il aurait eu d'épargner, à Brest, toutes les horreurs de la terreur ; mais comment croire à cette mansuétude, quand nous voyons qu'il se donnait Carrier lui-même pour modèle, et qu'un peu plus tard, quand Hugues, premier accusateur public du Tribunal révolutionnaire de Brest, à sa création, fut accusé d'avoir faibli, ce furent lui et Jean-Bon Saint-André, son collègue, qui s'empressèrent d'écrire en toute hâte à Donzé-Verteuil, substitut et digne élève de Fouquier-Tinville, pour lui dire qu'ils l'avaient directement demandé au Comité de Salut public, et que toute son énergie était nécessaire à Brest.

Non, Bréard ne se fit jamais modéré ; un instant il fut malade et put se trouver importuné des instances que lui faisaient les ultrà-révolutionnaires ; mais dès que ses deux collègues, à la fin de Frimaire, eurent l'espoir de rentrer à Brest, tout marcha rapidement comme nous allons le voir au but si impatiemment désiré des Sans-Culottes, des clubs et des comités.

A Bréard seul appartient bien le mérite qu'on lui a dénié d'avoir créé le Tribunal révolutionnaire de Brest. Les registres de sa correspondance sont là pour en faire foi, et on y lit une lettre du 22 Frimaire, au moment même où il fit fermer la porte au zèle importun de la commission administrative de Landerneau. En écrivant au *patriote Hugues, accusateur public du Tribunal révolutionnaire de Rochefort*, il lui disait : « Qu'il
» avait reçu les deux expéditions qu'il lui avait adressées de
» l'acte d'accusation contre les prévenus de complicité dans la
» trahison de Toulon, qui pouvaient se trouver en ce moment
» à Brest ; qu'il prenait des mesures pour que ces grands
» coupables ne pussent échapper au châtiment qui leur était
» dû, et qu'il le priait, en conséquence, de lui faire passer
» promptement les renseignements certains et nominatifs qu'il
» lui annonçait, afin *que le Tribunal révolutionnaire en purge*
» *aussitôt la Société, ajoute-t-il, car je te préviens que je*
» *demande au Comité de Salut public de l'ordonner de te*
» *rendre ici pour remplir les fonctions d'accusateur public*

» *pour ce qui sera relatif à la conspiration de Toulon. Tu dois*
» *sentir les motifs de cette mesure, et je pense que tu l'ap-*
» *prouveras.* »

Au reste, disait-il encore dans une autre dépêche du lendedemain au Comité de Salut public, où il parlait de la création du Tribunal en question, de l'appel de Hugues à Brest qui lui était indispensable et de la nécessité d'agir : « Il faut que nous
» marchions, *mais mon embarras est grand pour trouver à*
» *Brest des citoyens propres à former ce Tribunal, car dans*
» *ce pays les têtes vraiment révolutionnaires sont malheureu-*
» *sement rares.* »

Une autre lettre du 21 Frimaire, à ses affidés Hérault et Le Clerc, disait : « que, d'accord avec la Société populaire, il
» avait demandé un Tribunal révolutionnaire et une *armée*
» *révolutionnaire*, et qu'il espérait obtenir à raison du soin
» qu'il avait pris d'en faire sentir l'*importante nécessité* (1). »

(1) L'un de ces derniers, Jean-Bon Saint-André a, aussi de son côté, essayé, quand le 9 Thermidor eut enfin arrêté l'effusion du sang, de repousser les accusations qui furent dirigées contre lui par les hommes qui dénoncèrent les excès des terroristes à Brest, et il dit à ce sujet, qu'à son arrivée à Brest, Bréard et Tréhouart étaient disposés à établir un *Tribunal révolutionnaire* pour juger les prévenus ; que Prieur adopta d'abord leur opinion, *et que s'y étant opposé fortement*, ils se rangèrent enfin tous trois à son avis, et que, jusqu'à son départ pour le département de la Manche, en Frimaire, il ne fut plus question de la création de ce Tribunal......

Rien ne s'oppose, en effet, à l'admission de ces circonstances, et il en résulterait seulement une preuve de plus en faveur de l'avis qui nous fait attribuer à Bréard la création du Tribunal révolutionnaire de Brest, quoique l'acte de son établissement soit signé de Tréhouart et de Laignelot seulement.

Mais est-ce à dire, comme Jean-Bon Saint-André tend à l'insinuer dans un autre passage de sa défense, qu'il resta étranger à tout ce que fit le Tribunal révolutionnaire de Brest ? — nous ne le croyons pas, et nous pensons même qu'aucun Représentant ne s'est servi plus souvent que lui de cette épouvantable machine de guerre !

Mais pour bien comprendre ce qui allait se faire à Brest, redisons un instant ce qui se fit à Rochefort pour les officiers de l'*Apollon* et de la flûte le *Pluvier*, tous deux venus désemparés de Toulon, comme le *Patriote* et l'*Entreprenant* à Brest, comme d'autres bâtiments à Lorient. — C'est Laignelot qui parle :

« Rochefort, 8 Frimaire, an II.

» Enfin la justice du peuple vient de frapper les scélérats
» qui s'étaient rendus ici sur le vaisseau l'*Apollon* pour prépa-
» rer l'entrée du port aux Anglais et le leur livrer, comme ils
» avaient contribué à livrer Toulon. Le Tribunal révolution-
» naire vient de condamner à mort dix officiers de ce vaisseau,
» et le vengeur du peuple en a délivré la République. Tous les
» marins, les ouvriers du port sont allés les prendre et les
» ont escortés d'une double haie jusqu'aux lieux de l'expia-
» tion. L'air a retenti des cris de : *Vive la République !* à la
» chute de chaque tête, et des chants patriotiques, des cris
» de : *Vive le Tribunal !* ont rendu un juste hommage aux
» membres qui le composent, et en particulier à Hugues l'accu-
» sateur, excellent Jacobin, dont le civisme, les talents et l'ac-
» tivité se trouvent au degré le plus désirable !.... »

Parlant, dans une autre missive, de l'organisation du Tribunal auquel Brest allait emprunter un accusateur public et un bourreau, il ajoutait : « Qu'enfin le dernier préjugé des anciens
» temps était tombé, et qu'après avoir nommé eux-mêmes tous
» les membres du Tribunal qu'ils avaient formé sur le modèle
» de celui de Paris, ils avaient voulu laisser aux patriotes de
» Rochefort la gloire de se montrer librement les vengeurs de
» la République ; qu'ils avaient à cet effet exposé ce besoin à
» la Société populaire réunie dans l'ancienne église de Saint-
» Charles, et lui avaient demandé qu'elle voulût bien désigner
» elle-même l'homme qui devait clore toutes les procédures,
» *le guillotineur*. — Moi, s'est écrié avec un noble enthou-
» siasme le citoyen Ance, *c'est moi qui ambitionne l'honneur*
» *de faire tomber la tête des assassins de ma patrie !* — A

» peine a-t-il eu le temps de prononcer cette phrase, que d'au-
» tres se sont levés pour le même objet, et ils ont réclamé
» du moins la faveur de l'aider. — Nous avons proclamé le
» citoyen *Ance guillotineur*, et nous l'avons invité à venir en
» dînant avec nous prendre ses pouvoirs par écrit, et les arro-
» ser d'une libation en l'honneur de la République. »

Peu de jours auparavant, Lequinio, rendant compte au Comité de Salut public et à ses collègues de Brest de ce qui se passait à Rochefort, quant à l'esprit de ces populations, leur disait *que toutes les boîtes à bon Dieu et les étuis à graisse des défunts charlatans religieux leur avaient été remis ; — que toutes les images et tableaux du fanatisme avaient été portés sur un bûcher chargé* de 5 à 6,000 volumes de livres pieux que le feu avait consumés de midi à dix heures du lendemain matin.

C'est dans ces circonstances, et pressé par de si dignes exemples, que Bréard sollicite, à la fois, Laignelot de venir à Brest, et ses collègues Jean-Bon Saint-André, Prieur et Tréhouart, détachés à Lorient, de rentrer le plus tôt possible, et de faire en sorte qu'un des bataillons de zélés Montagnards, formés à Paris pour aller combattre les Girondins, fût détaché de la Normandie pour renforcer la garnison de Brest et y imprimer cette salutaire *terreur* qui devait anéantir les tièdes et les tartufes de la plaine.

Tous ces vœux furent enfin exaucés, et, à peu de jours de là, la ville de Brest se trouva tout-à-coup éclairée le soir par un grand nombre de torches que portaient des étrangers, sous les pas desquels s'étaient abaissés les ponts-levis de la place : c'étaient les révolutionnaires de Paris, formant le 3ᵉ bataillon de la Montagne. Les tambours battaient aux champs et les pièces de campagne, mèches allumées, suivaient cette terrible bande que les lumières présentaient sous un aspect d'autant plus sinistre, que d'immenses bonnets à poils ombrageaient leurs figures à moitié couvertes par d'épaisses moustaches. Quelques cris de *Vive la Montagne!* pareils à des déchirements échappés de l'orage, se firent entendre, et ces hommes s'étant rendus sur le Champ-de-Bataille, où ils reçurent leurs billets de logement, on put suivre jusqu'à une heure avancée de la nuit le bruit retentissant de leurs sabres traînant dans les rues silencieuses de Brest. Le représentant Laignelot avait paru à leur tête ; il arrivait suivi de Ance et de Hugues, du bourreau et de l'accusateur, prenant ainsi possession de la malheureuse cité.

L'arrêté suivant, signé des représentants Tréhouart et Laignelot, fut placardé sur tous les murs de la ville :

« ARTICLE 1er. — Il sera formé, dans la cité de Brest, un Tribunal révolutionnaire, à l'instar de celui de Paris, sans appel au Tribunal de cassation, pour juger tous les citoyens accusés de délits contre la liberté du peuple, la sûreté du Gouvernement républicain, l'unité et l'indivisibilité de la République ; de tout vol, de dilapidation tendant à opérer son dépérissement ; en un mot, de tous crimes contre l'intérêt national.

» ART. 2. — Ce Tribunal fera toutes ses instructions en public et dans le lieu le plus spacieux possible.

» ART. 3. — Les comités de surveillance des différentes municipalités, les autorités constituées des tribunaux des côtes de Brest et de Lorient feront conduire au Tribunal de Brest, pour y être jugés, les citoyens contre lesquels ils auront des preuves de l'un des délits mentionnés à l'article 1er.

» ART. 4. — Ce Tribunal révolutionnaire sera installé le vingt-unième jour du mois, à neuf heures du matin, par la municipalité de Brest.

» ART. 5. — Ce Tribunal est formé ainsi qu'il suit : quatre juges, un accusateur public, un substitut, un greffier, un greffier-commis et douze jurés. Il interrompra ses fonctions le dernier jour de chaque *décade*.

» ART. 6. — Goyrand, juge au Tribunal de Rochefort, président ;

» Lignières, greffier au même tribunal, juge ; — Palis,

chirurgien, juge ; — Le Bars, fils, juge ; — Hugues, accusateur public ; — Grand-Jean, substitut, faisant fonctions de président provisoirement ; — Dayot, de Rennes, greffier ; — Quémar, fils, commis-greffier et greffier provisoire.

» JURÉS PROVISOIRES : Despujols, lieutenant de vaisseau ; — Gautier, capitaine de vaisseau ; — Durand, municipal ; — Combas, sergent-major de l'armée révolutionnaire ; — Desrues, caporal ; — Blot, calfat ; — Martin, lieutenant de marine ; — Brandin, marchand ; — Allégot, menuisier du port.

» ART. 7. — Le présent sera imprimé, publié, affiché dans toutes les communes des côtes de Brest et de Lorient.

» Fait à Brest, le 17 Pluviôse an II de la République une et indivisible. »

Et le 20, la veille du jour où l'installation du Tribunal devait avoir lieu dans la chapelle de l'Hôpital, la même municipalité qui se trouvait chargée de cette installation, recevait la lettre suivante :

« Je vous requiers, au nom de la loi, d'ordonner au char-
» pentier de la commune de dresser, demain, à sept heures
» du matin, la *sainte guillotine*, qui demeurera en perma-
» nence jusqu'à nouvel ordre sur la place de la Liberté (au-
» jourd'hui Champ-de-Bataille). Envoyez-le-moi, et je lui in-
» diquerai l'emplacement.

» L'accusateur public du Tribunal séant à Brest.
» HUGUES. »

Une Montagne, *sainte*, aussi fut en même temps dressée sur la place de la Liberté, ou Champ-de-Bataille. Depuis la fédération de 1790, un autel de la patrie, en toile peinte, sur les faces duquel on avait figuré la prise de Valenciennes et quelques autres faits d'armes des premières campagnes de la Révolution, occupait le milieu de cette place. Renversé en peu d'heures, ce souvenir de la fédération fut remplacé par un monceau de bûches de bois sur lesquelles on jeta une toile grossière, qui, à l'aide de quelques couleurs, figura les accidents d'un roc escarpé. C'était la *sainte Montagne* qui se dressait en face de la *justice du peuple*, comme le représentant Laignelot le disait de la guillotine.

Tout ceci se passait le 21 Pluviôse au matin, de sept à huit heures, et le même jour, à neuf heures, la municipalité conduite par le Maire de la ville, asseyait dans la Chapelle de l'Hôpital, sur leurs siéges ombragés de drapeaux aux trois couleurs, les juges Claude-François Grandjean, comme président provisoire; Maurice Le Bars, fils, et Joseph Palis, comme juges. Aussitôt et sans délai comparurent devant le sinistre Tribunal, conduits par un piquet des bandes révolutionnaires du 3e bataillon de Paris, *Baud-Vachères*, capitaine de vaisseau, *Claude-Robert de Rougemont*, lieutenant de vaisseau, *Claude-Marie Keréon*, enseigne, et *Louis-Henri-Marie de Montécler*, élève de marine. Ce dernier était à peine âgé de 18 ans, et Keréon n'en avait encore que 19. Du reste, comme si on avait voulu, par ce premier acte, terrifier le pays et l'épouvanter, les accusateurs avaient eu soin de choisir leurs premières victimes dans les enfants mêmes du pays. De Rougemont était de Brest et y avait sa famille ; Keréon était de Quimper, et son père avait été long-temps procureur du Roi près la Cour royale de cette ville ; Montécler avait sa famille à Lesneven.

Et quel était leur crime ? Le libellé du jugement prononcé contre eux porte qu'ils faisaient partie *de la station du traître Rivière dans les Antilles ; qu'ils y avaient maltraité les patriotes, avili et foulé aux pieds le pavillon national après avoir arboré la cocarde blanche, et qu'ils avaient concouru à enlever le vaisseau la* FERME *et quelques autres bâtiments qu'ils avaient conduits par trahison dans les ports d'Espagne.*

Le jour même, et sans perdre un moment, les trois plus jeunes de ces officiers, De Rougemont, âgé de 33 ans, De Montécler et Keréon étaient traînés, sur la place de la Liberté, dans un tombereau que suivait Ance vêtu en muscadin, avec un énorme bonnet phrygien de couleur rouge... Son œil était plein des souvenirs de Rochefort, et, en quelques minutes, se dressant de toute sa taille sur les planches de la fatale machine, il mit trois têtes devant lui.— Un roulement et des cris de *Vive la Montagne* ! que quelques bonnes âmes de Brest, encore inhabituées à ce spectacle, prirent pour des cris de grâce, tant on avait peine à croire à une si monstrueuse cruauté, annoncèrent aux fidèles que *la patrie était vengée*.

Quel début et quelle journée ! — A sept heures, érection de la guillotine et sa déclaration en permanence (1) ; — à neuf heures, installation du fatal Tribunal ; — avant midi, procès, jugement et condamnation ; — à cinq heures, exécution et mise à mort, sur le Champ-de-Bataille, en face même de la maison de Rougemont, l'un des exécutés.

Dire aujourd'hui quelle fut l'émotion et la stupeur de Brest à cette première exécution, serait difficile. Nous en avons entendu parler par quelques témoins oculaires, et tous ont redit quel fut pendant plusieurs jours le silence des rues de la ville restées veuves de leurs habitants qui se cachaient ; quelle fut surtout la pénible émotion de pitié qu'inspira la jeunesse des deux officiers Keréon et Montécler, à peine sortis de l'enfance ; quels tristes regrets toutes les femmes et les mères de famille accordèrent à leur mémoire, et en même temps quel pénible sentiment de terreur et d'épouvante jetèrent dans toutes les âmes les acclamations tumultueuses des deux clubs de Brest et de Recouvrance, qui, se mêlant aux Maratistes de Paris, se promenèrent dans les rues et vinrent plusieurs fois se grouper sur le Champ-de-Bataille où s'était dressée *la justice du peuple*, demandant à tue-tête les Représentants qui demeuraient à l'hôtel Saint-Pierre et avaient une terrasse de leur jardin qui dominait la place. Ceux-ci, se montrant au peuple comme d'un balcon, mêlèrent un instant leur voix à celle des clubistes, et il y eut bientôt des cris forcenés de *Vive la Montagne!* auxquels se joignirent les accents répétés du *Ça ira* et de la *Carmagnole*, sorte de musique satanique, aux croassements de laquelle les femmes des clubs et des glacis de la ville,

(1) Par arrêté des Représentants.

portant la cocarde tricolore à leurs bonnets, se mirent à danser entraînés par leurs frères des bataillons Maratistes.

Dans ces groupes on parlait peu des victimes, comme on le pense bien, mais en revanche on y parlait au long de la bonne mine de Ance, le jeune muscadin qui avait si bien expédié les traîtres ; de sa crânerie, de sa patriotique résolution, et de l'honneur qu'il avait de dîner à la table des Représentants et de se mêler à leurs joies, car ne croyez pas que ces hommes de sang fussent tristes ou sombres..... — Tout Brest a su leurs habitudes ; — tout Brest répète encore le nom de leurs intimes et de leurs maîtresses ; et l'on a redit pendant de longues années le nom de ces jeunes femmes, qui se faisant bien venir du président Ragmey et de ses amis, leur ménageaient dans une villa peu éloignée des murs de la place, de douces soirées, où les élégantes de l'époque, légèrement gazées, se laissaient aller à des intimités auxquelles rien ne manquait, pas même les prodigalités complaisantes du *maximum*, qui en appauvrissant tant de gens sut en enrichir d'autres.

Le nom d'une de ces femmes est encore dans la mémoire de beaucoup de personnes, et il y a bien des familles qui ne doivent pas oublier son utile intervention.

Mais encore un trait. Le 22 Pluviôse, moins de vingt-quatre heures après la terrible exécution des jeunes officiers que tout Brest pleura, Hugues, l'accusateur public, écrivait déjà au district de Lesneven de saisir tout ce qui avait appartenu à Montécler..... et n'ayant pas de réponse à cet ordre, le 28, il écrivait à cette date au même district, *que s'il savait que ce fût négligence ou malveillance de sa part*, il l'aurait envoyé chercher par des gendarmes porteurs d'un mandat d'amener contre le président et l'agent national du district.

De leur côté, les Représentants, rendant compte de cette première exécution à la Convention, lui disaient *que le glaive de la loi venait enfin de frapper les coupables..... que les conspirateurs du Finistère allaient être jugés, et que le peuple applaudissait au sort qui les attendait.*

Toutefois, nous devons le dire, ces excès et ce premier crime ne passèrent pas sans quelques protestations de la part des habitants de Brest ou d'une partie d'entr'eux au moins, et l'on peut voir encore aux archives de la ville une lettre manuscrite qui fut trouvée le lendemain de cette sinistre journée, après qu'elle eût été répandue à plusieurs exemplaires dans les rues de la ville. On y lisait que c'était une lâcheté aux Brestois de se laisser ainsi diriger par un protestant (Jean-Bon avait été ministre de la religion réformée), et de renoncer à leurs anciennes croyances, quand tout peuple, même les sauvages, avait une religion ; que la fermeté et la résignation des victimes étaient bien propres à les rappeler aux saines doctrines, et que c'était un mensonge inouï aux perturbateurs de parler chaque jour du renversement de la Bastille, quand la France entière se couvrait de prisons et qu'il n'y avait pas de famille qui n'y eût quelques-uns des siens.....

Comme dernière expression de la sombre terreur de cette affreuse journée, nous aurions bien désiré donner à nos lecteurs la lettre touchante que Kéréon écrivit à sa mère quelques heures avant de monter sur l'échafaud ; mais une réserve ou un scrupule dont nous n'avons pas à rechercher le motif ne nous l'a pas permis.

CHAPITRE V.

Gouvernement révolutionnaire. — Culte. — Disette. — Réquisitions et Maximum. — Séances aux Clubs de Brest et de Morlaix.

La loi du 14 Frimaire an II sur l'organisation du gouvernement révolutionnaire de la France jusqu'à la paix, venait d'être promulguée, et c'est sous l'inspiration des mesures exceptionnelles que prescrivait cette loi, que commencèrent dans nos départements ces affreux excès de la terreur qui éclata presque simultanément pour les départements de l'Ouest, à Nantes, à Rochefort et à Brest, sous l'inspiration des Carrier, des Lequinio, des Bréard, des Laignelot et des Prieur.

Une des premières manifestations de ce régime, dans le département du Finistère, dont nous nous occupons particulièrement, fut d'attaquer et de poursuivre tous les souvenirs et tous les signes du culte catholique si ardemment proscrits par les Montagnards et les fauteurs de troubles.

Laignelot et Lequinio avaient encore sur ce point donné un trop bel exemple de leur zèle à Rochefort, pour qu'on n'essayât pas de les suivre dans le Finistère, et pour que l'un d'eux, Laignelot, arrivé depuis peu à Brest, n'indiquât lui-même ce qu'il y avait à faire pour cela.

Nous apprenons, en effet, par la correspondance des districts, qu'à cette époque les dernières cloches furent descendues (1) ; qu'on rechercha partout et à l'aide de nouvelles visites, les vases et les ornements sacrés qui pouvaient être restés cachés dans les communes ou dans quelques maisons particulières ; que des municipalités rurales, peu à la hauteur des circonstances, se virent molestées et maltraitées pour avoir voulu retenir par-devers elles les anciens ornements de leurs églises, sous prétexte que, la déclaration des Droits de l'homme proclamant la liberté des opinions, le culte pourrait un jour être rétabli ; que dans plusieurs communes, comme dans les districts de Morlaix et de Lesneven, où les populations et les municipaux ne comprenaient pas toujours la portée de ces habiles mesures, les Représentants et leurs commissaires prirent le parti de faire murer l'entrée d'une foule d'églises que l'on ferma ainsi pour un temps indéfini.

Mais toutes ces dispositions n'étaient elles-mêmes en quelque sorte que bénignes et secondaires, si l'on peut dire, et, pour comprendre toute la pensée des meneurs sur ce point, il faut assister, à Quimper, avec les Le Nôtre, les Le Clerc et les Dagorn, agents spéciaux des Représentants, à la fermeture des églises, pour voir ce qu'ils surent faire et comment ils s'y prirent.

Dagorn, comme nous l'avons déjà dit, je crois, était inspecteur de l'enregistrement, et se trouvait à Quimper avec la double mission de découvrir Kervélégan qu'on disait caché

---

(1) Le quai de Saint-Houardon, à Landerneau, s'en trouva un instant couvert, et les fonderies de Brest, confiées aux citoyens Le Beurrier et Neveu, furent chargées, par arrêté des Représentants du 17 Nivôse an II, d'employer toutes les cloches des départements du Finistère, du Morbihan, des Côtes-du-Nord, d'Ile-et-Vilaine et de la Manche à confectionner des pièces de bronze de tous calibres.

aux îles des Glénans, et de vérifier quelques caisses publiques, en même temps que Hérault et Le Clerc, que nous avons rencontrés à Landerneau, se trouvaient chargés de la régénération du club et du comité. Dagorn arrivait à Quimper d'autant plus mal disposé, que dans une vérification de caisse précédente qu'il avait été chargé de faire, il avait été vertement repris de ses excentricités et de son insolence par le directeur de son administration, qui l'avait déféré à la justice de l'ancienne administration départementale (1). — C'était pour lui une double occasion de comprimer les Fédéralistes et de les terrifier s'il était possible.

Lui et ses collègues délégués des Représentants s'étaient donc adressés à la fois au club et à la municipalité, pour en obtenir un arrêté prononçant la fermeture définitive de l'église Saint-Corentin, cathédrale de l'ancien évêché. Vainement Denos, juge-de-paix et président du club, s'était-il plusieurs fois opposé à l'émission de cet arrêté, il fut enfin rendu le 21 Frimaire, et le lendemain 22, jour même de la foire très renommée de Saint-Corentin, à Quimper, nos hommes prirent toutes leurs dispositions pour faire évacuer la cathédrale de l'ancien évêché de Cornouaille. La fête du saint évêque, fondateur vénéré de l'ancien évêché, fut choisie, comme par bravade, pour cette exécution.

Dès la veille et pendant la nuit, suivant la coutume du pays, des enfants et des femmes de la campagne s'étaient rendus en ville pour se trouver, avant le lever du jour, à l'ouverture des portes de la cathédrale et aux premières messes qui y se-

---

(1) La lettre écrite à Dagorn par l'administration départementale à la date du 6 octobre 1792, porte : que, d'après *les qualifications indécentes qu'il s'était permises envers le Directeur et les membres du district de Quimperlé*, il y aurait eu lieu de le punir sévèrement, si le Conseil du département n'avait mieux aimé *user d'indulgence et lui faire grâce*, espérant qu'*il n'aurait plus à lui reprocher de méconnaître le respect dû aux magistrats*.

raient dites. Cette journée, fête patronale du lieu, a toujours été signalée par deux faits caractéristiques, par l'affluence immense des populations de la campagne, et surtout par la réunion des jeunes enfants que l'on présente à la protection spéciale du Saint. D'une autre part, les jeunes gens, placés comme serviteurs à la campagne, descendent tous ce jour-là à la ville, munis d'une baguette blanchie, signe de la liberté qu'ils ont de se placer et de faire de nouvelles conditions comme gagistes agricoles. Ajoutez à cela l'empressement des marchands à toutes les issues de la vieille basilique, les lanternes et les lumières innombrables qui circulent long-temps avant le jour sur toutes les voies publiques au milieu de la foule qui s'entasse sur la principale place de la ville, et vous aurez une idée de l'aspect que ne manquaient jamais de prendre, au 12 Décembre de chaque année, la vieille cité bretonne et son église, siége principal du saint patron de la Cornouaille entière. — A cette foule, à ce bruit, à ce mouvement d'autant plus grands que l'on savait déjà que les prêtres habitués du lieu étaient pour la plupart en fuite, et que l'évêque Expilly était lui-même en arrestation, vint se joindre tout à coup le rappel que faisait battre le chef du bataillon de Loir-et-Cher, nouvellement arrivé. — La garnison et la garde nationale furent bientôt sous les armes. Dagorn et Hérault étaient partout, et ils donnaient eux-mêmes leurs instructions à des canonniers placés près de leurs pièces, la mèche allumée. C'est entre les rangs de ces hommes armés, accompagnés des officiers municipaux de la ville, d'une partie des membres de la Société populaire et du Comité révolutionnaire que parurent bientôt les délégués des Représentants. Partis en cortége de la salle de l'Hôtel-de-Ville, qui se tenait en ce moment aux anciens Cordeliers, ils pénétrèrent dans le temple, par la double porte de l'Ouest, tambour en tête et au milieu des cris forcenés des clubistes et des enfants attroupés sur leurs pas. Dagorn, dont l'air était à la fois recherché et débraillé, jouait le proconsul, ou tout au moins l'homme de confiance des Représentants en mission.

Coiffé d'un bonnet rouge orné de la cocarde en laine aux trois couleurs, portant la cravate extrêmement haute, il se faisait remarquer à la tête du cortége par l'étrangeté de sa figure, ombragée d'épaisses moustaches noires qui laissaient à peine voir ses pommettes rougies d'une triple couche de fard. Le gilet à la Robespierre, la carmagnole ou le camelot, de mise rigoureuse pour un Sans-Culotte, le pantalon collant de couleur noisette et les souliers noués par des rubans en laine, complétaient sa mise, avec un large sabre et une paire de pistolets à la ceinture. La main sur la hanche, assisté de ses collègues Hérault et Le Clerc, il s'avança ainsi jusque dans le sanctuaire, suivi de tous les Sans-Culottes régénérés de la ville fédéraliste que l'ancienne administration départementale avait rendue suspecte aux Montagnards.

Dagorn marcha droit au grand autel de l'église, et faisant sauter avec son sabre les pentures du tabernacle, il en tira les vases sacrés, et, se déboutonnant devant le peuple, ainsi qu'en témoigne le mémoire imprimé du juge-de-paix Desno, il les remplit de ses ordures et les renversa sur les degrés où montèrent tant de pieux évêques pour apaiser la colère du ciel ou demander sa bénédiction en faveur des populations de la Cornouaille...... A ce signal et à la suite de ces profanations, tout fut brisé; des femmes, habituées journalières des clubs, se partagèrent les dentelles qui recouvraient encore la pierre sacrée, et l'une d'elles, qui nous a rapporté quelques-uns des détails de cette triste journée, assez heureuse, comme elle nous le disait elle-même, pour s'être trouvée près de Dagorn, en reçut, au moment où il la jetait au peuple, cette petite vêture en velours et aux paillettes brillantes qui recouvre ordinairement le saint ciboire et lui sert de chemise..... Elle en fit le premier bonnet qu'ait porté son aîné. — Quant aux autres ornements, quant aux saints qui peuplaient les nombreux autels de la basilique, quant aux sculptures fantasques et artistiques qui décoraient le banc du chapitre, quant aux tableaux dus à la pieuse générosité des fidèles, tout fut brisé, mis en morceaux ou défiguré, et chaque soldat, laissant là son fusil et ses armes, se mit en demeure de déménager les autels de ce qui en faisait l'ornement pour le porter dans l'arrière chapelle de la *Victoire*. Là furent posés des factionnaires avec l'ordre de conserver cet étrange trophée du vandalisme des délégués, jusqu'à ce que d'autres préparatifs, qui se faisaient sur le Champ de la Fédération, eussent été terminés.

Des musettes et des *bignious* avaient en effet été commandés pour amuser le peuple, et déjà quelques enfants, trottant pieds nus dans la fange, poussaient les cris répétés de *Vive la Montagne ! à bas la calotte* ! quand, tout-à-coup, les saints de la vieille cathédrale, portés à l'aide de brancards, arrivèrent sur le Champ de la Fédération. Alors Dagorn et Hérault, suivis de quelques clubistes, donnèrent l'exemple au peuple, et entraînant avec eux plusieurs des femmes qui les avaient suivis à l'église, pour en partager les dépouilles, ils formèrent une *gavotte*, dont les longs plis se déroulaient tour-à-tour sur l'espèce de trophée que formaient les saintes reliques. Un célèbre clubiste, autrefois chevalier de Saint-Louis, s'avança et mit le feu au bûcher. Des flammes épaisses, chargées d'une odeur infecte que détermina la combustion des couleurs dont étaient recouvertes la plupart des statues que l'on brûlait, s'élevèrent, et il n'y eut aucun patriotisme, si chaud qu'il fût, qui permît de se tenir à portée de cet auto-da-fé d'un nouveau genre. Un seul cependant s'y attacha comme à son œuvre, ce fut le vieil officier de fortune que l'ancien gouvernement avait décoré. Empressé à ranimer le feu qu'il avait allumé, il n'abandonna sa proie que lorsqu'elle fut réduite en cendres.....
Le lendemain, tout Quimper apprit que l'homme, qui avait mis le feu aux saintes images de la cathédrale, était tombé malade et souffrait d'affreuses douleurs d'entrailles.... « C'est une vengeance du ciel ! s'écria le peuple. »

Mais partout ce fut le même entraînement, les mêmes lâchetés, les mêmes mensonges, et l'on fut jusqu'à voir, dans une petite commune des environs de Saint-Pol, à Tréflez, tous les notables, régulièrement convoqués, se rendre au chef-lieu de la commune pour délibérer, sous la présidence du juge-de-paix, sur la question de savoir si ou non il convenait désormais de conserver un culte quelconque. Et que résulta-t-il de cette grave délibération des soixante-sept notables, pères de famille de la paroisse de Tréflez? Que tout culte devait être immédiatement supprimé, 61 voix contre 6 l'ayant ainsi décidé. Des clubistes de Brest, en voyage, aperçoivent-ils, un soir, quelques lumières dans une chapelle peu éloignée de la route, leur conclusion dans une adresse, appuyée de tous les frères, à Jean-Bon Saint-André, est que l'on démolisse sans retard toutes les chapelles qui pouvaient encore exister dans le pays (1). — Enfin, ouvrant le registre des délibérations du Comité de Pont-Croix, qu'y trouvons-nous? Que quelques soldats de l'Hérault, y étant de passage en se rendant de la Vendée sur les côtes, se sont rués sur une croix de mission qui existait près de la ville, qu'ils l'ont abattue à coups de hache, et que la figure du Christ a été décapitée par eux, *guillotinée*, comme on le disait...... Toutefois, un certain président du club, homme arriéré et, comme Desno, peu zélé, se permet de trouver le procédé d'autant plus mauvais, que les soldats de l'Hérault avaient brûlé tous les bois de lits que les habitants avaient prêtés pour les loger dans un couvent nouvellement évacué. Ce président jugea à propos d'appeler le fier commandant des soldats montagnards à s'expliquer devant le Comité révolutionnaire. Plusieurs sommations lui sont adressées..... Enfin, il se rend à l'appel qui lui est fait, et abordant très insolemment le Comité, ainsi que le déclare le procès-verbal que nous avons sous les yeux, il demande aux membres de ce Comité ce qu'ils peuvent être pour se permettre de l'appeler

---

(1) Une lettre du 1ᵉʳ Pluviôse des Représentants au Comité de Salut public, porte : « c'est à la demande des députations nombreuses » des deux paroisses de Brest qu'ils firent évacuer les églises de la » ville. »

ainsi à leur barre, et il leur déclare purement et simplement qu'ils sont de mauvais citoyens, des modérés et des fédéralistes. — Et quel était ce commandant de l'Hérault ? — Le jeune et brillant Claparède, que sa fortune militaire a rangé depuis dans les chefs les plus distingués de l'armée.— Entraîné et se croyant peut-être encore en pays ennemi (il venait de la Vendée), il ne mesura pas, il faut le croire, la portée de ses actes, car ce début et cet excès, outre l'inconvénient de froisser cruellement les croyances de toute une population, eurent le fâcheux effet de désigner Urbain Guiller, le pauvre président du club, à l'animadversion des terroristes et de le conduire un peu plus tard sur les bancs du Tribunal révolutionnaire.

Ce qui se passait ainsi d'un côté et de l'autre se résumait, d'ailleurs, en quelque sorte, dans les doctrines professées par l'administration elle-même, et nous voyons la commission administrative de Landerneau et le district de Brest s'entendre et conclure ensemble au renvoi devant une commission militaire d'un pauvre prêtre nommé *Meur*, parce que, étant sujet à la déportation et ayant été trouvé nanti des *ornements de l'église qui manifestaient l'exercice de son culte*, cette circonstance devait le faire regarder comme déserteur ou émigré pris les armes à la main, et comme devant, à ce titre, être livré à une commission qui le passerait pas les armes. — Cet arrêté n'était cependant encore que du mois d'Août 1793.

On nous pardonnera sans doute de ne pas raconter tout ce que nous savons de ces temps, car le récit en serait trop long ; mais, entre dix, soit une des scènes qui se passa dans une des villes du Finistère.

Morlaix, comme Quimper, Landerneau et une foule d'autres localités, avait eu et avait encore deux sociétés populaires d'origine et d'esprit très différents : l'une, composée des débris de l'ancienne société des Amis de la Constitution, qui, dès le principe, s'était emparée de la Salle de Spectacle ; l'autre, composée de tous les ouvriers et des hommes du peuple qui secondaient de leurs bras le mouvement révolutionnaire. Toutes les deux s'honoraient du titre de *Club* ; mais les doctrines professées dans l'une et dans l'autre étaient au moins fort différentes, si elles n'étaient opposées. Un cordonnier, nommé Flandrès, présidait la dernière ; le citoyen Bouëstard de la Touche, ancien membre de l'administration du district et ancien membre de l'assemblée législative, présidait l'autre. On payait ici trente sols, dix sols dans la société Flandrès.

A plusieurs reprises, des citoyens zélés avaient inutilement essayé un rapprochement qui devait être favorable au repos de la ville ; inutilement des sociétés amies, comme celle de Dôl, leur avaient dit que *la pomme de discorde, fruit amer, cueilli sur l'arbre de Machiavel*, était la seule cause de cette fatale séparation ; ces deux puissances s'étaient refusées, chacune de son côté, aux premières avances d'une fusion vivement désirée. — La maison Blanchard, où se réunissait le club Flandrès, devenait chaque jour trop étroite, et l'on s'y pressait en si grand nombre, surtout depuis qu'on connaissait la sympathie des représentants Bréard et Jean-Bon Saint-André pour cette société, que le local ne pouvait plus contenir les affidés. L'application de la loi des suspects y avait d'ailleurs été l'objet répété de plusieurs motions qui annonçaient que les tièdes et les douteux passeraient bientôt au creuset redouté des épurations que les Montagnards poursuivaient partout. La société Bouëstard crut donc que le moment était enfin venu de transiger, et on put d'autant moins en douter, que deux délégués des Représentants, arrivant de Quimper à Morlaix, n'avaient pas manqué de faire savoir aux habitués du club Bouëstard, qu'en moins de 24 heures, dans deux séances tenues coup sur coup, ils avaient épuré la société populaire de l'ancien chef-lieu du département, et nommé par acclamations *soixante-dix-sept* fonctionnaires composant la municipalité, le conseil des notables, le district et son conseil, les tribunaux criminel et du district, le juge-de-paix et ses assesseurs.

Ce furent donc cette fois les muscadins qui tendirent la main aux gens en tablier ; et toute l'ancienne société des Amis de la

Constitution, ayant le citoyen Bouëstard à sa tête, se mit en marche de la salle de spectacle vers la maison Blanchard pour fraterniser avec le citoyen Flandrès et ses adhérents. Mille cris s'élevèrent dans l'enceinte du club Montagnard, et Bouëstard ayant donné l'accolade au vertueux Flandrès, ce fut une scène vraiment touchante que celle où la bourgeoisie et la classe ouvrière, s'étreignant dans de fraternelles embrassades, se mirent à faire du républicanisme à dix sols de cotisation mensuelle, sans distinction d'habit et de position sociale. Ainsi confondus et se tenant par le bras, les membres des deux sociétés, après avoir enlevé Flandrès de son siége, aux cris de *Vivent les Sans-Culottes!* se mirent en marche vers la salle de spectacle, où le club Maratiste prit ainsi son droit de bourgeoisie.

La ville de Morlaix est une des cités de notre province qui ont le moins souffert des troubles révolutionnaires, et je crois ce résultat dû autant à l'esprit pratique de ses habitants qu'à la modération ferme et courageuse de sa première administration communale et de district; mais dans les circonstances où nous la suivons, les esprits s'échauffèrent outre mesure.

La loi des suspects n'avait reçu jusque-là qu'une faible exécution dans la ville de Morlaix. Quelques noms avaient été colportés des clubs au comité, quelques listes avaient même été dressées, mais peu de détentions avaient encore été opérées. Pour parer à un incivisme coupable, il fut convenu, dès les premières séances du club régénéré, que l'on ferait incessamment des visites domiciliaires. Ces mesures produisirent leur résultat, et l'ancienne maison des Capucins ainsi que les Carmélites commençaient à se peupler, quand un sieur De Kergariou, ancien gentilhomme, épargné jusque-là à raison de son originalité bien connue, fut porté sur la liste des personnes chez qui il convenait de faire des perquisitions. Tout Morlaix connaissait M. De Kergariou, veuf depuis long-temps et père de trois jeunes garçons, qu'il tenait toujours à ses côtés, vêtus des mêmes habits, soumis aux mêmes habitudes, à la même règle, aux mêmes gestes. Chacun les avait vus à l'église, posés par rang de taille à la gauche de leur père, avec des justaucorps écarlates, ornés de brandebourgs et de brillants, la tête bien poudrée, immobiles sous le coup de peigne du perruquier qui avait aussi dressé la chevelure de leur père. — Jeunes enfants, on aurait dit, à voir l'œil égaré de leur conducteur, qu'un loup ravisseur rôdait sur leurs pas depuis que leur mère n'était plus.

L'état moral et intellectuel de Kergariou était si connu à Morlaix, que chacun savait qu'il ne communiquait même pas avec ses domestiques, et que, mangeant seul avec ses enfants, il se faisait servir ses aliments au travers d'un guichet pour ne pas être vu. — N'importe : — « il faut aller chez Ker-
» gariou, il faut qu'il se soumette à la loi! C'est un ex-gen-
» tilhomme, un aristocrate, un contre-révolutionnaire! » — Tels furent les cris qui s'élevèrent un jour dans le club régénéré de Morlaix, et, le lendemain, des clubistes et des délégués de la commune se présentèrent à sa porte. — Mais c'est en vain qu'on y frappe à coups redoublés : son habitude est de n'ouvrir à personne ; il n'ouvrira pas non plus aux fondés de pouvoirs de la commune et du club. — « La loi doit cependant
» être exécutée, » disent les fortes têtes, et la garde nationale et une partie de la garnison sont sous les armes. Quelques-uns proposent de faire venir les pompes et d'inonder le gentilhomme s'il n'ouvre pas. — La foule s'amasse, les esprits s'irritent, un bruit redoublé d'armes se fait entendre..... Kergariou ouvre ses fenêtres ; mais ce n'est ni pour demander ce qu'on lui veut, ni pour parlementer..... Il fait feu et reprend une à une les armes chargées qu'il a placées près de lui, repoussant de tous ses moyens la troupe et les gardes nationaux qui sont à sa porte. — La scène change aussitôt de face ; de la rue on a riposté, un feu nourri se dirige sur les croisées, et en même temps des sapeurs battent en brèche. On court chercher les canons de la garde nationale comme s'il se fût agi d'un siége en règle, et bientôt, les portes du pauvre gentilhomme volant en éclats, des hommes, le sabre nu, la baïonnette au fusil, en-

trent et forcent les appartements. — Percés de mille coups, Kergariou et ses enfants tombèrent sous la vengeance aveugle d'un peuple égaré que l'on avait inconsidérément présenté aux coups irréfléchis d'un homme qui n'avait pas sa raison. Quatre cadavres restèrent sur le parquet inondé de sang, et les trophées de cette inconcevable campagne furent quelques papiers de famille, deux ou trois fusils de chasse que le malheureux gentilhomme avait trouvés sous sa main... Comme on enlevait cependant ces dépouilles et aussi les cadavres des victimes, l'un des jeunes enfants parut donner quelques signes de vie : — il n'avait que vingt coups de baïonnette ou de sabre ; on le rappela à la vie, et chacun a pu le voir depuis mutilé et couvert de cicatrices qu'il portait comme un extrait mortuaire de toute sa famille (1).

Mais ces actes et ces scènes n'étaient en quelque sorte que l'inauguration du gouvernement révolutionnaire prescrit par la loi du 14 Frimaire an II, et, pour comprendre l'action terrible de ce nouveau régime, il faut rappeler au moins sommairement ce que fut sa pensée intime, telle qu'on la trouve dans les actes publics des Comités de la Convention et dans l'œuvre locale résultant de cette pensée et de son application.

Quant au Comité de Salut public, successivement inspiré par Robespierre, par Couthon, par Billaud-Varenne et Barère, ses principaux meneurs, il suffit de lire la loi et les instructions qui lui servirent de commentaire pour apprendre que, de ce jour, la Montagne et les Terroristes, devenus maîtres de la France entière, osèrent lui dire « qu'à partir de ce moment, » si le gouvernement devait aux bons citoyens *toute sa pro-* » *tection*, il ne devait que la *mort* aux ennemis du peuple ;

---

(1) Nous devons dire, d'après ce qui nous a été rapporté par des personnes témoins de l'évènement, que l'imprudence de quelques officiers fut pour beaucoup dans cette fâcheuse catastrophe, et que le sang répandu le fut par un étranger connu par ses excès révolutionnaires.

» — que l'exécution des lois révolutionnaires, pour plus de
» célérité, serait désormais confiée aux municipalités, aux Comi-
» tés de surveillance et aux administrations de district, sans
» l'intermédiaire des administrations départementales ; — que
» près de ces administrations il serait nommé des *agents natio-*
» *naux* responsables qui seraient en relations directes avec les
» Comités et la *Convention,* rendant compte tous les dix jours
» de leurs démarches, afin que le gouvernement *atteignît*
» *promptement les conspirateurs les plus éloignés et pût les*
» *écraser sans coup férir.* Quant aux fonctionnaires chargés
» d'appliquer ces nouvelles dispositions, ils devaient, disaient
» les membres du Comité de Salut public, *porter la tête au-*
» *dessus de la foudre comme les montagnes élevées, mais ne*
» *pas oublier que la pénalité saurait atteindre les plus haut*
» *placés, et qu'un abîme était ouvert derrière celui qui recu-*
» *lerait, les autorités devant être comme des armées révolu-*
» *tionnaires qui doivent peser avec énergie sur les conspira-*
» *teurs et leur présenter un front inexpugnable.* »

Ces paroles ne furent que trop bien entendues, et voici ce qui se passa dans le Finistère, que nous étudions avec toutes les correspondances, les arrêtés et les procès-verbaux auxquels tant d'actes inouïs et exceptionnels donnaient lieu sur tous les points à la fois.

Les campagnes comme les villes se couvrirent tout-à-coup d'une nuée d'agents qui, tous, à titre différent, mais à un même point de vue, redoublèrent d'activité, soit pour chercher les suspects qui devaient être incarcérés ou éloignés de nos côtes, soit pour séquestrer les biens meubles ou immeubles dés émigrés, soit pour affermer ces propriétés, les gérer quand il ne se présentait pas de soumissionnaires, ou les exploiter suivant les besoins et les demandes de la marine, des garnisons, des soldats en marche ou en observation. A ces agents spéciaux, la plupart choisis par les districts, souvent parmi leurs membres, s'en joignirent d'autres, commissionnés par l'administration de la guerre ou de la marine, par les ministres ou leurs commis, par un colonel ou ses chefs de bataillon, qui avaient mission de parcourir toutes les campagnes, d'aller de maison en maison recherchant ce qu'il y avait de blés ou de provisions dans chaque grenier, dans chaque huche, dans chaque armoire ; s'informant à la fois des bouches à nourrir et des ressources que l'on pourrait enlever soit pour un corps en marche, un navire en armement ou des communes aux abois que des réquisitions exorbitantes avaient complètement épuisées. D'ailleurs, les récoltes de 93 avaient été mauvaises, l'hiver de 93 à 94 s'était lui-même très prolongé ; on avait vu dans le Finistère jusqu'à trente et quelques jours de neige continue ; les bras manquaient partout depuis la levée en masse des hommes de 18 à 25 ans, et les ensemencements eux-mêmes ne s'étaient pas effectués dans beaucoup de localités. Les chevaux valides et un peu élevés en taille avaient été mis en réquisition afin de monter une cavalerie qu'on improvisait pour la campagne de 1794 ; tout ce qu'il y avait d'attelages et de charrettes disponibles parcourait les routes et ne cessait de transporter d'un point à l'autre les immenses approvisionnements que réclamaient à la fois les nombreuses troupes envoyées en Vendée et une flotte considérable composée de près de cinquante vaisseaux qu'on réunissait en toute hâte dans le port de Brest.

Tout, comme nous le répétons, était ainsi requis, et tout s'enlevait en quelque sorte de vive force et simultanément dans les villes comme dans les campagnes. Je vois par la correspondance des districts, des communes qui n'ont plus que deux à trois paires de bœufs, d'autres qui manquent de fer et d'ouvriers pour confectionner ou réparer les instruments propres à labourer les terres que des commissaires départis par les administrations locales vont eux-mêmes faire ensemencer. — Ainsi s'enlevaient dans les campagnes le blé, le foin, la paille, le bois de chauffage qu'on brûlait aussitôt qu'on l'abattait, le chanvre, le fil, les chevaux, les bestiaux, le beurre même et le miel pour les hôpitaux, les vieux linges quand il y en avait, les fougères et les brandes que de jeunes enfants, requis comme leurs pères, devaient cueillir et brûler pour alimenter les ateliers nationaux, où l'on poursuivait la préparation des salpêtres dont on faisait une énorme consommation dans les poudreries du Pont-de-Buis, destinées à alimenter à la fois Brest, Lorient et les troupes qui parcouraient le pays.

Cependant ce mouvement des campagnes n'était rien auprès de celui des villes : à Morlaix, à Landerneau, à Brest, à Quimper, jusque dans les plus petites villes du département, au Faou, à Lesneven, à Pont-Croix, etc., etc., il y avait des ateliers pour la confection des chaussures, et quand celles-ci ne se fabriquaient pas assez promptement, comme nous l'avons dit, on courait aux prisons ou chez les particuliers prendre et enlever tout ce qui pouvait être utilisé. Il en était de même des habits ; toutes les étoffes, toutes les toiles, tous les fils disponibles chez les marchands étaient requis, enlevés par une armée de commissaires, sortes de courtiers révolutionnaires, qui, appuyés de la suprême loi du Salut public et de l'autorité souveraine des Représentants, ne laissaient rien derrière eux, traitant de suspects tout ce qui résistait, livrant aux comités et aux commissions tout ce qui ne se laissait pas faire.

Les mesures prises dans ces circonstances s'appuyèrent particulièrement sur une proclamation des Représentants en mission à Brest, où il était dit aux propriétaires et aux cultivateurs *que leurs récoltes étaient une propriété nationale, qu'ils n'en étaient que les dépositaires..... et qu'ils eussent à trembler de pousser à bout un peuple bon et généreux dont la vengeance serait terrible.* — Dans une lettre datée du 19 Pluviôse, ils avaient, dans le même esprit, proposé au Comité de Salut public de décréter que tout or et tout argent monnoyé qui ne serait pas déclaré dans un temps donné pour être échangé contre des assignats et aussitôt versé dans les caisses publiques, serait confisqué.

C'est sous ces impressions que les ateliers s'étaient formés, ici pour les chaussures, ici pour les habits et le linge, là pour les sacs à donner aux jeunes réquisitionnaires, là pour la sellerie, là pour le charronnage, car les canons n'avaient pas leurs affûts, et les chariots de transport manquaient aussi. — Ces hommes, mis au travail de jour et de nuit, étaient réunis la plupart du temps dans les couvents nouvellement abandonnés, ou, quand l'espace manquait, dans les maisons d'émigrés séquestrées ou mises en réquisition. Et il n'était pas rare de voir dans un même édifice, comme aux Ursulines de Landerneau, par exemple, ou aux Hospitalières de Quimper, sous le même toit et près l'un de l'autre, les tribunaux, les administrations du district, la prison, quelques compagnies de soldats en casernement, et non loin d'eux, les ouvriers qui travaillaient à l'équipement des défenseurs de la patrie. Ici on délibérait, là on astiquait des armes, plus loin on chantait la *Carmagnole* ou on lisait les feuilles du *Père Duchesne*, tout en tirant l'alêne et l'aiguille : partout on épiait et on signalait les traîtres en chantant ou en murmurant le *Ça ira !*....

C'est là ce qui se passait parmi nous comme partout ailleurs, et si l'on récapitule tous ces détails en se rappelant ce que furent à ce moment, la terrible loi du *maximum* et celle non moins sinistre des réquisitions, on verra que, dans le Finistère, les choses en vinrent à ce point que les marchés se dégarnirent partout, qu'à peine quelques mesures de blé s'y présentèrent ; que pendant plusieurs semaines les marchés de Lesneven, de Landerneau, du Faou, de Morlaix, de Pont-Croix, de Quimper et de Pont-Labbé n'eurent pas plus d'un ou deux quintaux de blé exposés en vente ; que le beurre, les œufs, la farine, les volailles en avaient complètement disparu, et qu'il y eut à la ville des fonctionnaires très haut placés qui n'eurent pour vivre d'autres ressources que d'aller eux-mêmes à la chasse chercher le gibier qui pourrait les aider à tromper leur faim. On cessa de voir du pain blanc, et la livre d'un grossier mélange d'orge, de seigle et de son se vendit jusqu'à quarante sols. — Nous avons entendu un fonctionnaire de cette époque raconter que pendant près de quinze jours, voulant procurer quelques secours à sa femme en couches, il ne trouva d'autre moyen que de tuer des corbeaux pour lui préparer du bouillon.

Et cependant les représentants Bréard, Laignelot, Prieur et Jean-Bon Saint-André, réunis à Brest, donnant tous leurs soins à l'armement d'une flotte formidable, tout en parlant des foudres vengeresses qui devaient partir de ce port pour punir la perfide Albion, ne cessaient de dire que les traîtres et les Fédéralistes avaient seuls compromis ce mouvement, l'avaient seuls retardé et que, confondus avec les royalistes de la Vendée, ils avaient espéré un instant leur donner la main et se tourner avec eux contre la République elle-même ; que dès-lors tout délai à la plus sévère répression était un crime ; toute indulgence une faiblesse, une faute irréparable.

C'est sous la vive impression de ces circonstances et des difficultés d'une position si tendue, que le cours régulier de la *terreur* et des exécutions judiciaires s'ouvrit à Brest. — Nous en suivrons les détails dans les chapitres subséquents, mais qu'il nous soit permis, avant d'exhumer les dossiers où nous trouvons l'histoire de ces crimes, de dire par quel genre d'exaltation les Représentants eux-mêmes entretenaient l'espèce de délire à l'aide duquel ils entraînaient la masse de la population. — La grande salle de spectacle, voisine du Champ-de-Bataille où la guillotine avait paru un instant, avait à cet effet été ouverte pour les séances solennelles du club qui se tenait ordinairement dans une maison de la rue de Siam. Quatre orchestres illuminés étaient chaque soir en permanence aux quatre faces de la place et servaient à réunir la populace, qui dansait et se groupait chaque jour autour de la Montagne, dont le simulacre avait été, ainsi que nous l'avons dit, élevé au milieu même de la promenade. Toute cette foule, aux grands jours, se versait dans les tribunes de la salle de spectacle et s'y pressait animée pour entendre les Représentants et les orateurs aimés du public, quand quelque heureuse nouvelle ou quelque grande pensée devait être portée à la connaissance du peuple.

C'est ainsi qu'à peu de distance on y avait entendu Jean-Bon Saint-André, à la parole mesurée et presque savante ; Prieur, aux accents saccadés et précipités, tous deux racontant l'objet de leur mission aux armées qui avaient poursuivi les Vendéens jusque sous les murs de Granville, quand on apprit que Hugues et Laignelot, à peine arrivés, devaient à leur tour se faire entendre. Vive, alerte, nombreuse était la foule. Toutes les tribunes et le plain-pied de la salle furent envahis de bonne heure ; les membres affiliés du club étaient eux-mêmes sur les bancs en face d'une petite tribune élevée au milieu de la scène pour que l'orateur fût entendu de tous. — Paré de son chapeau à plumes, de son habit aux revers abattus, et la taille ceinte d'un énorme sabre, Laignelot parut incontinent à la tribune, et se saisissant de l'arme qu'il portait au côté, la plaça devant lui en disant qu'à Rochefort et partout où il avait paru il avait su réduire les *Feuillants* et les *Fédéralistes* au silence, et qu'à Brest il n'en serait pas autrement. Et revenant sur les scènes des jours passés, il ajouta que si la veuve de Capet avait à son tour payé de sa tête les crimes dont elle s'était rendue coupable, il ne serait cependant content que quand « *on aurait étranglé le dernier des rois avec les boyaux du dernier des prêtres.....* » A quoi Hugues, l'accusateur public, déjà si bien connu de Brest, comme il l'avait été de Rochefort, ajouta qu'il répondait de tout ce que venait de dire son ami Laignelot, et que les pouvoirs dont il était saisi lui donnaient le moyen d'assurer que tout serait promptement *régénéré* à Brest ; que pour le moment *le livre des lois resterait fermé* et qu'il *saurait faire tomber toutes les têtes coupables* ! ! !...

Et vous croyez peut-être que des paroles si audacieuses et si effrontément sanguinaires firent frissonner les femmes et la population qui se pressaient dans les tribunes et aux issues de la salle.... Pas du tout, ces paroles furent couvertes de frénétiques applaudissements, et il se trouva dans le nombre des spectateurs, un instituteur, un officier public chargé de la direction de l'école où se réunissait chaque jour la jeunesse en-

tière de la ville, qui, le lendemain, après avoir ouvert ses cours par le chant de la *Carmagnole*, inspiré de ce qu'il venait de voir, donna pour composition d'écriture à ses jeunes gens, les paroles mêmes que le représentant Laignelot avait fait entendre, et, dès le soir, cet instituteur, à la tête des dix premiers élèves de son école, se rendait à l'hôtel de la représentation pour remettre au Représentant les compositions des jeunes défenseurs de la patrie..... Emouvante et grotesque à la fois fut la scène entre le délégué de la Convention et le pédagogue..... — « C'est bien, jeunes citoyens, dit Laignelot, et je
» vois que la patrie aura un jour en vous des défenseurs di-
» gnes de monter jusqu'au rocher le plus escarpé de la Mon-
» tagne. » Et pressant dans ses bras l'honorable instituteur qui inculquait de si généreux principes à ses élèves, il honora à leur tour chacun de ceux-ci d'une accolade fraternelle, en appelant à lui Duras, le secrétaire de la représentation, et lui donnant l'ordre de remettre à chacun des heureux élèves qui lui étaient présentés une carte d'entrée pour la société populaire. — Julien Jullien, qui en était alors président, s'empressa à son tour, quand l'instituteur et l'élite de ses élèves se présentèrent à l'une des séances subséquentes, de leur assigner une place marquée, de les honorer de l'accolade d'usage et de leur remettre le soin d'entonner, au commencement et à la fin de chaque séance, la finale de la *Marseillaise* :

> Amour sacré de la patrie,
> Conduis, soutiens nos bras vengeurs, etc.....

Voilà au milieu de quelles parades et de quel entraînement s'inaugurèrent à Brest le régime de la terreur et la permanence des échafauds. Pour que rien n'y manquât et que le club devînt, pour les meneurs comme pour le public, le centre réel du mouvement qui devait pousser vers l'échafaud tout ce qui serait suspecté d'une résistance quelconque aux idées et aux doctrines du jour, le bureau de la société populaire, d'accord avec la représentation, demanda, à l'issue des séances dont nous venons de parler, que des portraits de Marat et de Le Pelletier fussent sans retard expédiés de Paris pour qu'on pût orner de la figure de ces deux apôtres de la liberté le lieu où la population régénérée de Brest allait désormais se réunir. La lettre portant cette demande au ministre de l'intérieur, ajoutait « qu'il était à désirer qu'on multipliât ces portraits et qu'on en » répandît dans tous les départements, pour y entretenir le » pieux souvenir des *Martyrs*.

Nous nous rappelons involontairement à cette occasion ce que Brest avait fait quelques années auparavant pour un portrait de Louis XV, que l'on promena pendant quelques jours dans le port, et qui, ayant eu sa tente et ses gardes, reçut les discours écrits ou improvisés des plus hautes autorités du lieu (1)..... Je ne sais ce qu'il en fut des portraits vivement sollicités de Marat..... et je ne sais s'ils eurent le temps d'arriver, encore moins s'ils eurent le temps d'être promenés et complimentés ; mais il aurait bien pu leur arriver, comme à quelques autres, qu'à un très court intervalle ils eussent reçu des fleurs et de la boue !...... Ce que je puis attester au moins, c'est qu'ils ne sont pas restés dans les greniers municipaux avec quelques autres toiles de circonstance que nous y avons vues couchées sous la poussière des révolutions qui se sont succédé.

(1) Journal manuscrit des événements survenus à Brest à la fin du dernier siècle.

CHAPITRE VI.

Dénonciations nouvelles et menées des agents secrets. — Belval, ancien procureur-syndic de l'administration départementale. — Encombrement des prisons et internement des parents d'émigrés. — Saisie d'un écrit contre l'amiral Villaret, et révocation de Hugues, accusateur public du Tribunal révolutionnaire. — Reconstitution de ce Tribunal. — Nomination de Ragmey, Donzé-Verteuil et Bonnet.

L'exécution du décret du 21 Pluviôse avait seule suffi à tout terrifier dans Brest et le Finistère, et personne n'eût songé à s'opposer, pour le moment, à l'action combinée des Représentants et de l'accusateur public vivant dans la plus parfaite intimité de vues et de projets. — Les patriotes indigents, soudoyés sur les fonds secrets du Comité de Salut public, en pénétrant, ainsi que nous l'apprend la lettre de Bréard, déjà citée, jusque dans le sein des familles, redoublaient d'une infernale activité, et, d'accord avec les membres des Comités et des Sociétés populaires, faisaient affluer dans les bureaux de la Représentation, des dénonciations qui amenaient chaque jour des arrestations de plus en plus multipliées. La crainte et l'inquiétude planaient sur toutes les têtes, et il n'était pas d'homme ayant appartenu, de près ou de loin, à la marine, au port de Toulon, à la flotte de Morard de Galle, ou aux anciennes administrations du département, qui ne se trouvât sous le coup prochain d'une arrestation ou d'une condamnation à mort. — Un des moyens souvent employés par les meneurs de cette époque, fut d'exagérer ces craintes elles-mêmes aux yeux des faibles, et de pousser certains prévenus à des confidences qu'on leur présenta comme un moyen d'adoucir leur sort et de sauver peut-être leur tête. C'est par cette manœuvre que l'un des Représentants, en ce moment à Brest, parvint, à l'aide d'un ami de l'ancien procureur-syndic de l'administration du département décrétée d'accusation le 19 Août, à persuader au malheureux et jeune Belval, rentré dans l'administration de la marine depuis le 25 Novembre 1792, que s'il faisait connaître tout ce qu'il devait savoir sur la présence des députés de la Gironde dans le Finistère, sur leur fuite et leurs relations d'un moment avec les Fédéralistes de Quimper et de Caen, on pourrait oublier ce qu'il avait été à l'ancienne administration du département, ce qu'il avait pu y faire avant de se séparer de ses collègues..... Le pauvre Belval, jeune, brillant, marié depuis peu, ayant devant lui un avenir des plus prospères, voulait croire encore à la vie, et se laissa aller à dire, dans une lettre que nous possédons, que trois des Représentants du Finistère, Blad, Kervélégan et Gomaire avaient surtout contribué, par leur correspondance, à alarmer le département sur le sort de la Convention ; qu'ils écrivaient sans cesse aux administrés de ce département qu'ils n'étaient pas libres et qu'ils délibéraient sous la hache des assassins ; — que sur ces dires on crut la Convention en danger ; — que ce fut à la suite de ces alarmes qu'on résolut de marcher à son secours, et qu'on sortit de l'Hôtel du département la bannière qui avait été donnée à la section du Finistère à la journée du 10 Août ; — que partout dans le département on choisit les plus dignes, et que personne n'aurait cru sans déshonneur pouvoir refuser de marcher ; — que ce fut au moment du départ des Finistériens qu'un nommé Cail, du Calvados, vint répandre sa pernicieuse influence sur les administrateurs du Finistère et changer la marche de la force finistérienne ; — que Caen reçut dans le principe des hommes libres destinés à servir la cause de l'indivisibilité, et que ce fut, sans le savoir, qu'ils servirent une cause étrangère à leur cœur.

Voilà, pour les faits généraux, ce que disait Belval ; mais il ajoutait que Broussard, commandant un bataillon de Paris, avait été le seul, au moment décisif, à donner des assurances tranquillisantes sur le sort de la Convention, et que cependant il s'était rangé à la proposition de Belval, qui consistait à se rendre à Paris pour fraterniser avec les habitants, tout en offrant à la Convention une égide contre les scélérats qui se cachaient sous tous les masques.

Puis, venant au fait propre des Girondins et des Fédéralistes, il disait que quand les Finistériens avaient quitté le Calvados pour retourner dans leurs foyers, quelques mécontentements s'étaient manifestés en route, et que plusieurs d'entre eux avaient voulu qu'on ne conduisît pas les Girondins plus avant ; mais que Souchet, et quelques membres de l'administration en avaient décidé autrement, et que les regardant comme des êtres malheureux, *pas un homme n'avait eu le courage de porter la lumière dans l'esprit de ses concitoyens.*

« Peu de temps après, continue-t-il, je me rendis à Quimper
» pour affaires du service de la marine, et j'appris qu'une
» grande partie des députés avait quitté le territoire, et qu'il
» n'en restait que quelques-uns retenus pour cause de mala-
» die. Les liens de la société m'avaient donné des habitudes
» dans la maison de Kervélégan qui était le Dieu révolution-
» naire des cantons circonvoisins de Quimper; ce fut lui-même
» qui me donna ces renseignements. Je le croyais très pa-
» triote, je lui fis même des reproches de n'avoir pas suivi la
» destinée des autres ; il me dit ne point vouloir partir. — Peu
» de jours après mon retour à Brest, Pouliquen me parla de
» sauver quelques-uns des députés en fuite, toujours considé-

» rés comme des hommes vertueux. — La chose est facile,
» me dit-il, j'ai un bâtiment, tu viendras avec nous et nous
» les sauverons. — Je sentais qu'il était bien important de dé-
» livrer notre sol de la présence de ces députés ; je craignais
» que les campagnes, souvent prêtes à se lever, ne vinssent
» enfin à s'appitoyer sur leur sort. Un décret frappait le con-
» seil général du Finistère et atteignait en même temps tous
» ceux qui avaient agi d'après sa volonté ; mes parents et plu-
» sieurs de ceux que j'estimais se trouvaient rangés dans cette
» classe malheureuse, et je ne me dissimulais pas que si mon
» opinion venait à se réaliser, le territoire du Finistère
» n'offrît bientôt que l'image d'une Vendée. A tous ces motifs
» se joignait la persuasion où j'étais que ces hommes n'avaient
» point adopté la marche nécessaire à notre révolution, et qu'ils
» avaient été coupables d'un manque d'énergie : pénétré de ce
» sentiment, je restai jusqu'au moment où Pouliquen vint me
» dire : « Tout est prêt, il faut partir. » J'étais malade, j'avais
» promis, je croyais faire une belle action, je me mis en
» route. Nous prîmes un bateau de pêche pour nous rendre à
» Lanveoc ; de là nous fûmes à Quimper. *Pouliquen* les fit
» avertir, je crois par le canal d'Abgrall. *Kervélégan*, que je
» ne vis pas, ne voulut point être du voyage. Nous nous
» mîmes de nouveau en route, et les députés que je n'avais
» jamais vus et avec lesquels je n'avais point eu de relations,
» se trouvèrent sur la route aux lieux qui avaient été désignés.
» L'un d'eux, qu'on dit être *Pétion*, me déplut infiniment, et
» je le dis à *Pouliquen*. On s'arrêta pour leur donner à man-
» ger ; ils étaient accablés de fatigue et de craintes ; nous
» arrivâmes à Lanveoc, et nous prîmes un bateau de ce pays
» pour les conduire à bord du bâtiment qui devait les éloigner
» de nos côtes. N'ayant point trouvé sur la rive opposée à
» Brest, un bateau de pêche qui devait nous y attendre, mais
» qui s'était trompé et avait manqué au rendez-vous donné
» par *Pouliquen*, après avoir labouré la rade pendant une par-
» tie de la nuit, nous vîmes, aux approches du jour, le

» convoi de Bordeaux faisant route pour sa destination : un
» seul bâtiment restait encore, nous fîmes route vers lui ;
» c'était le navire indiqué ; ils y montèrent, et je crus avoir
» fait une belle action. Si j'avais su que ces hommes étaient
» coupables, la main qui les servit quelques heures, les aurait
» tous arrêtés. Il est encore deux hommes qui sont venus dans
» le Finistère et qui ont fait route pour Bordeaux, l'un s'appe-
» lait *Ysard Valadi*, et l'autre était collaborateur de Brissot.
» — J'ai dû vous dire toute la vérité. Ma patrie est mon Dieu!
» Il ne me reste qu'un vœu à former, c'est de réparer par quel-
» ques actions d'éclat l'erreur où m'ont plongé des hommes
» chargés de nous éclairer et qui ont indignement rempli les
» fonctions qui leur avaient été déléguées.
» Signé : BELVAL. »

C'est sur cette lettre que Scauvic, le capitaine de la barque qui avait conduit les députés du 31 Mai, jusques dans la Gironde, fut arrêté ; c'est sur cette lettre, et d'après les renseignements qu'elle donnait, que Dagorn, après s'être concerté à Quimper avec les membres du Comité révolutionnaire, partit pour les îles des Glénans, afin d'y saisir Kervélégan ; c'est, enfin, d'après les détails de cette lettre, sur la correspondance de Blad avec l'ancienne administration du département, que les Représentants de Brest se consultèrent avec leurs collègues du Comité de Salut public, pour savoir si l'on ne ferait pas décréter Blad qui était resté à la Convention après le 31 Mai, et si on ne le comprendrait pas dans une nouvelle épuration... Pour le moment, tout s'apaisa de ce côté ; on ne parvint pas à saisir Kervélégan, et les papiers de l'ancien département ne fournirent rien de bien concluant contre Blad qui était de Brest et qui avait plus souvent correspondu avec la municipalité de cette ville qu'avec l'administration départementale..... Quant à la palinodie du pauvre Belval, les meneurs en tirèrent tout le parti possible, tout en laissant, pour un instant, l'ancien collègue des membres du département persuadé qu'on allait l'oublier.

Nous avons sous les yeux une foule d'actes et de lettres de cette époque, établissant, néanmoins, que jamais les arrestations ne furent plus multipliées. D'une autre part, les registres des districts en témoignent largement, et nous voyons par la correspondance des Représentants, que c'étaient eux-mêmes, et non l'accusateur public, qui décidaient de la plupart des arrestations, sans qu'aucun des motifs de ces arrestations fût généralement déduit dans les arrêtés qui les prononçaient. Quelquefois ces arrêtés cependant mentionnaient les déclarations qui avaient été faites aux Représentants par les administrations ou les comités contre les individus à saisir ; mais, le plus souvent, ils ne mentionnaient aucune cause, et tous ces arrêtés, au lieu d'être délibérés et approuvés par la Représentation entière, n'étaient signés que par un seul de ses membres et par Duras, le secrétaire de la commission. On reprocha même plus tard à celui-ci d'avoir surpris aux Représentants plusieurs actes d'arrestation sans qu'ils eussent eu connaissance de leur contenu, et les Représentants, à leur tour, se défendirent de plusieurs arrestations qu'on leur reprochait, en disant qu'il y en avait eu beaucoup de faites par les commissaires des sections, sans qu'il leur en eût été rendu compte. Mais, comme tout le faisait pressentir, dans cette rapidité d'exécution, dans cette rage de vengeance et de compression, les arrestations devinrent si nombreuses, que, dans le court délai d'un mois, les prisons ne purent contenir tous ceux qu'on y avait renfermés, et le mois de Nivôse s'était à peine écoulé, qu'un arrêté, signé de Laignelot et de Tréhouart (5 Pluviôse), prescrivit la formation la plus prompte possible de commissions, qui furent chargées de dresser, dans les trois jours de la réception de cet ordre, l'état de tous les détenus. Le considérant de cet arrêté portait « qu'un si grand nombre d'individus avaient été arrêtés par les ordres des districts, des municipalités et des comités, *sans qu'on eût fourni sur leur compte aucuns renseignements nécessaires*, qu'il était de la plus grande urgence de statuer sur les causes de ces arrestations, en faisant savoir si les détenus étaient *nobles, prêtres ou fonctionnaires publics, et par qui et par quels motifs ils avaient été mis en arrestation*, etc., etc. »

Une commission de cinq membres fut nommée, à cet effet, par les Représentants en mission pour former la commission de Brest. Il en fut à peu près de même dans toutes les villes de la Bretagne, plus ou moins suspectées de Fédéralisme. Ces rigueurs eurent cependant une contre-partie, au moins dans l'esprit des meneurs et de la Représentation, et c'est à ce moment que, très sérieusement étonnés à la fois du peu de résultat des peines prononcées contre les déserteurs de la flotte, de l'encombrement subit des prisons, du mécontentement très vif des campagnes à l'occasion du *maximum*, et des réquisitions qui les épuisaient, les Représentants, bien sûrs déjà d'un certain nombre de victimes, et, d'un autre côté, vivement tourmentés du désir de voir sortir au moins satisfaite la flotte à laquelle on demandait une éclatante vengeance des affronts de l'Angleterre; c'est, dis-je, le moment où l'on crut sage de se montrer indulgent pour le matelot et oublieux pour les simples citoyens qui avaient fait partie de la force départementale; parmi ceux-ci beaucoup furent donc relâchés sur la demande des districts, des municipalités et des sociétés populaires. Ici on allégua que les uns avaient été égarés et entraînés; là, que d'autres s'étaient mépris sur l'objet réel des menées du département; que beaucoup avaient été désignés par la voie du sort, comme à Brest et à Morlaix, où les sections entières de la population avaient elles-mêmes indiqué les jeunes gens qui devaient partir.

Ces relaxations donnèrent de nouvelles places dans les prisons, et tout ce qui appartenait, de près ou de loin, aux émigrés : femmes, sœurs, mères de ces malheureux, domestiques mêmes, furent saisis et mis sous les verroux jusqu'à ce qu'encore, et pour la troisième fois, en deux mois à peu près, la place venant à manquer, on se décida à en interner beaucoup hors Brest, avec des feuilles de route et trois sols par lieue comme les soldats en marche. C'est ainsi que nous voyons partir de Landerneau pour Alençon, laissant derrière elle un enfant de sept mois en nourrice, la malheureuse mère de famille Jacquette Pichot, traînant à sa suite un enfant en bas âge, sans ressources, sans vêtements, sans linge, et seulement coupable de porter le nom du citoyen Le Borgne, qui passait pour avoir émigré. Je vois à Morlaix une autre femme se présenter vainement au Comité révolutionnaire et à l'administration du district, pour dire, qu'étant d'origine noble, elle ne sait plus où s'arrêter, ni où se rendre, ses ressources étant complètement épuisées........ L'administration reste sourde à des raisons si concluantes, et se contente de viser son passeport pour qu'elle s'éloigne..... Cependant N..... se présentait au même Comité, et placé comme les précédentes sous le coup d'un arrêt spécial des Représentants, qui avaient décidé que tout citoyen d'origine noble s'éloignerait à 50 lieues au moins des ports militaires de la République, je ne vois que lui parvenir à obtenir une remise à cette obligation, sur la preuve fournie par lui qu'il s'était *sans-culottisé* en épousant la fille d'un perruquier de Morlaix, preuve irrécusable de son inaltérable attachement à la République une et indivisible. Les plus obscurs ne purent échapper à ces mesures, et nous voyons de simples préposés des douanes, des agents subalternes des ateliers pour la fabrication des salpêtres, obligés de s'éloigner sans coup férir, malgré l'intervention de leurs chefs. Enfin l'armée elle-même ne dut plus avoir dans ses rangs aucun homme entaché d'origine nobiliaire, et nous trouvons plusieurs de ces malheureux qui, partis comme simples fusiliers dans les levées qui s'étaient faites, ne trouvèrent à s'arrêter qu'en prison, ainsi placés sous la surveillance des Comités qui les détinrent comme suspects avec les domestiques et les anciens agents de leurs familles, classés comme eux au rang des ennemis de la République.

Toute une liasse d'écrous, faisant état de 975 détentions opérées dans ces circonstances, nous fournit à cet égard les détails les plus curieux, et l'enseignement qui en ressort mérite au moins d'être mentionné. C'est que sur ces 975 détenus, qui la plupart passèrent un an et plus dans les prisons, il se trouva 106 ex-nobles ; — 239 femmes de même origine, dont un assez grand nombre âgées seulement de 15 à 16 ans quand beaucoup atteignaient 70 à 80 ans ; — 174 prêtres ou religieux ; — 206 religieuses, — tous accusés d'avoir refusé le serment et de s'être montrés hostiles au nouvel état de choses. — Parmi les autres détenus, je trouve 111 femmes exerçant les professions de lingère, de couturière et de domestique ; — 56 cultivateurs ; 46 artisans ou ouvriers ; — 17 marchands, — et seulement 3 hommes de professions libérales, — les autres sans dénominations précises.

Mais la partie la plus curieuse de ces documents est celle qui indique les motifs mêmes de ces arrestations :

La plupart des détenus n'ont été saisis que comme *suspects* et comme dangereux ; leur naissance, leur fortune, leur rang dans la société ont décidé de leur sort. Des notes très brèves et très caractéristiques toutefois, ont été ajoutées par les Comités révolutionnaires à l'écrou de chacun. L'un a été arrêté *pour ses relations avec les riches et avec les nobles* ; l'autre, *comme prévenu d'incivisme* ; un troisième, *pour l'absence de son fils et de son neveu, supposés émigrés* ; celui-ci, *comme étant aristocrate par éducation* ; — cet autre, *pour avoir caché dans son jardin deux sacs de jetons armoriés* ; — beaucoup *pour être de caractère et de relations inconnues* ; d'autres encore *pour avoir des opinions secrètes* ; — *pour avoir des relations avec des béguines ou des prêtres réfractaires* ; — *pour avoir vécu avec des parents qui ne sont pas dans les bons principes*, etc., etc ; — celui-ci *pour avoir dit qu'il rentrerait dans la possession de ses biens* ; celui-là *pour avoir rencontré deux officiers municipaux et leur avoir dit : Bonjour messieurs ;* cet autre *pour avoir fait, en 1791, collationner ses soi-disant titres de noblesse* ; enfin, cette femme, *pour être en correspondance avec son mari émigré ;* cette jeune fille *pour être spirituelle et pour être disposée à ridiculiser les patriotes* ; cette autre, *pour avoir décidé l'émigration de son mari et être aussi spirituelle qu'il est simple* ; ce prêtre, *pour avoir refusé d'embrasser l'arbre de la liberté ;* — cet agent d'affaires, *pour avoir émondé un bois de châtaignier, afin d'affamer le peuple ;* celle-ci *pour avoir professé les opinions de son père, en témoignant dans toutes ses manières une morgue aristocratique ;* celle-là *pour avoir reçu des lettres à double sens ;* d'autres enfin, *pour être hautaines, morgueuses, quoique sans fortune ;* — *pour tenir à leur caste et aux préjugés des ex-nobles ;* — *pour avoir des liaisons avec leurs semblables ;* — — *pour être incorrigibles ;* — *pour avoir de l'esprit et des moyens de nuire ;* — *pour n'avoir pas voulu, quoique jeune, accepter l'éducation républicaine qu'on lui a offerte ;* — *pour être ambitieuse de gloire et de distinctions* ; — *pour être babillarde et feindre de la popularité ;* — *pour être d'un esprit borné et solitaire, en restant attaché aux préjugés de l'ancien régime*, etc., etc.

C'est ainsi qu'après s'être assuré de tous les opposants, après s'être débarrassé de toute résistance et de tout contrôle, le Tribunal révolutionnaire de Brest entra dans le plein exercice de sa terrible mission.

Mais un incident, insignifiant en apparence, fut, à quelques jours de là, au moment de dissoudre l'infernal concert qui semblait unir d'un lien indissoluble les terroristes de Rochefort et ceux de Brest. — Un nouvel arrêté, signé de Jean-Bon Saint-André et de Laignelot, en date du 5 Ventôse an II, venait de porter au commandement de divers navires de la flotte, quelques officiers dont le zèle avait été jugé à la hauteur des circonstances. Quelques autres, comme Duplessis, du *Tyranicide*, les deux frères Fustel, de la frégate la *Félicité* et du vaisseau le *Républicain*, Lévêque, de l'*Impétueux*, avaient été privés de leurs grades avec l'obligation de partir de Brest dans vingt-quatre heures, et de s'éloigner des côtes à vingt lieues au moins. On sut en même temps cependant que deux officiers, précédemment destitués, Gossin et Bompard, se proposaient de publier une brochure contre l'amiral Villaret, chef de la flotte, et que le manuscrit de cet écrit avait déjà été remis à l'imprimerie Gauchelet.....

Vif et très inquiétant fut l'émoi que causa un pareil événement parmi les meneurs. Nous ne savons pas au juste ce qui se passa, mais il paraît bien qu'un instant les Représentants et l'accusateur public du Tribunal révolutionnaire se trouvèrent en désaccord sur ce qu'il y avait à faire : les premiers voulurent couper court à toutes les difficultés par une mise en jugement des deux officiers Gossin et Bompard, fait sur lequel l'accusateur Hugues ne se serait pas montré aussi complaisant, puisque qu'après la saisie du manuscrit en question, ses auteurs, saisis eux-mêmes, furent dirigés sur Paris et mis à la disposition du Comité de Salut public, en même temps que l'accusateur Hugues fut suspendu de ses fonctions.

Une réorganisation du Tribunal devint dès-lors nécessaire, et nous voyons que la Représentation, s'adressant cette fois aux meilleures sources, demanda au Tribunal de Paris un de ses juges, Ragmey, pour en faire le président du Tribunal de Brest, et à Fouquier-Tinville lui-même, un de ses substituts, Donzé-Verteuil, pour en faire un nouvel accusateur public, qui serait assisté de Bonnet, secrétaire du même Fouquier-Tinville, comme substitut. Ce Bonnet avait un œil de verre, qui ajoutait quelque chose d'extraordinaire et d'épouvantable à la férocité très caractérisée de sa physionomie. Quant à Donzé-Verteuil, quelques-uns le disaient ancien capucin, quelques autres en faisaient un chanoine ; on fut même jusqu'à dire qu'il était d'origine nobiliaire ; mais ce qui ne peut être douteux, c'est que, dès avant son arrivée à Brest, il était bien connu de Jean-Bon Saint-André qui, quoi qu'il en ait dit, ne se contenta pas de laisser le soin au Comité de Salut public de reconstituer le Tribunal de Brest, puisqu'il y a une lettre de lui du 5 Nivôse à Verteuil, où il lui dit qu'il l'attend deux jours après la réception de sa lettre ; *qu'il aime les républicains, qui, comme lui, joignent à l'instruction l'amour de la patrie, la douceur des manières et l'imperturbable fermeté de l'homme de bien.*

C'est avec ces nouveaux venus et un Comité central de surveillance tout récemment reconstitué, qu'on se remit à l'œuvre, bien résolu à n'accorder ni grâce ni atermoiement à ceux que l'on avait désignés depuis long-temps à la vengeance du peuple. Comment douter en effet de ces intentions, quand on voit le nouveau Comité, ainsi reconstitué en Pluviôse, pour l'affaire même des jeunes officiers si cruellement sacrifiés le 21, compter dans son sein les juges du Tribunal révolutionnaire, Le Bars, fils, Palis et l'accusateur public lui-même, et avec eux, Boniface, Martin, Le Clerc pris dans les bataillons de la marine, et quelques autres que nous retrouvons à tout instant dans les commissions déléguées par les Représentants.

Malgré la mise en liberté de ceux qui étaient devenus par leur nombre un embarras auquel on n'aurait su comment parer, rien ne se ralentissait dans le mouvement imprimé depuis la mise à exécution de la nouvelle loi sur le Gouvernement révolutionnaire, et, avec un redoublement d'action et de recherche dans tous les districts, nous voyons les agents nationaux de plusieurs communes continuer à s'efforcer de pousser aux mesures les plus coërcitives les Représentants eux-mêmes, qu'un instant on put croire, par suite de quelques élargissements, disposés à s'arrêter sur la pente où quelques-uns marchaient avec tant de rapidité.

« Oui, citoyens, nous vous le répétons, » disaient les habitants d'une simple commune rurale, qui se prévalaient de leur acceptation à la Constitution de l'an II : — « oui, nous vous
» le répétons, l'ambition guidait tous ces muscadins, ces
» riches égoïstes des villes, qui, après avoir accaparé les
» plus belles places de la République, s'occupaient des moyens
» de protéger les ennemis de la patrie. Cette vérité est connue
» de tous les Français et surtout des Sans-Culottes nos frères.
» — Citoyens Représentants, faites marcher au pas redoublé

» tous ceux qui ont l'honneur de remplir une charge publique.
» .... Il n'est pas une commune dans la République qui nous
» surpasse en civisme ; mais le temps de l'indulgence est
» passé, et tous les conspirateurs, ainsi que ceux qui les
» protégent, doivent être exterminés, si nous voulons mériter
» la qualité d'hommes libres.

» Salut et fraternité !

» R. T. L...... »

Puis en *post-scriptum*. — « Fais-nous le plaisir de nous
» accuser réception, car le bruit s'est répandu qu'on a accordé
» aux gens suspects de s'adresser directement à tes émissaires
» pour obtenir leur élargissement. Nous croyons que cet élar-
» gissement serait très dangereux au moment où le fanatisme
» exerce son empire dans nos campagnes. »

CHAPITRE VII.

Tribunal révolutionnaire régénéré, ses premiers actes. — Poursuites et condamnations contre les agents de l'émigration : Broustail, — Hervé de Chef-du-Bois, — Miorcec de Kerdanet, etc., etc.

Quoique nous soyons déjà arrivés à plus d'un demi-siècle de l'existence des tribunaux révolutionnaires que l'une des factions les plus exagérées de la Convention créa comme un moyen d'accélérer le mouvement de la révolution et de l'assurer, on n'a guère parlé jusqu'à ce moment que des affreux excès de cette terrible institution, et du sang qu'elle a fait verser.

Sommes-nous aujourd'hui assez éloignés de ces temps sinistres et pleins encore d'amers souvenirs, pour bien savoir ce qu'amena, pour ou contre la révolution, ce cruel expédient, l'un des plus atroces qu'aucun parti ait jamais conçus.

Nous avons vu de nos jours des gens revenir sur le compte de Robespierre et de ses adhérents, parler de leur profonde politique, en affectant d'oublier les inexorables désastres du régime qu'ils donnèrent à la France ; mais, peu ou point, n'ont osé aller jusqu'à admettre la nécessité des tribunaux révolutionnaires et de leurs excès, et les Hébert, les Marat, les Coffinhal, les Fouquier de cette époque sont à-peu-près restés sur la même ligne que les égorgeurs des journées de Septembre. Pour notre part, nous ne les séparons pas, et les succès des uns et des autres nous paraissent dus au même esprit, à une même pensée de vengeance, à un même calcul de destruction, que la folie et l'enivrement des passions avaient outrageusement décoré du nom de patriotisme et de fermeté républicaine. Et, comme dans tous les entraînements aveugles de la passion, nous croyons aussi qu'il arriva un moment où le cours frénétique de ces exécutions judiciaires s'éleva jusqu'à tous les désordres des instincts les plus sanguinaires et les plus destructeurs de tout principe de sociabilité humaine.

Pour comprendre cette œuvre de sang, il faut cependant reconnaître, quand on descend jusqu'aux détails de ces infâmes procédures, qu'un certain esprit de calcul, emprunté aux principes du Gouvernement alors existant, régla, au moins pour un moment, l'ensemble de ces actes et la conduite des juges, qui, en s'asseyant sur leurs siéges, s'étaient faits les instruments d'un parti, qui s'était donné pour mission de foudroyer du haut de la Montagne tout ce qui ne penserait pas comme eux.

L'œuvre avouée fut évidemment que tout ce qui ne voudrait pas se *sans-culottiser*, en acceptant cet injurieux abaissement de toutes les supériorités qui prennent du trait et de la valeur dans une société bien organisée, serait impitoyablement sacrifié, soit au nom de l'égalité, soit au nom de la *République une et indivisible*, se résumant dans le parti de la *Montagne*.

Ce fut vers ce double but que marchèrent dans leurs commencements tous les tribunaux révolutionnaires qui nous sont connus, celui de Paris comme ceux de Rochefort, de Brest et de Nantes, dont les actes nous sont bien présents. Et jusqu'à un certain point il n'est pas difficile de reconnaître dans les actes de chacun de ces tribunaux un mouvement certain et suivi vers le double but dont nous parlons.

A Rochefort comme à Brest, ce sont d'abord les officiers de marine accusés d'avoir manqué à leurs devoirs, en se retirant devant l'ennemi, à Toulon, à la Martinique et aux colonies, où l'on abandonna les couleurs nationales. — On peut justement contester aux Représentants et au Tribunal de Brest, d'avoir si impitoyablement sacrifié deux officiers subalternes aussi jeunes que Keréon et Montécler ; on peut faire les mêmes observations et les mêmes reproches aux plus nombreuses exécutions de Rochefort, faites aux flambeaux pour inspirer plus de terreur ; mais on ne peut s'empêcher d'avouer que la désertion de Toulon ne soit un acte, pour tous les temps et à une époque de guerre surtout, très coupable, et que le Gouvernement alors existant dut réprimer sévèrement, sous peine de compromettre son existence et son caractère. Seulement, on peut ajouter que si les Girondins avaient triomphé au lieu des Montagnards, ils auraient mis un plus juste discernement dans le choix des victimes.

Commencer les exécutions de Brest comme celles de Rochefort par la mise en jugement des officiers des deux flottes de Toulon et de la Martinique, n'était donc pas un calcul dénué d'habileté et d'un certain à-propos pour la réhabilitation de la discipline, au moment des grands armements qui se faisaient pour lutter contre l'Angleterre. Aussi les conclusions de l'accusateur public dans le premier jugement du Tribunal de Brest, ne furent-elles que conformes aux circonstances. — A Rochefort il en avait été de même ; à Nantes aussi, Carrier, dans les premières excitations de sa fureur destructive, n'avait parlé que de la punition des insurgés vendéens qui portaient les armes contre la patrie et déchiraient son sein. Cette logique des partis était naturelle, et, sauf l'examen des causes de l'insurrection elle-même, il devait être que ceux qui la combattaient, la flétrissent et essayassent de la réprimer par tous les moyens à leur disposition.

Mais si la répression des ennemis armés de la République était proclamée comme un impérieux devoir par les meneurs de l'époque, on verra, par le caractère des jugements et des exécutions que nous allons essayer de définir, et par l'examen même des pièces de procédure, avec quelle facilité on élargit le cadre où l'on rangea tant d'ennemis prétendus de la République ; avec quelle audacieuse effronterie on créa des catégories de suspects, dont ou fut si prompt à se débarrasser.

L'un des premiers jugements du Tribunal de Brest après l'exécution des officiers de la flotte de Toulon et de la Martinique, fut celui prononcé contre Broustail, de Morlaix.

Remarquons les circonstances où cette affaire fut entamée et conclue : — on était au 21 Ventôse an II, c'est-à-dire à trois trois jours seulement de l'arrêté du Comité de Salut public, daté du 17, qui détachait Ragmey, Donzé-Verteuil et Bonnet du Tribunal de Paris pour les transférer à Brest ; à-peu-près au même moment, Fournier, lieutenant, Combaz, sergent-major, Désirié, caporal, Mazéas et Baroux, des bataillons venus de Paris, étaient distraits de leur service pour siéger comme jurés au même Tribunal. — Trois jours, du 17 au 20 Ventôse, ont suffi à ces nouveaux juges et à l'accusateur Donzé-Verteuil pour se rendre de Paris à Brest, prendre possession de leur nouveaux siéges et faire amener à leur barre Hervé Broustail, ainsi que le constatent son jugement, daté du 22 Ventôse, et le réquisitoire de Donzé-Verteuil, daté de son cabinet du 20 Ventôse. — Quelle infernale rapidité ! — Il fallait évidemment que ces hommes, pris sur les bancs du Tribunal révolutionnaire de Paris, après une condamnation du 17, se fussent mis aussitôt en route, et, qu'arrivés à Brest dans la nuit du 19 au 20 au plus tôt, ils eussent pris, en descendant de la malle, le mot des Représentants, reçu les pièces du procès, et rédigé, sans coup-férir, l'acte que Donzé-Verteuil fulminait le 20.

Mais ce qui est au moins aussi étonnant que cette infernale rapidité, c'est l'acte même d'accusation où Donzé-Verteuil, en prenant possession de son siége, tint en quelque sorte à résumer les principes que le Tribunal allait suivre.

« Parmi les nombreux et impuissans ennemis de la Révolu-

» tion française, dit Donzé-Verteuil, il en est de plus d'une
» espèce et qui diffèrent par leurs vues et par leurs moyens.

» Les uns, vils esclaves de ces brigands couronnés dont
» l'Europe entière sera purgée, se sont armés au dehors contre
» la liberté.

» D'autres, plus indignes encore, répandant à grands flots
» tous les poisons de l'aristocratie, du royalisme, du fédéra-
» lisme, du fanatisme, ont porté la guerre sur leurs propres
» foyers, le fer dans le sein de leur patrie.

» D'autres, pour l'asservir, l'ont lâchement trahie en livrant
» des places, en retenant la hache républicaine levée sur d'in-
» fâmes cohortes qu'elles ont exterminées, sur d'odieux des-
» potes qui ne la défiaient qu'après avoir acheté les scélérats
» qui dirigeaient ses coups.

» D'autres, abandonnant la terre de la liberté et de l'égalité
» au moment de leur résurrection, sont allés échanger au loin
» des bras et des trésors contre le deuil et les livrées de l'escla-
» vage.

» D'autres, enfin, ont décrié le papier-monnaie de la Répu-
» blique, entretenu des correspondances avec les ennemis,
» déploré la mort du dernier de ses tyrans, fait passer des se-
» cours aux émigrés, affiché le regret pour l'ancien régime,
» l'horreur pour le nouveau.

» Dans cette dernière classe de tant d'ennemis, tous égale-
» ment coupables, on trouve le nommé *Hervé Broustail*,
» habitant de Morlaix, où il fut tout à la fois négociant, juge
» de commerce, receveur et agent des ci-devant nobles, admi-
» nistrateur du district, etc., etc.

. . . .

Le malheureux accusé avait été saisi et mis en arrestation
par des délégués des Représentants, dont les administrateurs
du district de Morlaix n'avaient même connu ni la mission ni les
pouvoirs, ainsi que le constate une de leurs lettres aux Représentants.

Les chefs d'accusation établis par Donzé-Verteuil étant

« que Broustail avait fait passer, en 1792, au marquis de
» Kerouartz, émigré résidant à Mayence, plusieurs sommes
» en papier ou en numéraire s'élevant à 17,300 livres et pro-
» venant des recettes faites pour cet émigré ; — que Broustail
» était en relations d'affaires et entretenait des correspondan-
» ces en pays ennemis, tant avec Kerouartz qu'avec N. Brous-
» tail, son fils, qui résidait à Cadix ; — que Broustail avait
» reçu de l'Allemagne un exemplaire imprimé du manifeste
» de Brunswick ; — qu'il avait constamment décrié les assi-
» gnats ; — qu'il faisait des vœux contre sa patrie pour le suc-
» cès des tyrans armés contre elle ; — et, enfin, qu'il avait
» formé le projet coupable d'une émigration personnelle, puis-
» que le 22 Octobre il écrivait à son fils, à Cadix, *qu'il vou-*
» *drait être où il était lui-même*, et qu'il priait celui-ci de
» lui écrire une lettre ostensible où il lui dirait que sa pré-
» sence était nécessaire à Cadix pour le règlement de leurs
» affaires communes.

« Faits qui prouvent tous, disait Vertueil, qu'il agit
» *méchamment et à dessein d'opérer une contre-révolution en*
» *France ; d'en favoriser l'entrée aux ennemis de la Répu-*
» *blique, et d'y établir, à la place de la liberté et de l'égalité,*
» *l'ancien régime avec toutes ses horreurs......* »

A quoi le jury répondit : « qu'il était constant qu'il avait
» existé une conspiration contre la liberté et la sûreté du peu-
» ple français, tendant à rétablir la royauté et à avilir la repré-
» sentation nationale, et qu'*Hervé Broustail était convaincu*
» *d'être auteur et complice de ladite conspiration.* »

Quant au Tribunal, il déclara, à son tour, après avoir entendu l'accusateur public sur l'application de la loi, mais sans
parler de défenseur ni de défense, « que Broustail était con-
» damné à mort, que le jugement serait exécuté dans les vingt-
» quatre heures, et *que tous les biens du condamné seraient*
» *acquis à la République.* »

Est-il bien nécessaire que nous fassions remarquer, pour
signaler le caractère de ce jugement et de cette procédure, que

la confiscation des biens de Broustail se fit en vertu de l'article 2 de la loi du 10 Mars 1793. Quand les actes principaux de l'accusation, les envois d'argent au marquis de Kerouartz étaient du 27 Août 1791, du 29 Février et du 27 Avril 1792. — L'article 4 de la section Ire du titre Ier de la seconde partie du Code pénal, en vertu duquel l'arrêt de mort avait été lui-même prononcé était du 18 Janvier 1792, postérieur à la plupart des faits articulés contre le pauve négociant, administrateur du district de Morlaix.

Mais si peu n'aurait su arrêter ces hommes, et le Tribunal et l'accusateur public, attaquant ainsi dans Broustail la classe entière des émigrés et des agents d'affaires, commencèrent leurs premières opérations par ce terrible exemple de compression dont un homme estimé de tous fut la victime, après avoir fourni dans le négoce et l'administration une longue carrière qui l'avait conduit à sa soixante-huitième année. Hervé Broustail, négociant et cultivateur, était né dans la commune de Saint-Thégonnec et demeurait à Morlaix, où les plus vifs regrets ont long-temps été donnés à sa mémoire.

Nous verrons Donzé-Verteuil et le Tribunal présidé par Ragmey reprendre une à une toutes les catégories que ce premier réquisitoire annonça comme devant fournir à la vengeance du peuple les coupables que les nouveaux juges avaient mission d'atteindre.

Continuons à parcourir les jugements que l'on s'attacha surtout à rendre contre les prétendus agents de l'émigration.

Après Broustail, dans la personne duquel on avait en quelque sorte frappé Morlaix même et son administration, Donzé-Verteuil s'en prit à Yves-Michel Hervé de Chef-du-Bois, homme de loi, ancien sénéchal de la juridiction des Reguaires de Saint-Pol-de-Léon, âgé de 60 ans, et demeurant dans cette ville.

L'acte d'accusation que nous avons sous les yeux, porte « que la conduite de Chef-du-Bois avait paru suspecte, parce » qu'il gérait les affaires d'un grand nombre de ci-devant no-

» bles, presque tous émigrés, entre autres les biens des
» frères Cheffontaine, des Dudresnay, des Parcevaux, des
» Roquefeuil, des Nouail la Ville-Gille, tyrans subalternes,
» qui, par l'entremise des suppôts de la chicane dévoués à
» leurs intérêts, vexaient impunément les habitants des cam-
» pagnes qu'ils appelaient leurs vassaux.

» Le moindre des faits qui prouvent la haine de Chef-du-Bois
» pour le nouveau régime, continuait Donzé-Verteuil, c'est
» que jamais il n'a daigné assister à aucune assemblée pri-
» maire, pas même à celle où les habitants de Saint-Pol réu-
» nis acceptèrent avec joie et reconnaissance l'acte constitu-
» tionnel. Apparemment qu'un ci-devant sénéchal se serait
» compromis, en prenant part aux délibérations de ses con-
» citoyens sur les intérêts publics. C'était donc la haine, le
» mépris ou tous autres sentiments pareils qui ne peuvent
» avilir que celui qui les porte dans son cœur, qui étaient la
» cause de son éloignement pour toutes les assemblées pri-
» maires. Sûrement, lorsque ses concitoyens s'occupaient des
» affaires publiques, il méditait les moyens par lesquels il pour-
» rait renverser le nouvel ordre de choses et ramener l'ancien
» régime. »

Et formant, après ces vagues allégations, le corps de son
accusation, Verteuil établissait « que lors du séquestre apposé
» sur les meubles de la femme Kergus dite de Roquefeuil, on
» avait trouvé dans une malle appartenant à Chef-du-Bois,
» des lettres à lui adressées par différents émigrés, qui lui
» accusaient réception de l'argent qu'il leur avait fait passer
» en 1791 et en 1792.

» Auquel effet, continuait-il, l'accusateur public a dressé la
» présente accusation contre Yves-Michel Hervé, dit Chef-du-
» Bois, pour avoir, par sa conduite, montré le plus grand
» mépris pour le Gouvernement populaire, en n'assistant à
» aucune des assemblées primaires ; pour s'être constamment
» montré l'ennemi de la Révolution, en soutenant de tout son
» pouvoir les intérêts de la caste nobiliaire au détriment de

» ceux du peuple, et, enfin, pour avoir secondé les projets
» liberticides de nos ennemis extérieurs, en leur faisant pas-
» ser des sommes considérables en argent. »

Et le jury ayant aussitôt déclaré « qu'il était constant qu'il
» avait existé un complot contre la sûreté et la liberté du peu-
» ple français, tendant à favoriser les projets liberticides de
» ses ennemis intérieurs et extérieurs, et à rétablir la tyrannie
» en France, prononçait qu'Yves-Michel Hervé, dit Chef-du-
» Bois *était auteur et complice de ce délit.* »

Sur quoi le Tribunal, toujours en vertu de l'article 4 titre
Ier de la première partie du Code Pénal, et de l'article 2 de la
loi du 10 Mars 1793, condamnait Chef-du-Bois à mort, à être
exécuté dans les vingt-quatre heures et à voir ses biens acquis
à la République.

La mort de cette nouvelle victime, homme profondément
estimé, jeta dans les esprits une épouvante dont la trace s'est
retrouvée dans tous les récits qui nous sont revenus de cette
triste exécution. Appartenant à la classe nombreuse des magistrats de l'ancien régime, Chef-du-Bois avait en effet conquis
dans l'esprit de tous une place des plus distinguées, par la
parfaite loyauté de son caractère et la délicatesse de son dévouement aussi empressé qu'éclairé pour les intérêts qu'on lui
confiait. Resté paisible et inoffensif au milieu de ses concitoyens jusqu'à la fin de 1793, il ne se mêla à aucune affaire du
temps, si ce n'est au classement et à la mise en ordre des
nombreux titres du chartrier de Kerouzéré, en Sibiril, quand
Madame veuve Éon offrit d'elle-même de remettre aux membres du district, tous les titres de ce chartrier qui pouvaient
être entachés de souvenirs féodaux, et comme tels devaient être
livrés aux flammes d'après les prescriptions de la loi........
Mais cette soumission résignée non plus que l'innocuité de son
caractère ne purent le soustraire aux poursuites des Terroristes,
et ce qu'il y a peut-être de plus étonnant dans la conduite de
ceux-ci, c'est qu'en poursuivant et mettant à mort leurs malheureux ennemis, ils aient osé publier et afficher des jugements comme celui dont nous venons de donner la teneur.

D'autres prétendus agents d'émigrés furent cependant encore poursuivis, et, parmi eux, se trouva Miorcec de Kerdanet, qui, mis en jugement le 16 Floréal an II, eut le bonheur d'être acquitté après avoir été défendu par Riou Kersalaun, qui avait été un instant procureur-syndic du district de Morlaix, et que nous retrouverons à son tour bientôt incarcéré et poursuivi comme agent de l'émigration, au même titre que Kerdanet.

L'affaire de ce dernier offrit toutefois ceci de particulier, que l'accusation tomba en quelque sorte devant l'indignation publique qui, encore au-dessous de la science profonde des Comités et des juges qui poursuivaient avec tant d'ardeur les agents de la classe nobiliaire, permit, au moins cette fois, de s'étonner qu'on s'attachât pour si peu de chose à sacrifier tant d'hommes honorables et qui avaient fourni à la cause populaire plus d'une preuve de leur dévouement (1).

Dénoncé au Comité de Lesneven par un homme que Kerdanet avait eu à sa table et à son service et qu'il avait aidé de sa bourse, c'était sur les indications de ce misérable que l'ancien magistrat avait été enlevé du sein de sa famille dans la nuit du 18 Nivôse et traduit devant Ragmey et Verteuil le 16 Floréal an II. — Lié d'amitié très ancienne avec Kerdanet, Riou Kersalaun, qui avait l'âme vive et chaude, se chargeant de la défense de Kerdanet, comme avocat, ne négligea rien pour arracher son ami aux mains des bourreaux. Recueillant à cet

---

(1) Un mémoire imprimé de Miorcec, daté du Château de Brest, 23 Nivôse an II, établit, en effet, que cet honorable citoyen avait plusieurs fois présidé la Société populaire de Lesneven, qu'il avait prêté tous les serments prescrits par la loi, et assisté à l'installation du curé constitutionnel ; qu'il avait porté de son propre mouvement plus de quatre mille titres à l'auto-da-fé des *parches féodales* ; qu'il avait avancé, de ses propres deniers, des sommes considérables pour le service public, et qu'il avait concôuru, par des avances, à l'entretien des Brestois qui avaient pris part à la mémorable journée du 10 Août.

effet tous les actes de la vie passée de son client, il le montra, dès 1776, se rendant aux Etats de Bretagne et près de Louis XVI pour défendre les intérêts du peuple ; courant à Paris demander la mise en liberté des membres du Parlement qui avaient été détenus à la Bastille ; il le montra revenant à Lesneven se mettre comme avocat à la disposition des plus petits, s'enquérir de leurs souffrances et élever par ses soins et les deniers de la famille de Lescoët, dont il avait la confiance, un hôpital où les pauvres, depuis 1788, n'avaient cessé d'avoir un asile assuré. Enfin, arrivant aux dépositions du malheureux qui avait vécu dans la maison de Kerdanet et qui l'accusait d'avoir correspondu avec les émigrés, d'avoir recueilli quelques-uns des débris de leur fortune, d'avoir aussi donné asile à quelques-uns d'entre eux et même à des prêtres insermentés ; d'avoir été enfin jusqu'à prêter des habits à ceux-ci..... Riou, dans un mouvement d'indignation et d'éloquent entraînement, retira tout-à-coup de la liasse qu'il avait devant lui les nombreuses quittances du misérable qui avait dénoncé son bienfaiteur....,... « Voilà, dit-il, celui qu'on accuse et aussi celui » qui l'a dénoncé ; celui qui a si vite oublié que la charge « qu'il occupa un instant sous l'ancien régime avait été payée » des deniers de Kerdanet....... » L'émotion fut très vive, et une voix partie de la foule s'étant récriée : *Au foutard la bur-raque !*.... la tête de Kerdanet fut sauvée.

Quand il rentra, à quelques jours de là, à Lesneven, lieu de sa résidence et de celle de sa famille, la joie la plus expansive lui ménagea un triomphe, auquel le commandant du 3ᵉ bataillon de la Montagne, alors en garnison à Lesneven, tint à s'associer lui-même, en s'excusant, pour cause de maladie, de ne pouvoir prendre part aux fêtes qui se préparaient et dans lesquelles *les grâces et la beauté se disposaient à lui offrir une couronne civique tressée par les mains de la justice* (1).

(1) Suivant une note que nous avons sous les yeux, M. Miorcec de Kerdanet aurait puissamment concouru, quelques années plus tard,

Une autre personne, désignée comme agent des émigrés, le sieur Anne-Jacques Le Coq, demeurant à Pont-Labbé, eut encore, malgré l'acharnement des meneurs, la bonne fortune (sans que nous en sachions les détails) d'échapper aux poursuites de Donzé-Verteuil et de Ragmey ; mais il n'en fut pas de même de plusieurs autres, parmi lesquels nous remarquons Kerléan, père et fils, tous deux habitants de Taulé, anciens gentilshommes, qui avaient cru, pour sauver leur fortune, pouvoir rester dans le vieux manoir de leurs pères, d'où ils dirigeaient eux-mêmes les travaux agricoles qui les faisaient vivre eux et leur famille. Ils avaient espéré, en se tenant éloignés des affaires publiques, pouvoir ainsi échapper à la vengeance des partis. — Mais Donzé-Verteuil sut les découvrir, et son acte d'accusation, daté du 4 Germinal an II, porte que : « Mis en arrestation avec une foule de particuliers de la » commune de Taulé, pour cause *d'incivisme et de principes* » *contre-révolutionnaires*, Jean-Marie Kerléan, père, âgé de 71 ans, et son fils Charles-Joseph-Marie, âgé de 33 ans, domicilié à Kerasel, en Taulé, *n'avaient jamais paru aux assemblées primaires, n'avaient point accepté la Constitution, et avaient tenu dans leur domicile une espèce d'arsenal, composé, d'après leurs interrogatoires, de trois fusils à deux coups, trois fusils simples, trois paires de pistolets à deux coups, cinq à six épées et couteaux de chasse, quatre à cinq livres de poudre et trente livres de plomb à tirer.*

Vainement, Kerléan, père, déclara-t-il aux débats, ainsi que lorsqu'il se trouva membre de l'administration départementale, à sauver d'une destruction imminente la précieuse collection des portraits en pied des prélats qui se sont succédé sur le siége de Cornouailles. Cette circonstance nous conduit à rappeler que, malgré les nombreux actes de vandalisme que la terreur amena, beaucoup d'objets d'art, comme livres, tableaux, autels sculptés, etc., ont été préservés par les soins des administrations de districts dont nous pourrions citer les arrêtés à cet égard.

le constatent les pièces que nous avons sous les yeux, *que s'il n'avait point paru aux assemblées primaires et s'il n'avait point accepté la Constitution, c'est qu'il n'avait voulu se mêler de rien, et, qu'en se conformant aux circonstances, il avait voulu laisser aller les choses sans s'y opposer.*

Kerléan, fils, interpellé sur les mêmes faits, ne fut pas plus heureux en déclarant que s'il s'était abstenu des mêmes actes, *c'était dans la seule crainte de se compromettre.*

Donzé-Verteuil vit, dans les quelques fusils de chasse et les trente livres de plomb à giboyer, une preuve irrécusable de conspiration, *un arsenal,* comme il le disait, et le jury, suivant sa constante habitude, déclarant les deux Kerléan coupables de *recel d'armes à feu et d'armes blanches,* le tribunal appliqua aux accusés l'article 3 du titre 2 de la loi du 10 Mars 93, qui disait « que *ceux* qui seraient convaincus de crimes
» non prévus par le Code pénal, et dont l'incivisme et la rési-
» dence sur le territoire de la République auraient été un sujet
» de trouble public, seraient condamnés à la peine de la dé-
» portation. »

Il déclara, en outre, que tous leurs biens seraient acquis à la République, heureux encore de sauver leurs têtes, que Verteuil avait bien entendu faire tomber, en ajoutant que *des propos inciviques et contre-révolutionnaires* avaient été tenus par les prévenus. — Mais, chose assez difficile à expliquer, la déclaration du jury porte, en effet, que *des propos inciviques et contre-révolutionnaires avaient été tenus*, mais qu'il n'était pas constant que ce fussent les deux Kerléan qui les eussent tenus. Cette circonstance leur sauva la vie.

Une même condamnation à la déportation vint, à quelques jours de là, frapper Jézéquel, pauvre capitaine de barque, attaché au port de Roscoff, auquel on appliqua, par un effet rétroactif très libéralement usité dans ces temps, la même loi du 10 Mars 1793, pour s'être prêté, au mois d'Octobre 1791, à la fuite en Angleterre de plusieurs familles du Léon, qui allaient à l'étranger chercher un refuge contre les troubles de leur patrie.

Chose notable, l'acte d'accusation de Donzé-Verteuil n'établit même pas l'émigration dont on parlait ; il dit seulement que le 22 du mois d'Octobre 91, la barque de Jézéquel, nommée le *Saint-Pierre*, fut trouvée par des préposés des douanes à l'anse de Terrenès, sans déclaration, et chargée de marchandises suspectes, mais *sans qu'il ait pu savoir quelles ont été les suites de cette saisie, si ce n'est que les régisseurs des douanes nationales ont poursuivi Jézéquel à fin d'amende et confiscation des objets qui lui étaient étrangers.*

« Mais ce qui est de notre ressort, dit Donzé-Verteuil, c'est
» la nature, c'est l'objet de cette embarcation. On y voit Jézé-
» quel enlever à la France et passer en Angleterre, en une
» seule cargaison, plus de quarante ci-devant nobles des deux
» sexes, une somme de 22,800 livres, une argenterie immense,
» des armes et d'autres effets précieux en quantité.

» Deux circonstances, ajoute Verteuil, prouvent que cette
» embarcation était criminelle par son double objet, et que
» Jézéquel en était parfaitement instruit. — C'est que tous les
» ci-devant nobles embarqués avaient déclaré qu'ils émigraient,
» et que Jézéquel, par le premier des interrogatoires qu'il a su-
» bis, a déclaré que, parmi les effets embarqués par ces ci-de-
» vant, il avait remarqué de l'argenterie. — Et une autre
» circonstance du plus grand poids, c'est que tous ces ci-de-
» vant nobles, qui cherchaient à émigrer lors de la saisie du
» 22 Octobre 1791, ont en effet émigré depuis..... »

Et le jury déclara que, le 22 Octobre 1791, *il était constant qu'à bord du sloop le* Saint-Pierre *on avait tenté de faire une exportation considérable de numéraire, marqué au coin de France, et d'effets en or et en argent à l'usage de quarante-sept émigrés qui passaient en Angleterre !....*

Sur quoi le Tribunal, toujours d'après la loi du 10 Mars 1793, condamna le pauvre capitaine de barque à l'exportation, pour un fait supposé arrivé en 1791, plus à la confiscation de toutes ses propriétés.

Quelle législation et quelle manière encore plus atroce de

l'appliquer !... Mais à ce compte tous les banquiers et les gens d'affaires qui, de bonne foi et avant la législation de 93, avaient été en relations avec les malheureux émigrés, se trouvèrent sous le coup des accusations de Verteuil et des condamnations du Tribunal de Brest. — Quelques paroles, un bout de lettre, une démarche ancienne et oubliée, une relation d'un moment ou d'un jour avec un absent ou un émigré, suffisaient pour vous perdre, et avec quelques circonstances de plus, un propos contre-révolutionnaire ou un regret donné au passé, le jury et le Tribunal n'attendant qu'un signe, vous déclaraient coupable et digne de la mort.

Un instant les recherches de l'affreux Tribunal se dirigèrent ouvertement vers ce but, et c'est sous le coup de ces préventions qu'on vit arrêter tant d'hommes d'affaires, de négociants ou même de simples propriétaires qu'on supposait liés d'intérêts et d'affaires avec les émigrés, pour avoir un prétexte de les détenir et de s'emparer de leur fortune s'il était possible. La veuve Mazurié, de Landerneau, respectable mère de famille, retirée des affaires, mais riche, fut ainsi, à plusieurs reprises, l'objet des sourdes accusations des délégués de la représentation des clubs et du comité révolutionnaire de Landerneau. — Plusieurs rapports et plusieurs visites domiciliaires tendirent à se saisir de sa personne et à parvenir à créer un corps de délit qui pût la conduire au Tribunal révolutionnaire et la faire juger. Les registres du Comité de Landerneau et de la Commission administrative portent de nombreuses traces de ces tentatives.... Mais elles échouèrent, du moins en partie, et quoiqu'enfin saisie, la malheureuse mère de famille échappa à la condamnation qui l'attendait, grâce à la journée du 9 Thermidor, qui la trouva au château de Brest, peu éloignée du jour que Donzé-Verteuil et ses acolytes lui avaient assigné. Une foule d'autres personnes du commerce et de la bourgeoisie se trouvèrent dans la même position.

Mais, pour en finir avec ce qui dans l'affreux Tribunal eut trait à l'émigration, disons comment il s'expédiait à l'égard des malheureux qui, après avoir été portés à tort ou à raison sur la liste des émigrés par les administrations de leur département, étaient saisis sur le sol de la République. Nous avons sous les yeux un de ces jugements, c'est celui de Prignot, daté du 6 Germinal an II.

Plus de débats, plus d'acte d'accusation.... un simple visa des pièces et la mort, la mort sur-le-champ.

Voici le libellé du jugement rendu contre Prignot.

« Vu par le Tribunal révolutionnaire les pièces trouvées sur
» François Nicolas Prignot, âgé de 33 ans, ci-devant notaire,
» à Troyes, département de l'Aube.

» Les réponses dudit Prignot à ses interrogatoires, tant
» secrets que publics ;

» Le Tribunal, après avoir déclaré ledit Prignot convaincu
» d'émigration et avoir entendu l'accusateur public sur l'ap-
» plication de la loi, ordonne, que ledit François-Nicolas
» Prignot sera sur-le-champ livré à l'exécuteur des jugements
» criminels pour être mis à mort dans les vingt-quatre heures,
» conformément aux articles 1 et 2 de la première section
» de la loi du 28 mars 1793 (Vieux style).

» Signé : Pierre Louis Ragmey, président, — Marie Le Bars
» et Joseph Palis, juges, — Quémar, greffier ! »

C'est d'ailleurs, comme nous l'avons déjà dit, ce qu'avaient fait aussi de leur côté le district de Brest et la commission administrative de Landerneau, en livrant le prêtre Meur à une commission militaire chargée de son exécution, sans jugement et sans autre information que la constatation de sa personne !

CHAPITRE IX.

Les Prêtres insermentés et leurs Receleurs devant le Tribunal révolutionnaire de Brest. — Les Femmes de Morlaix et la jeune Emilie de Forsan.

Nous passons à une autre catégorie de condamnés, à celle des prêtres insermentés, dits *réfractaires*.

Les prisons en étaient pleines, et quoique l'on eût déjà fait de nombreuses évacuations sur Rochefort et les îles de Ré et d'Oléron, où on les avait entassés sur des pontons en attendant le moment de les exporter, il s'en trouvait encore un très grand nombre dans les prisons du Finistère, et, parmi eux, quelques-uns qui avaient persisté à chercher un asile dans leur famille ou au sein des populations qui leur étaient restées dévouées.

Nous avons sous les yeux un grand nombre de jugements rendus dans ces circonstances par le Tribunal révolutionnaire de Brest; nous ne saurions les citer tous, mais nous en analyserons quelques-uns pour exposer les doctrines professées par le Parquet et le Tribunal lui-même.

Suivant sa méthode habituelle, l'accusateur public Donzé-

Verteuil, pour l'édification des frères, énonce à plusieurs reprises, les principes en vertu desquels il agit :

« Il y a des scélérats armés au dehors contre la République,
» dit-il dans son acte d'accusation contre Sébastien Rolland,
» curé de la commune de *Trebrivant* (district de Rostrenen),
» qui ne sont ni ses ennemis les plus acharnés, ni les plus diffi-
» ciles à vaincre. — Ceux-là, grâce au courage des hommes
» libres et dignes de l'être, seront bientôt abattus, détruits. »

» Mais il en est d'une autre classe, et ceux-ci font plus de
» ravages : trop lâches pour attaquer au champ d'honneur les
» défenseurs de la Révolution, trop lâches encore pour se
» ranger de leur parti, pour oser combattre l'idole des escla-
» ves, la tyrannie ; des monstres proscrits pour leur désobéis-
» sance aux lois ; des monstres à qui la nature cria tant de
» fois que l'homme était égal à l'homme ; des monstres qui,
» couverts du manteau de la religion, ne s'en disent les apô-
» tres, ne s'annoncent pour les vrais ministres d'un Dieu de
» paix qu'outrage leur révolte, que pour s'agiter dans l'ombre,
» que pour égarer par l'hypocrisie la crédulité, l'ignorance, la
» bonne foi des habitants des campagnes, malheureusement
» trop faciles à persuader. — Tels sont les ci-devant prêtres,
» rebelles à la loi du serment, rebelles à la loi de la déporta-
» tion. — Voilà les hommes qui, secouant le flambeau du
» fanatisme jusque dans leurs propres foyers, veulent allumer
» ou alimenter dans leur patrie le feu de la guerre civile. »

Dans un autre réquisitoire contre un pauvre curé de la paroisse de Poullaouen, qui avait cru pouvoir rester parmi les ouvriers mineurs de cette localité, il disait : « qu'il en était
» qui, pour troubler les consciences et inspirer aux citoyens
» faibles le désir de la restauration de l'ancien régime ecclé-
» siastique, se cachaient tantôt dans un lieu, tantôt dans un
» autre, et faisaient des célébrations dans les maisons parti-
» culières, où ils n'avaient pour témoins que les aveugles
» qu'ils abusaient ;

» Que voulant nuire à la chose publique par plus d'un
» moyen, ils décriaient les assignats ;

» Enfin que le refuge que plusieurs d'entre eux cherchaient
» dans leurs anciennes paroisses, n'avait d'autre but que d'y
» prêcher, dans le secret, les anciennes erreurs et les principes
» contre-révolutionnaires qu'ils avaient toujours professés. »

Et faisant parcourir, de jour et de nuit, en vertu de ces principes, par leurs commissaires et la gendarmerie, les communes qui passaient pour les plus fortement attachées à leurs anciens pasteurs, ils faisaient saisir, pour les amener à leur Tribunal, partout où ils les trouvaient, les malheureux prêtres qui n'étaient pas venus, suivant le vœu de la loi, demander eux-mêmes leur propre exportation.

C'est ainsi, pour raconter une seule de ces expéditions combinées à la fois par les représentants, l'accusateur public, les clubs et les comités révolutionnaires, que, s'étant portés le 8 Germinal, à onze heures du soir, dans la commune de Kerlouan, et y ayant visité plusieurs maisons soupçonnées de recéler des prêtres insermentés ; c'est ainsi, dis-je, qu'ils arrivèrent chez le cultivateur François Le Gac, au moment où Jean Habasque, ancien curé de la paroisse, était couché dans un lit clos chez ce cultivateur. Un sac, dans lequel il y avait un calice, des hosties, des huiles saintes et une patène fut trouvé dans une des armoires de Le Gac : il n'en fallut pas plus pour le saisir lui et son hôte. — Guillaume Peton, autre prêtre habitué du district de Lesneven, fut trouvé dans la même nuit chez Guillaume Abautret, cultivateur de la même paroisse. Un calice, sa patène, une pierre sacrée et une soutane noire furent saisis comme pièces de conviction, et Peton ayant *confessé* qu'il *n'avait point fait le serment ni demandé la déportation*, fut livré avec son bienfaiteur Abautret à l'accusateur public. — Plus heureux, put-on croire un instant, fut Gabriel Gourhant, qui, ayant été visité la même nuit, avait pu, moyennant quelque retard apporté à ouvrir sa porte, faire évader un prêtre également caché chez lui; mais le procès-verbal que nous avons sous les yeux établit que le lit où couchait ce prêtre était encore chaud ; qu'*un sac renfermant un calice et des objets servant au culte avait été trouvé près de ce lit*, et que le doute dès-lors n'était possible sur aucun point.

Aussi voyons-nous les deux prêtres *Habasque* et *Peton* et les receleurs *Abautret*, *Gourhant* et *Le Gac*, à la barre de leurs terribles juges, le 24 Germinal an II, c'est-à-dire, moins de quinze jours après leur saisie.

Avec le concours du jury, Guillaume Peton et Jean Habasque furent condamnés à mort. Les cultivateurs, qui leur avaient donné asile, furent condamnés à la déportation et leurs biens à tous acquis à la République.

Mais Donzé-Verteuil avait ajouté dans son réquisitoire que le district de Lesneven paraissait surtout avoir été choisi pour le rendez-vous des prêtres réfractaires et le lieu où se *distillait le poison de leurs fausses doctrines*. — Et, sur ces conclusions, le tribunal décida que *Peton* et *Habasque* seraient exécutés sur la place du marché public à Lesneven, toujours dans les vingt-quatre heures.

Dès le lendemain, en effet, sur les ordre de Palis, l'un des juges du Tribunal, le tombereau habituel du Tribunal révolutionnaire était en station avant le jour à la porte du Château, attendant que les herses se baissassent. Bientôt il reçut les deux pauvres prêtres liés et garottés ; on les jeta sur un peu de paille et la fatale machine se mit aussitôt au trot, accompagnée d'un piquet de gendarmerie que suivaient Ance, l'exécuteur des hautes-œuvres, et son ami Palis. — Vers midi, la petite ville de Lesneven, contenue par le troisième bataillon des volontaires de Paris, qui était, depuis le matin, sous les armes, recevait le fatal cortége, l'instrument de supplice et les bourreaux. En quelques instants, Ance eut tranché la tête des malheureux prêtres qui s'étaient laissé surprendre. Toute la garde nationale de Lesneven y compris les hommes sans armes avait été forcée d'assister à cette cruelle exécution. L'affluence populaire y fut aussi très grande, d'après ce qui nous a été dit ; mais, silencieux à l'aspect de la terrible machine et des soldats qui l'entouraient, le peuple n'en resta pas moins très profondément ému, et nous apprenons par une lettre du comité de surveillance de cette ville, datée du 4 Floréal que, depuis le 25 Germinal, jour de l'exécution, la foule et les femmes surtout ne cessaient de se rendre au cimetière sur la tombe des deux victimes regardées comme des martyrs.

Quant à François *Le Coz*, ancien recteur de *Poullaouen*, il fut condamné et exécuté comme les prêtres de Lesneven, et François Nédélec, chez qui on l'avait trouvé, fut aussi condamné à la déportation, en même temps que ses biens furent confisqués. — A ces victimes livrées au bourreau, il faut ajouter : — Jean Drevès, natif de Ploumoguer, prêtre, âgé de 50 ans ; — Jean-Marie Branellec, curé de Minihi de Saint-Pol, né à Guisseny, âgé de 37 ans ; — Augustin Clech, curé de Plestin, âgé de 56 ans ; — Yves Mével, ancien capucin, né à Roscoff, âgé de 65 ans ; — Le Grall, curé de Lanhouarneau. — Un procès-verbal nous apprend que quelques-uns d'entr'eux furent saisis dans une grande lande où on les fit traquer à l'aide de chiens qui les éventèrent.

Mais si la déportation fut, dans le commencement, la seule peine requise contre les malheureux chez lesquels on trouva des prêtres réfugiés, il arriva un moment où l'accusateur public, requérant la peine de mort contre le receleur aussi bien que contre le prêtre insermenté, obtint pour les uns et pour les autres la peine capitale à laquelle il concluait.

C'est ainsi qu'une pauvre vieille femme de Morlaix, la veuve Le Blanc, âgée de 80 ans, et sa fille Anastasie Le Blanc, confondues dans un même jugement du 13 Messidor, qui atteignit le (Clech) curé de Plestin, furent condamnées et mises à mort pour avoir donné asile à ce malheureux pendant deux à trois jours. — Une lettre de l'accusateur public à l'agent national du district de Morlaix, datée de Brest, du 5 Messidor, nous apprend qu'à cette date *deux voisins de la veuve Le Blanc qui passent pour avoir vu Clech chez elle et pour savoir depuis quand il y était*, étaient demandés à l'agent national comme un moyen de faire condamner la veuve Le Blanc. Une autre lettre de son substitut Grandjean, postérieure à l'exécution, et datée du 1ᵉʳ Thermidor, réclamait une montre du réfractaire Clech que l'autorité locale avait omis de faire parvenir, ainsi que plusieurs autres objets *qui paraissaient avoir été soustraits du sequestre par divers individus,* disait le substitut de l'accusateur public.

Un autre exemple, encore plus terrible s'il est possible, vint atteindre à quelques jours de là quatre pauvres femmes, également de Morlaix, qu'un même acte d'accusation avait amenées, le 12 Thermidor, à la barre du Tribunal, avec un vieux capucin âgé de 63 ans, Yves Mével, qu'elles étaient accusées d'avoir caché pour le soustraire aux recherches des Comités. L'une d'elle, Barbe Jago, était âgée de 51 ans; une autre, Julie Démaret, veuve Rovily le Saulx, était âgée de 66 ans et originaire de Saint-Malo ; une troisième, Perrine Eugénie Démaret Le Coant, née à Port-Louis, était âgée de 63 ans, et la quatrième, Modeste-Emilie de Forsan, née à Montauban, était à peine âgée de 27 ans. — Un même réquisitoire et une même condamnation frappèrent ces cinq malheureuses victimes de la peine de mort..

Aucun jugement et aucune condamnation peut-être, si ce n'est celle des vingt-six administrateurs du département, que nous aurons à raconter bientôt, ne causèrent plus d'impression et de sinistre terreur sur la population de Brest ; car ce même jour 12 Thermidor, comme si les bourreaux avaient senti que la chute de Robespierre allait leur enlever le glaive des mains, ils avaient traîné à leur barre, outre le capucin et les quatre malheureuses femmes qui furent exécutés avec lui, huit autres pauvres femmes toutes de Morlaix et prises dans les diverses classes de la société, les unes lingères, les autres blanchisseuses, ex-nobles ou anciennes religieuses, et toutes simultanément accusées avec les dames Démaret et Émilie de Forsan, d'avoir donné asile au pauvre capucin ou d'avoir tenu *des propos tendant à rétablir la tyrannie en France.*— Moins sévèrement traitées que les premières, ces huit dernières femmes échappèrent cependant à la peine de mort, et furent seulement condamnées à plusieurs années de réclusion.

Mais ce qui acheva de jeter le voile le plus sinistre sur cette journée, c'est ce qui se passa au sujet de la jeune Emilie de Forsan, que la beauté ravissante de sa personne avait fait remarquer de ses horribles bourreaux. Le bruit circula en effet de très bonne heure qu'un de ses juges, Palis, qui avait été chirurgien, avait osé mettre un prix à son acquittement et le lui proposer...... Les débats s'étaient ouverts et continués sous la pénible impression de ces infamies, et une certaine curiosité inquiète et atroce à la fois s'était attachée au sort de la pieuse victime pour savoir comment elle échapperait à la mort, et si ses juges lui accorderaient au moins la vie. — Mais il n'en fut rien ; restée liée au sort de ses compagnes, elle courut la même fortune qu'elles, et en entendant prononcer son arrêt, elle n'eut d'autre soin que de se tourner vers le respectable religieux qui était à la tête de toutes ces victimes et de lui demander sa bénédiction en se jetant dans ses bras...... Mais les roues du fatal tombereau se faisaient déjà entendre, nous a souvent répété un témoin oculaire de cette triste journée, et quatre femmes et un ecclésiastique furent entraînés sous le sabre des sbires vers la place du *Triomphe du Peuple*, où Ance les attendait..... Le couteau tomba, se leva et retomba rapidement. — Quatre cadavres sur cinq furent menés au cimetière...... Un, celui de la jeune de Forsan, fut porté...... où ?..... à la salle de dissection..... Horreur ! horreur et anathème sur le juge Palis qui s'était entendu avec Ance sur cette affreuse destination. — Horreur sur leur crime à tous, car par les fentes et les anfractures de la porte, de jeunes élèves en chirurgie virent tout ce qui se passa, et c'est de l'un d'eux, homme très grave et très digne, qui a été long-temps à la tête d'une des administrations du Morbihan, que nous tenons les détails très circonstanciés de ces atroces infamies que tout Brest a redites et qu'on croirait empruntées à une horde de cannibales. — La ville de Brest tout entière est restée pendant un demi-siècle sous l'affreuse impression de ces énormités, et bien des années s'écouleront encore avant que le souvenir de ces forfaits et le nom de la jeune de Forsan soient oubliés, non plus que celui du prêtre indigne qui, après s'être parjuré en déchirant ses lettres de prêtrise, se serait fait nommer agent national de la commune de Guerlesquin, d'où il aurait signalé la jeune de Forsan comme une aristocrate invétérée (1).

Mais passons, car tant de scélératesse, alliée à une si profonde démoralisation, ferait trop mal penser de l'humanité elle-même, si les crimes de quelques-uns pouvaient rien faire conclure contre les autres. — Pour dédommager nos lecteurs de ces sinistres monstruosités, racontons-leur ce qui se passait dans le château où nous écrivons ces lignes, au moment

---

(1) L'indigne prêtre dont nous parlons, et que la correspondance officielle de l'administration désigna elle-même plus tard comme *l'auteur de l'assassinat juridique de la jeune de Forsan* (Lettre du 27 Vendémiaire an VII, du Commissaire de l'administration départementale du Finistère), exerça long-temps une terreur si grande dans les cantons du Ponthou et de Lanmeur, qu'à la seule annonce de son nom, des paysans, qui avaient donné pour un instant asile à des proscrits du 31 Mai, les expulsèrent de chez eux au milieu d'une nuit glaciale, quand la terre était couverte de neige. Redouté et estimé très dangereux jusqu'en l'an VII, il était encore détenu à cette époque, et fut transféré, des prisons du Finistère, dans une des îles de la Manche, sur les ordres du Directoire lui-même. Et, cependant, jugez de la fatale contradiction des événements et des opinions de ces temps : — quand l'administration du Finistère prenait ainsi le soin d'éloigner Budh..... de K..... de son territoire, celle des Côtes-du-Nord, par l'organe de Pohaër son commissaire général, disait que Budh.... lui avait rendu les plus grands services, et que c'était sur ses indications que les chefs de chouans *Madiou, Tanguy, Hamon* et *Lambert* avaient été saisis.... ce qui se trouve confirmé par le soin que prirent leurs partisans de mettre sa tête à prix par un ordre du jour signé *La Barre*.

même où le Tribunal de Brest rendait un de ses jugements, alors que le 9 Thermidor s'accomplissait et que les dernières exécutions comme les dernières arrestations avaient lieu.

Éloigné de la ville, écarté des routes publiques, le château de Kernuz, placé sur les confins de la commune de Pont-Labbé, et habité depuis l'émigration par de bons cultivateurs, que personne n'aurait suspectés, avait reçu, dans les combles d'une de ses tourelles, deux prêtres insermentés, dont l'un, nommé *Querneau*, que tout le canton connaissait pour la mansuétude de ses mœurs et l'étendue de sa charité, avait été vicaire de la petite desserte de Juch, près de Douarnenez. Engagé par des amis à se confier aux habitants de Pont-Labbé, ces prêtres avaient trouvé à se cacher dans une sorte de cage ou de grenier placé au-dessus d'une petite chambre, à laquelle on arrivait de l'escalier du château de Kernuz par huit ou dix degrés ménagés dans l'épaisseur de la tourelle. Ils y vivaient depuis quelque temps, quand des réparations à faire au château amenèrent des ouvriers de Pont-Labbé sur les lieux. Des couvreurs, qui eurent à monter sur les toitures, entendirent du bruit, levèrent quelques ardoises, et virent le curé Querneau et son compagnon.... Le lendemain, les membres du Comité de Pont-Labbé, alors *Pont-Libre*, arrivèrent et saisirent ces deux pauvres prêtres. Parmi les Montagnards chargés de cette expédition se trouvait un maître charpentier, homme grossier et d'un caractère violent, qui ne ménagea ni les injures ni les mauvais procédés aux deux prêtres arrêtés, et qui alla jusqu'à frapper le curé Querneau et à lui arracher la montre qu'il portait dans son gousset (1)..... — La détention et l'avis

---

(1) Cette manière de procéder avait, d'ailleurs, en quelque sorte passé dans les habitudes de certains corps de troupes qui, quand ils étaient en détachement sur des points plus ou moins menacés, se croyaient tout permis. Une pétition des habitants de Bannalec aux administrateurs du Finistère, nous édifie de la manière la plus complète sur ces désordres, en nous apprenant que le lieutenant

donné aux Représentants de cette heureuse capture allèrent d'eux-mêmes, et le Comité ayant déjà préparé toutes les pièces qui devaient témoigner de son zèle, n'attendait que l'ordre de transmettre encore ces deux victimes au Tribunal de Brest, quand heureusement la nouvelle du 9 Thermidor parvint enfin jusque dans le fond du Finistère, pour arrêter les massacres juridiques qui s'y exerçaient..... L'abbé Querneau et son compagnon échappèrent ainsi à une mort imminente, et le retour de l'ordre l'ayant plus tard appelé à la direction d'une petite paroisse des environs de Pont-Labbé, il arriva un moment où, appelé à la cure de cette petite ville elle-même, il put la consoler de bien des déchirements par la douceur tempérée de son ministère. — Mais une infortune entre plusieurs s'offrit bientôt à l'exercice de sa propre charité ; c'était celle de ce même charpentier, tombé dans la plus profonde misère par suite de ses dérèglements. Le curé Querneau paya de ses deniers l'entrée de ce malheureux à l'hospice Saint-Jean de Pont-Labbé, pourvut à ses besoins et prit le soin de lui faire remettre chaque semaine, jusqu'à sa mort, un pain blanc en sus de l'ordinaire de la maison, voulant, par cet acte exceptionnel, disait-il, avoir l'occasion de remercier Dieu de la rude épreuve qu'il avait eu la bonté de lui envoyer.

———

V....... et ses hommes, en se dirigeant à leur gré d'un point sur l'autre pour y faire des visites domiciliaires, enlevaient aux uns leurs armes, aux autres leurs boissons qu'ils laissaient couler, leurs vivres, leurs meubles, l'argent et la monnaie qu'ils avaient dans leurs armoires et jusques dans leurs poches, ne respectant ni la pudeur des femmes, ni celle des enfants qu'ils attaquaient même dans leurs lits. — « Comme si nous étions des esclaves révoltés, » disent les pétitionnaires, et qu'à cause de nos vêtements grossiers » et de notre idiome, on nous regardât comme des étrangers. »

CHAPITRE IX.

Femmes, — Paysans, — Matelots, — Simples Militaires devant le Tribunal révolutionnaire.

Comment ne désirait-on pas en avoir promptement fini de tant de massacres ! — Et cependant nous n'avons encore parlé ni des administrateurs du Finistère, que l'affreux Tribunal eut surtout pour mission de frapper, ni des Fédéralistes qu'il poursuivait d'une haine si violente, ni des suspects, ni des pauvres malheureux paysans qui n'acceptèrent pas assez promptement les mesures révolutionnaires que les Comités et les Représentants en mission décrétaient l'une sur l'autre. Nous ne pourrons redire tous les actes et les jugements du trop célèbre Tribunal ; mais, pour mieux faire comprendre l'esprit des accusations, nous allons passer sommairement en revue ceux de ses jugements qui nous semblent empreints de cet esprit de terreur qui en fit un instant la force et qu'il mit lui-même tant de soin à propager.

La classe nombreuse des anciens propriétaires du sol, des émigrés et des gens attachés aux familles qui s'étaient éloignées de la France, avait été, comme nous l'avons vu, assez rudement frappée pour qu'il ne fût guère nécessaire d'y revenir, car les listes des émigrés se complétaient tous les jours par de nombreux suppléments, et la vente nationale de leurs propriétés ne se ralentissait point. Quant au sacerdoce et aux doctrines religieuses que l'on qualifiait de contre-révolutionnaires, nous avons dit jusqu'où ces monstres allèrent chercher leurs victimes et comment ils les frappèrent. — Le tour des administrateurs et des simples citoyens, confondus sous le titre de Fédéralistes, devait aussi venir ; mais l'armée elle-même et la flotte surtout avaient encore besoin de quelques exemples.

Levée et François Le Gouy, de la flotte ; Croy, simple caporal d'un des régiments de l'infanterie de marine, et François-Pierre Hippolyte, du bataillon de Loir-et-Cher, furent choisis pour ces exemples.

On avait bien frappé, à Rochefort comme à Brest, des officiers de la marine ; mais il fallait aussi terrifier les simples équipages et leur faire savoir qu'on les atteindrait comme les plus haut placés.

Le Gouy, parmi ceux que nous venons de nommer, fut ainsi le premier sacrifié aux savants calculs des Représentants et du Tribunal régénéré, pour raviver l'esprit de l'armée et des Montagnards.

Né à Guérande, âgé de 51 ans, naviguant à bord de l'*Impétueux*, comme quartier-maître, Le Gouy, d'après son acte d'accusation, paraît bien n'avoir jamais été très partisan du régime qui se fondait ; causant avec les matelots ses camarades, il avait eu très probablement le tort impardonnable de penser et de dire que la République était un pauvre régime, qui ne réalisait pas tout le bien qu'on avait promis en son nom. — Un peu mutin, mal content, Le Gouy, malgré son âge et l'expérience dont il aurait dû tirer profit, s'était donc plusieurs fois hasardé à dire *qu'il était peu disposé à mourir pour la cause de la liberté ; qu'il préférait l'ancien régime au nouveau ; que les patriotes avaient fait plus de mal au pays que les aristocrates, et, enfin, que les nouveaux commandants menaient le matelot plus durement que ceux de l'ancien régime.* Tous ces propos, plus ou moins coupables, avaient été notés ou dénoncés à ce qu'il paraît, quand une fête solennelle commandée à bord de tous les vaisseaux de la flotte pour célébrer l'heureuse nouvelle de la reprise de Toulon, vint placer Le Gouy dans une position fatale. Les chants patriotiques et les cris de *Vive la Nation* ! suivant l'ordre des Représentants, se répétaient à bord de tous les navires, sans que Le Gouy y prît aucune part, ni parût même se livrer à la joie qui entraînait tous ses camarades. Si bien que sept de ceux-ci, entraînés par quelques officiers, se prêtèrent à faire rédiger un procès-verbal dans lequel il fut établi que, pendant que l'équipage entier de l'*Impétueux* répétait avec transport le cri de *Vive la Nation !* Le Gouy était resté impassible et muet, et qu'*au moment où l'équipage jurait de mourir pour la liberté et entonnait l'hymne sublime* : AMOUR SACRÉ DE LA PATRIE ! *en confirmant à genoux le serment qu'il venait de prononcer*, Le Gouy s'était couvert la figure de son mouchoir et avait refusé de se découvrir pour prendre part à l'allégresse et aux témoignages de respect que donnait toute la flotte.

Ces faits suffirent à Verteuil pour établir *qu'il avait été tenu à bord de l'*Impétueux *des propos tendant à rétablir la royauté en France et à attenter à la souveraineté du peuple.*

Assertion que le Jury et le Tribunal confirmèrent, — que le Tribunal frappa de la peine de mort par arrêté du 26 Ventôse an II.

Mais ce n'était pas le tout ; on voulait un exemple, un éclat ! et faire tomber la tête de Le Gouy au lieu ordinaire des exécutions, sur la place du Château, n'eût pas répondu à ce que l'on se proposait. — Qu'imagina-t-on ! Qu'imaginèrent les Représentants, Verteuil ou Ance, car leur pensée était la même, et on les avait déjà vus promener le fatal instrument de la place de la Liberté à la place du Château, du quartier le plus populeux au lieu ordinaire de la promenade publique.... — Cette fois ce sera en pleine mer, en rade, au milieu même des nombreux vaisseaux qui, pressés à la sortie du port, et déjà les voiles déferlées, n'attendent qu'un vent favorable pour joindre l'ennemi.... — Des charpentiers ont travaillé toute la nuit sur le pont d'une lourde gabare, Ance et ses aides ont été vus ; des étais et une esplanade s'y dressent ; le fatal tribunal aura sa machine sur terre et sur mer.... la gabare part pour la rade et emmène Le Gouy, le vieux timonier, jeté, garotté au fond d'un bateau. De là on le lance comme un paquet sur le pont de la gabare ; il apparaît à trois heures de l'après-midi sur les planches de la guillotine, qui s'élève comme un nouveau signal au milieu de la flotte... Ance, prenant la tête du patient, la montre successivement à tous les vaisseaux qu'on a rapprochés de l'instrument du supplice, comme on le fait quelquefois autour d'un signe vénéré, d'un pavillon de commandement. Ne pouvant décréter la permanence de la guillotine sur mer, comme on l'avait fait sur terre, les Représentants ont tenu à dire à la flotte qu'elle serait toujours disponible, et que quand l'un des délégués de la Représentation mettrait pied sur le pont de l'un des vaisseaux de la République, le fatal instrument répondrait de tout ce qui se passerait sous ses yeux.

Après le Gouy, vint le tour de Jacques-François Levée, simple matelot charpentier, convaincu, dit le jugement du 1er Floréal an II, *d'avoir tenu des propos tendant au rétablissement de la royauté en France et à l'ébranlement de la fidélité des soldats et matelots de la République.*

Et quel était effectivement son crime ? (Nous copions l'acte d'accusation de Donzé-Verteuil) : « D'avoir été entendu le 17 » Frimaire précédent, c'est-à-dire près de cinq mois avant le » jour de la comparution au Tribunal, d'avoir été entendu, » au moment d'une distribution de vivres aux matelots du port, » *dire qu'il était plus avantageux d'être au service des Anglais* » *qu'à celui de la République.* » — D'où jugement et condamnation à mort pour avoir tenu *des propos tendant au rétablissement de la royauté en France.*

Voilà pour les équipages, pour les simples matelots : voyons pour l'armée de terre.

C'est un nommé Jean-Pierre Hippolyte, canonnier au 3e bataillon de Loir-et-Cher, en garnison à Concarneau, qui sera sacrifié. — L'acte d'accusation porte : « qu'étant chez le ci-
» toyen Colin, à Concarneau, il avait dit, en tirant un assi-
» gnat de dix sols de sa poche : — *Je voudrais que celui qui*
» *l'a inventé fût brûlé* ; — d'avoir déchiré l'assignat en ques-
» tion, et dit en le faisant : *Je voudrais que la s.... n....*
» *.... de nation fût coupée par morceaux comme cet assignat;*
» — d'avoir dit qu'au lieu de s'être enrôlé dans le bataillon de
» Loir-et-Cher, *il eût mieux fait de suivre la grand' route, et*
» *d'aller joindre les brigands* ; — *qu'il eût eu six cents livres*
» *en argent sonnant* ; — d'avoir ajouté que si quelqu'un avait
» *un écu de* six francs, il lui ferait en papier *vingt-deux livres;*
» qu'il *em..... la nation. — Qu'il s'était échappé de Paris avec*
» *un chevalier de Saint-Louis; qu'il était sorti de France avec*
» *onze ou douze mille livres en numéraire pour aller à l'é-*
» *tranger*; qu'il était parti de France *avec le marquis de Billy*
» *et environ* 250 *gentilshommes, armes, bagages, canons et*
» *caissons* ; — *qu'ils étaient allés en Autriche;.... qu'il était*
» *rentré plusieurs fois en France* ; — qu'il avait *reçu une fois*
» *une gratification de dix louis*, etc. »

Mais, qu'est-ce à dire de ces propos et de cet homme, qui déchire lui-même les assignats qu'il a dans sa poche ; de cet homme, qui a servi l'émigration et qui s'est cependant enrôlé volontairement dans le bataillon républicain ; qui prétend avoir passé chez les Autrichiens avec bagages, canons et caissons.... Si ce n'est un fou, c'est un homme ivre bien certainement ; comment en douterions-nous : l'acte d'accusation nous l'apprend lui-même, en mettant en cause Marie-Françoise Chapeau, femme Galabert, qui est accusée de quoi ? *d'intelligence et de complicité avec le canonnier Hippolyte, pour avoir favorisé ses desseins contre-révolutionnaires, en lui fournissant des liqueurs à crédit* ; — *pour avoir entretenu avec lui et son père des correspondances ;* — *surtout en écrivant audit Hippolyte fils une lettre, qu'au moment de son arrestation il a déchirée et jetée au feu ; enfin, en fournissant des armes à feu audit Hippolyte.*

Sur quoi encore, le jury déclara *qu'il était constant qu'il avait existé une conspiration tendant à anéantir le Gouvernement républicain et à rétablir la royauté en France* : crime parfaitement établi comme on le voit, et tout aussitôt puni de mort.

Mais passons et tâchons d'oublier *ces liqueurs données à crédit* et cette lettre *déchirée et jetée au feu*, que les impitoyables juges ont regardées comme des moyens de contre-révolution. Passons, pour arriver à un jugement encore plus étrange, s'il est possible, et dont un pauvre caporal fut la victime atrocement sacrifiée. — Qu'on en juge et que nos lecteurs cherchent eux-mêmes l'expression de leur indignation, si tant est que celle-ci puisse se peindre ou se décrire.

Deux bataillons d'infanterie de formation nouvelle étaient cantonnés à Morlaix ; parmi les hommes ainsi réunis, se trouvait un jeune homme que sa conduite et son éducation avaient fait sans doute remarquer de ses chefs, et, à peine inscrit sur les rôles, on en avait fait, non pas un officier, non pas un sergent.... un simple caporal. — Mais les principes de *Fabien Croy*, — c'était le nom de ce jeune homme, — n'étaient en harmonie avec rien de ce qui se passait autour de lui ; et, refusant le grade de caporal, il demanda la faveur de continuer à servir comme *simple fusilier*.

Voilà le fait.

Traduit devant le Tribunal révolutionnaire, Croy fut condamné à mort et exécuté.

Comment cependant les choses se passèrent-elles ? et le simple refus de Croy aurait-il bien pu amener un acte aussi barbare ; mais voici les pièces :

D'abord le jugement est du 13 Floréal, et la déclaration de Croy, ou plutôt sa lettre, telle qu'elle se trouve comprise dans le jugement publié après son exécution, est du 24 Février 1794, de sorte que trois mois se seraient écoulés entre le prétendu crime de Croy et sa mise à mort. Ce n'étaient pas là les allures ordinaires du Tribunal révolutionnaire, et il se pourrait bien que, saisi et détenu dès le jour de son refus, on ait été le rechercher plus tard pour une occasion donnée, pour un exemple qu'on voulait faire. Je n'oserais rien affirmer de ce côté, mais voici la lettre de Croy sur laquelle s'appuyèrent Donzé-Verteuil et le Tribunal, pour le jugement dont nous possédons un exemplaire provenant de ceux que l'on était dans l'habitude de placarder.

Donzé-Verteuil disait donc « que Fabien Croy avait été trouvé
» nanti d'un Christ garni des deux côtés en nacre de perles, et
» de deux pièces, paraissant être de son écriture, qui res-
» piraient partout le fanatisme religieux le plus absurde, et
» renfermaient la critique la plus forte de la constitution civile
» du clergé ;
» Que le 21 février 1794, il avait écrit de sa main à son
» commandant, en ces termes : *Citoyen, depuis quatre ans*
» *nous sommes travaillés par une révolution qui nous a con-*
» *duits à l'anarchie et à la guerre civile, et considérant que*
» *non contents d'avoir fait mourir le Roi, ils ont encore ren-*
» *versé l'autel et introduit l'idolâtrie en France ; aussi je dé-*
» *sapprouve cette nouvelle Constitution, je demande ma démis-*
» *sion du grade de caporal et à ne servir que pour simple fu-*
» *silier dans les troupes de la République.*

Et ce fut sur ces pièces et sur cette allégation de l'accusateur public que le jury déclara « qu'il était constant qu'il avait été
» composé des écrits tendant à l'avilissement et à la dissolu-
» tion de la Représentation nationale et au rétablissement de
» la royauté en France, faits dont Croy était coupable, lesdits
» écrits ayant été composés dans toute la plénitude de sa rai-
» son et avec une intention révolutionnaire,— d'où la mort ! »

Mais voyons si la lettre de Croy à son commandant était si dangereuse et si coupable : pourquoi, encore une fois, l'accusateur public et le Tribunal auraient-ils tant tardé à punir le coupable ? — premier fait difficile à expliquer.

Quant à la lettre elle-même, n'est-elle point controuvée ou au moins très méchamment arrangée pour faire tomber la tête de Croy ? — Nous n'avons aucun moyen de contrôler les actes du trop mémorable Tribunal de Brest, car ses membres, ainsi que nous le verrons, enlevèrent, au 9 Thermidor, toutes les pièces qui pouvaient les compromettre. Mais en nous attachant au texte même de cette lettre, constituait-elle réellement (privée et adressée qu'elle était à son chef) le crime de contre-révolution et du rappel de la royauté...... En temps ordinaire, il n'y a pas de juge qui pût le penser.

Puis si la lettre a réellement existé, de deux choses l'une : ou Croy voulut seulement s'en servir pour dire qu'il demandait à rentrer dans le rang des simples fusiliers, et c'est cette lettre, cette simple demande qui est la plus probable, — ou bien Croy, en disant qu'il pleurait la royauté et qu'il improuvait tout ce qui avait été fait, voulut courir lui-même au martyre, et avant de mourir il aurait dit à ses bourreaux ce qu'ils étaient..... Mais nous l'avouons, la texture même de cette lettre qu'on lui attribue, ses termes, sa forme générale et la déduction bien peu logique des phrases qui la composent, nous donnent lieu d'en douter très hautement, et nous restons indécis pour savoir si Croy fut une victime méchamment sacrifiée ou un martyr qui se joua de la mort pour professer ses croyances politiques et religieuses.

Nous nous sommes aussi demandé, à l'appel de son nom, si ce nom ne se rattachait pas à l'une des grandes familles de l'ancienne monarchie. Quoi qu'il en soit, le jugement porte « que Fabien Croy était âgé de 27 ans, et qu'il était né dans » le département du Mont-Blanc, à *Saint-Pierre Dumoutier.* »

Poursuivons nos recherches, et voyons à caractériser encore quelques-uns des actes qui sont parvenus à notre connaissance.

Arrêtons-nous pour cela à la condamnation d'*Anne Pichot de Kerdizien.* — C'est une pauvre jeune fille qui a long-temps partagé l'existence d'un oncle que la révolution a trouvé inspecteur de la forêt du Cranou, près le Faou. — Anne de Kerdizien demeurait avec son oncle dans la petite commune de

Quimerch près le Faou, quand les membres du Comité de cette ville dénoncèrent au Comité de Landerneau le vieil employé des forêts comme un homme qui avait été dur pour ses subordonnés et peu fidèle dans l'exercice de ses fonctions.

La dénonciation déposée d'abord sur le bureau du Comité révolutionnaire de Landerneau, portait : « que les Sans-Cu-
» lottes du Faou étaient indignés qu'un ci-devant, nommé le
» sieur Pichot dit Kerguiniou, occupât encore une place sala-
» riée par la nation, malgré ses dilapidations journalières,
» son fanatisme outré et son aristocratie invétérée, et qu'en
» conséquence ils priaient le Comité de prendre de sûrs et
» prompts moyens pour le remplacement de ce vieil hypo-
» crite ; au quel effet, persuadés que la dénonciation est une
» vertu chez un peuple libre, ils déposaient sur le bureau une
» pièce signée d'eux, contenant la nomenclature des vols faits
» à la nation par cet indigne agent. »

De là à une arrestation il n'y avait qu'un pas, et les meneurs du Faou, ceux-là mêmes qui l'avaient dénoncé, furent chargés, comme commissaires, de saisir Pichot, de descendre chez lui et de visiter ses papiers et sa demeure.

Le procès-verbal établit « que l'oncle n'était pas seul à sai-
» sir et à détruire, et que sa nièce Anne Pichot avait encore
» plus démérité que lui, et que peu de contre-révolutionnai-
» res plus osées et plus dangereuses ne sauraient se trouver. »

Je ne sais ce qu'on fit de l'oncle : il ne figure pas au nombre de ceux que le Tribunal jugea, mais je trouve la nièce sur le banc du Tribunal révolutionnaire à la date du 11 Germinal, an II, et vous allez voir de quoi elle est accusée :

1º D'avoir d'intelligence, et favorisée par Pichot Kergui-
» niou, son oncle, inspecteur de la forêt nationale du Cranou,
» participé aux dilapidations commises au préjudice de la
» République, en tirant de cette forêt tous les bois de cons-
» truction nécessaires à celle de la maison de Kerverch, dans
» la commune de Quimerch ;

» 2º D'avoir attenté à l'égalité, voulu ressusciter sa noblesse

» en conservant vingt-quatre écussons armoiriés d'un cigne
» sourmonté d'une couronne, que ladite Anne Pichot a déclaré
» destinés à orner son catafalque après sa mort ;

» 3° D'avoir eu en sa possession, le 5 Pluviôse dernier, le
» testament manuscrit de Louis Capet, tendant à appitoyer
» sur son sort et à faire regretter ce tyran ;

» 4° D'avoir eu en sa possession, ledit jour 5 Pluviôse, le tes-
» tament d'un Capucin dont le moindre vice est de désirer une
» couronne au tyran, et de faire la critique la plus amère des
» déterminations prises par la Représentation nationale. — Un
» autre écrit, en vers, divisé en actes de foi, d'espérance et
» de charité, où l'on dit que tout évêque et prêtre non avoués
» de celui de Rome sont *des intrus, des apostats, des judas ;*
» où l'on désire que Dieu apaise la rage des démocrates et qu'il
» délivre le Roi, la Reine et leur fils, prisonniers, à Paris ; —
» un autre écrit intitulé *Cantique à chanter à la bénédiction*
» *du Saint-Sacrement ; — Prières pour le Roi et son peuple,*
» etc..... ;

» 5° D'avoir, dans le mois de Nivôse et les mois précédents,
» débité publiquement dans l'église de Quimerch, aux culti-
» vateurs de cette commune, qu'elle y rassemblait les jours
» de dimanche, un sermon dont le manuscrit de sa propre
» main, s'est trouvé en sa possession, sermon qui a pour but
» de prouver *qu'il faut regarder non comme ministres de l'é-*
» *glise, mais comme voleurs et larrons qui ne sont point entrés*
» *par la porte, tous ceux qui sont appelés ou institués par le*
» *peuple, par la puissance séculière ou par le magistrat ;*

» 6° D'avoir entretenu des intelligences avec les prêtres ré-
» fractaires et leurs agents ou protecteurs ;

» 7° D'avoir eu en sa possession un écrit intitulé *Nouvelles,*
» où on lit que les Brestois enragent de ce que les prêtres ont
» opté de demeurer au château (lieu où ont été détenus pen-
» dant la terreur tous les prisonniers politiques), où l'on dit
» que Lyon s'est déclaré pour le Roi, ainsi que Laval et beau-
» coup d'autres villes, où l'on dit que Varennes sera rasée,
» etc. ;

» 8° D'avoir été saisie le 5 Pluviôse d'une lettre adressée à
» *Monsieur* Ansquer de Kernilis, beau-frère de ladite Anne Pi-
» chot, par le chevalier de la Chevière, datée d'Oudenarde,
» dans laquelle on lit : je crois devoir vous donner avis de mon
» arrivée dans (le reste de la ligne est mutilé),... peut-être
» lorsque vous saurez comment nous y sommes, que l'envie
» vous prendra ainsi qu'à Messieurs vos frères de venir avec
» nous....

» D'où il résulte, dit Donzé-Verteuil, que ladite Anne Pichot
» dite Kerdizien est, d'un côté, auteur ou participante des di-
» lapidations commises au préjudice de la nation ; que, d'un
» autre côté, elle est coupable pour avoir tenté de ressusciter
» sa noblesse ; qu'elle l'est encore pour avoir regretté le der-
» nier des tyrans de la France ; pour avoir regretté le clergé
» et tous ses anciens abus; pour avoir prêché publiquement
» le fanatisme et les maximes les plus contre-révolutionnaires;
» pour avoir eu en sa possession cette foule d'écrits incen-
» diaires qui viennent d'être détaillés et dont elle doit être ré-
» putée l'auteur si elle n'en indique la source ; pour avoir avili
» la Représentation nationale en décriant par ses écrits tout ce
» qu'avait fait cette Représentation pour établir la liberté et l'é-
» galité ; enfin pour avoir par tous ces actes d'aristocratie et
» de fanatisme conspiré contre la patrie.

Et le jury déclara donc, comme de coutume, *qu'il était constant qu'il avait été préparé dans la commune de Quimerch une conspiration contre la liberté du peuple français, en même temps qu'une tentative de détruire l'autorité légitime de la Convention nationale et de rétablir la royauté en France.*

Et Ragmey, Palis, Le Bars et Jean-Corneille Pasquier (car nous trouvons cette fois celui-ci pour quatrième juge), prononcèrent la peine de mort contre la pauvre fille qui avait voulu, dit-on, *rétablir sa noblesse*, en conservant quelques écussons qu'elle destinait à orner son catafalque !

Je ne sais si Coffinhal et Fouquier-Tinville, à l'instar desquels les Sans-Culottes du Tribunal de Brest s'étaient institués, eussent pu faire mieux ; mais cela me paraît bien difficile, et il me semblerait encore aussi étonnant qu'il se fût trouvé un second accusateur public assez habile pour établir que la coupable devait être réputée *l'auteur des écrits qu'on avait trouvés sur elle, dès qu'elle n'indiquait pas leur source.*

Les annales entières du monde judiciaire n'ont certainement rien de pareil, et ce qui ne doit pas moins étonner que ces sataniques accusations de Donzé-Verteuil contre les vingt-quatre écussons de la vieille fille et contre les lettres ou les feuilles détachées que l'on trouva dans ses papiers, ou peut-être dans ceux de son oncle, qui avait pris la fuite, c'est que toutes ces choses servirent à un jugement public qu'on osa libeller, afficher et publier comme un acte de juste autorité, et qu'il y eut, au moins pour quelque temps, un public assez travaillé et assez prévenu pour accepter des actes d'une atrocité pareille.

La tradition rapporte que la pauvre fille en marchant à l'échafaud pleurait abondamment. Nous n'avons pu savoir que très imparfaitement ce qu'était la famille Pichot et ce qu'avait été la pauvre fille, Anne, la nièce du vieil employé des forêts de l'Etat. Nous avons seulement su qu'elle était née à Recouvrance d'une famille honorable, mais qui n'a jamais été comprise dans les rôles de la noblesse bretonne (1) ; nous avons su qu'adonnée de très bonne heure aux soins et aux œuvres de charité que réclamait la nombreuse population des bûcherons qui entouraient la demeure de son oncle, elle avait pris sur eux, dès son jeune âge, un ascendant que ses bienfaits accroissaient chaque jour ; que mêlée à la vie des habitants de la petite commune de Quimerch, elle vivait au milieu d'eux, simple et bonne, allant à tous ceux qui l'appelaient dans leurs joies comme dans leurs chagrins, se mêlant peu de la Révolution, mais ayant cependant vu partir avec regret les prêtres qu'elle avait connus et aimés, tout en conservant l'habitude d'aller

---

(1) Un arrêté du Parlement de Rennes, de 1767, avait même débouté sa famille de ses prétentions.

chercher à l'église et aux lieux saints qu'ils avaient pratiqués quelques-unes des pieuses consolations qu'elle y avait trouvées si souvent.

Au reste, Anne avait des frères, et l'un d'eux avait fait partie de l'administration du district de Quimper, au moment où cette ville se prononça contre la Montagne en faveur des Girondins. On savait cela à Brest, on savait cela chez les Représentants et au Parquet du Tribunal révolutionnaire, parce que Kerdizien, l'administrateur du district de Quimper, avait été noté comme un déterminé Fédéraliste, et que des poursuites avaient plusieurs fois été dirigées contre lui sans qu'on ait pu le saisir. Un des commissaires de la Représentation, à Quimper, fut même un instant chargé de le découvrir, et l'on ne trouva pour cela rien de plus expédient, ainsi que l'établit une lettre que nous avons sous les yeux, que de dire à Kerdizien que ses anciens collègues le demandaient pour la reddition de leurs comptes. Mais par bonheur pour lui, le Comité de Concarneau, dans l'impatience de son zèle, avait envoyé une nuit l'un de ses membres avec huit fusiliers pour le saisir au bourg de Trécung. Kerdizien découvrit le piége, et ne se rendit point à Quimper où le délégué des Représentants l'attendit vainement.

Nous n'avons pas su que Kerdizien, non plus que son oncle Pichot de Kerguiniou, aient pu être amenés plus tard jusqu'au Tribunal où leur sœur et nièce succomba si pitoyablement. Ce furent deux crimes de plus épargnés aux égorgeurs, car bientôt en effet ces juges sans pitié ne se refusèrent aucune condamnation demandée ou estimée opportune par les Représentants qui, dignes émules de Carrier, disaient de celui-ci qu'il marchait comme un brave b......

Nous avons bien par le relevé des minutes du Greffe de Brest une partie des jugements portés sur le seul registre des actes du Tribunal révolutionnaire de Brest, que possède ce dépôt public; mais outre qu'il manque des feuillets à ce registre, il s'y trouve aussi des jugements dont les considérants sont omis ou tronqués, et quant à la collection de ceux qui ont été imprimés pour être publiés, il y a tout lieu de croire qu'il en en est plusieurs qui n'ont jamais été compris dans cette publication, soit que le Tribunal et la représentation n'aient pas osé les faire connaître (et j'ai plusieurs raisons de croire cette assertion exacte), soit qu'ils l'aient trouvé inutile.

Au nombre des jugements qui ne furent pas rendus publics, au moins par affiches, se trouverait celui d'un meunier de Ploudaniel, nommé Jean Mingant, accusé de fournitures infidèles de farine. Ce malheureux fut condamné à mort et exécuté le 14 Thermidor an II, à peine âgé de 55 ans et laissant une veuve et six enfants mineurs en bas âge, que nous retrouvons le 20 Germinal an III, à la barre du district de Lesneven, demandant par leur tuteur le partage des biens de la Communauté existant entre le condamné et leur mère, pour que la part de celle-ci leur fût attribuée. Un inventaire de 3,334 livres provenant de la vente des objets saisis après la condamnation constituait l'avoir commun des deux époux. Une décision du district décida, en conséquence, qu'une somme de 1,667 l. 5 s. 9 d. serait attribuée aux enfants mineurs, mais que ladite somme *resterait déposée à la caisse du sequestre pour hypothèques* jusqu'à l'acquittement des dettes dues par la communauté, et que lesdits mineurs seraient autorisés, jusqu'à cette dernière liquidation, à se faire porter sur le rôle des secours à distribuer par la commune de Ploudaniel.

Je retrouve la trace d'une affaire du même genre, dans une lettre du 5 Thermidor, de Marion, un instant substitut de l'accusateur public, par laquelle il demande des renseignements sur un nommé Jean Bouts, de Carhaix, qui, ayant été commis par l'administration de ce district à l'estimation de six bœufs requis par le représentant Alquier, pour la nourriture des troupes, aurait porté cette estimation au-delà du prix que d'autres experts du district de Morlaix leur donnèrent; enfin je trouve encore à la date du 28 Prairial, un jugement et une condamnation, à six ans de fers ou de réclusion, contre un cultivateur et une pauvre boulangère, qui, s'étant rencontrés au marché de Saint-Renan, en Vendémiaire, an II, au premier moment de l'application de la loi sur le maximun, s'étaient entendus pour la vente et l'achat de deux boisseaux de froment dont le solde fut fait en *numéraire* au prix de 18 livres le boisseau, quand la cote courante du marché était de 48 liv. en *assignats*.

Mais, nous n'en finirions, si nous voulions tout citer, et nous avons encore à raconter la mise en accusation des Fédéralistes et des membres de l'ancienne administration du Finistère, pour la condamnation desquels le Tribunal révolutionnaire de Brest avait été en quelque sorte ouvertement créé.

CHAPITRE X.

Procès et Immolation des vingt-six Administrateurs du Finistère.

Nous arrivons au célèbre procès des Administrateurs du Finistère.

Les Représentants envoyés près des côtes de Brest et de Lorient, ainsi que le Tribunal révolutionnaire de Brest, avaient reçu la mission spéciale de les atteindre, de les frapper, de les sacrifier.

La correspondance des uns et des autres en fait foi.

C'était la Montagne aux prises avec la Gironde. — Celle-ci, dissoute au 31 Mai, comme parti, expia par l'exil et l'échafaud une partie de ses doctrines et surtout l'irrésolution et la faiblesse qu'elle avait opposées à ses adversaires. C'étaient des hommes de doctrine en lutte avec des hommes d'action ; des bourgeois contre des Sans-Culottes ; des hommes lettrés et raisonneurs contre des faubouriens qui n'avaient que la logique des clubs avec l'entraînement de la passion.

Le crime des Girondins (politiquement parlant) et celui des

Fédéralistes des départements, des administrateurs du Finistère en particulier, furent-ils cependant le même? Et si, au point de vue révolutionnaire, le parti exagéré de la Montagne et du Comité de Salut public put se croire en droit de se défaire de ses ennemis en leur faisant trancher la tête, ce même parti, ces mêmes Montagnards eurent-ils lieu de traiter les Fédéralistes et l'administration du Finistère comme ils avaient traité les députés Girondins qu'ils firent traduire au Tribunal de Paris?

Nous pensons que non, et que la faute des uns étant fort distincte de celle des autres (nous parlons toujours au point de vue révolutionnaire), ce fut aussi pour la Montagne une faute grave et irréparable, après avoir renversé, à la Convention et dans les Comités, le parti qui lui était opposé, de venir avec une rage atroce sacrifier presque sans les entendre les restes épars du parti modéré de la province, qui, à tout prendre, avait accepté et vivement secondé tous les grands principes de la Révolution, moins les exagérations perturbatrices de quelques casse-cous qui prêchaient le désordre comme un principe possible de gouvernement et d'émancipation.

Nous ne craignons pas de nous tromper en avançant que ce qui ruina sans retour le parti dominateur de la Montagne en si peu de temps, en quelques mois seulement, ce fut beaucoup moins le jugement et la condamnation des Représentants arrêtés le 31 Mai, que les excès de tous genres auxquels se livrèrent dans les départements les agents avoués de ce parti. Les prisons, les échafauds, les réquisitions et les confiscations, complément obligé de toutes les mesures qu'ils prirent, eurent en effet bientôt épouvanté même les plus résolus, et, à voir le triangle et l'équerre que des hommes en tablier arborèrent comme les signes du nouvel ordre, personne ne tarda à s'apercevoir que l'affreux bonnet de laine qui abritait toutes ces turpitudes, étouffait bien plus d'idées et de sentiments généreux qu'il n'en faisait naître.

A ce point de vue, le jugement et la condamnation des administrateurs du Finistère, fut une des plus grandes fautes du parti dont Bréard et Jean-Bon Saint-André étaient les agents avoués dans le Finistère.

Ainsi que nous l'avons dit et que trop de circonstances le firent reconnaître, un des premiers soins des représentants Bréard, Jean-Bon Saint-André et Prieur de la Marne, en fixant le siége de leur mission à Brest, fut donc de rechercher tout ce qui pouvait avoir trait aux Girondins comme aux administrations locales, qui, en se réunissant à eux, avaient essayé de les soutenir. Les intentions comme les actes des administrateurs du Finistère, à cet égard, n'avaient été d'ailleurs ni douteux, ni cachés. Dès la chute du Roi, lors de son procès, ils s'étaient très vivement émus de tous les déchirements qui se faisaient sentir au sein de la Convention. Pressentant la chute du trône et la mort de Louis XVI, ils voyaient avec inquiétude un grand pays comme la France livré aux entreprises des partis, et, n'apercevant d'autre force ni d'autre autorité que la Représentation nationale qui fût capable d'en imposer à l'étranger comme aux perturbateurs de l'intérieur, ils s'y étaient ralliés avec d'autant plus de résolution, que si cette autorité venait à s'affaisser, il ne resterait ni traditions, ni lois, ni institutions pouvant donner naissance à un gouvernement capable de faire le bien.

Cette manière de voir avait engagé l'administration du département comme celle des districts, dans tout le Finistère, à accepter franchement la République et ses conséquences.

Dévouée à l'œuvre nouvelle, l'administration départementale, quoique composée en partie d'anciens gentilshommes, d'avocats et de jeunes hommes pris dans les administrations publiques ou dans les affaires, s'était très résolument adonnée à tout ce qui pouvait établir ou faire triompher le régime nouveau. N'hésitant sur rien, elle avait dans plusieurs circonstances devancé même les mesures les plus décisives de la Convention, et, quand celle-ci délibérait à l'égard des émigrés ou des prêtres insermentés, elle les faisait surveiller, elle allait jusqu'à les faire arrêter par mesure de sûreté, quoiqu'il n'y eût aucune disposition législative prise à leur égard. Pour la levée des impôts et des hommes appelés à la défense de la patrie, elle avait mis le même zèle et la même énergique activité. La flotte menace-t-elle de s'insurger, Brest peut-il être attaqué par les Anglais ou le Finistère entamé par les insurgés du Morbihan et de la Vendée? ses membres et ses commissaires avisent à tout, sont sur tous les points à la fois, se concertent avec les chefs de la force armée, marchent avec les troupes et se portent au-devant du danger et des difficultés qui peuvent naître. Nous avons donné ailleurs, dans notre *Histoire de la Révolution dans l'Ouest*, vingt preuves de ces faits qui n'ont jamais été contestés ni mis en doute.

Mais il faut ajouter de suite qu'avec ce zèle, avec cet élan tout patriotique et tout républicain, il y avait un point essentiel sur lequel l'administration restait toujours inquiète, celui de l'inviolabilité de la Représentation nationale, de son maintien et de sa force, comme seule ancre de salut.

Plusieurs lettres de la Représentation entière du Finistère confirment cette assertion, et nous en trouvons une nouvelle preuve dans la fermeté et le soin que l'administration nouvelle sut mettre à déjouer toutes les entreprises des clubs ou de la commune de Paris, comme des sociétés populaires du département lui-même, toutes les fois que ces sociétés essayèrent de substituer leur action au mouvement régulièrement indiqué par les lois.

L'arrestation de Guermeur, envoyé de la commune de Paris, au moment même des journées de Septembre auxquelles il se vanta d'avoir pris une part décisive, en portant la main sur la malheureuse princesse de Lamballe, fut, sur ce point, un de ces actes les plus fermes et les plus caractéristiques; mais aussi, comme nous le verrons plus tard, un des actes qui lui furent le plus vivement reprochés par ses adversaires.

De bonne heure, l'administration du Finistère avait senti tout le péril qui allait naître pour la République des dissentiments

de la Convention : dès l'époque du procès de Louis XVI elle s'en préoccupa vivement, et ses représentants à Paris ne s'en préoccupèrent pas moins, en lui écrivant le 22 Décembre an II :
— « que la Convention était incessamment troublée par les
» agitations d'une cinquantaine d'hommes pétulants, qui, se-
» condés par les tribunes et les ennemis de la liberté des opi-
» nions, semblaient vouloir accélérer la mort du Roi pour
» usurper, sous une dénomination quelconque, le pouvoir
» qui allait tomber, et qu'en définitif il appartenait aux dépar-
» tements, déjà éclairés sur ce point par beaucoup de leurs
» représentants, de surveiller les allures de ces meneurs dans
» les provinces, et d'aviser aux moyens de conserver à chaque
» Représentant la liberté entière de ses opinions et de ses
» votes (1). »

Dans les autres départements de l'Ouest et notamment de la Normandie et de la Bretagne les choses ne se passaient pas différemment, et toutes les correspondances privées ou publiques entre les Représentants et leurs commettants envisageaient les choses à ce même point de vue. Le vote définitif sur le sort du Roi trancha cependant bientôt la question d'une manière bien autrement décisive, et nous trouvons au dossier des administrateurs du Finistère, une circulaire du procureur général syndic Brichet aux administrations des neufs districts du département, pour leur demander si les municipalités et les sociétés populaires de leurs ressorts n'avaient pas reçu une lettre du club de Marseille, signée Guinot, président, Maillet et Isouard, secrétaires, par laquelle les Montagnards du Midi, dès le 1er Avril 1793, demandèrent que tous les Représentants

---

(1) Cette lettre collective des Représentants du Finistère était signée de Gomaire, Marec, M.-C. Guezno, Bohan, J.-T.-M. Guermeur, Kervélégan, Jacques Queinec, et C.-A. Blad ; elle désignait les meneurs de la Convention comme *une cabale qui allait toujours dénonçant, calomniant, criant et hurlant contre tout ce qui était droit, juste, régulier et conforme à l'ordre.*

qui n'auraient point voté la mort du Roi fussent exclus de la Convention et remplacés par des députés plus à la hauteur des circonstances.

Les tribunes, les jacobins, la commune de Paris et les sections demandaient la même chose, et le flot populaire de plus en plus agité, montant chaque jour d'un nouveau degré, menaçait de tout envahir et de tout renverser.

Les partis étaient eux-mêmes à chaque instant au moment d'en venir aux mains au sein même de l'assemblée nationale.

L'administration du Finistère, qui n'avait cessé de correspondre avec ses représentants, ressentit toutes les alarmes que causait une situation si tendue, avec la noble et vive anxiété de patriotes sincèrement dévoués au bien de la chose publique et qui redoutaient sa ruine.

A l'appel légal qui leur fut fait par le décret du 24 mai 1793, décret qui déclarait la patrie en danger et qui leur demandait l'actif concours des départements, ils répondirent par un arrêté du 30 portant que, pour satisfaire au vœu exprimé par la Convention de voir ses membres maintenus dans le libre exercice de leurs suffrages et de leurs droits, il serait organisé sur-le-champ une force armée *de quatre cents hommes, à l'effet de se rendre immédiatement à Paris pour y protéger la sûreté de de Convention, celle des personnes, des propriétés et de la fortune publique.*

C'était à la fois rester dans la légalité et soutenir la juste cause du droit, puisque la Convention avait dit elle-même, par son décret du 24 Mai, que *la Représentation nationale, la fortune publique et la ville de Paris étaient placées sous la sauvegarde spéciale des bons citoyens.*

Mais le triomphe des amis de l'ordre ne fut pas long. Renversés aux journées du 31 Mai et du 2 Juin, deux Représentants du Finistère, Gomaire et Kervélégan, arrachés de leurs siéges, se trouvèrent compris dans les actes de violence qui les expulsèrent de l'Assemblée avec les députés les plus marquants du parti de la Gironde.

L'émotion des administrateurs du Finistère fut très vive, et aucun autre département, peut-être, ne fut plus profondément affecté des mesures brutales qui brisaient ainsi l'unité souveraine de la Convention et anéantissaient d'un seul coup le droit et la juste indépendance de chacun de ses membres, et par suite celle des départements qu'ils représentaient.

Les mesures prises par les administrateurs Bretons se ressentirent à la fois de cette indignation et d'un attachement éprouvé aux institutions nouvelles sur lesquelles ils avaient compté pour sauver la patrie.

Un premier arrêté du Conseil général du département réuni aux Conseils généraux du district et de la commune de Quimper, en date du 7 Juin, déclara que :

« La Convention nationale ne jouissait plus d'aucune li-
» berté ;
» Que les factieux qu'elle renfermait dans son sein avaient
» tout-à-fait levé le masque, et que la commune de Paris ne
» gardait plus aucune mesure ;
» Que les Représentants éclairés et fidèles avaient été con-
» traints de se démettre ;
» Que vingt-sept Députés patriotes étaient en état d'accusa-
» tion ;
» Que Gomaire et Kervélégan, députés du Finistère, qui
« avaient pleinement justifié la confiance de leurs commet-
» tants, étaient au nombre de ceux qui étaient décrétés, et
» que, dès-lors, l'honneur, la justice et la reconnaissance
» faisaient un devoir aux administrateurs et aux administrés
» du département de réclamer hautement leur liberté et leur
» inviolabilité. »

Sur quoi il fut décidé, par les trois administrations réunies du département, du district et de la commune de Quimper, qu'il serait nommé dans le département dix députés, un par l'administration départementale et neuf autres par les neufs districts, pour se rendre auprès de la Convention *et y réclamer, avec toute l'énergie de la liberté et de la justice, l'en-*

tière inviolabilité des citoyens Gomaire et Kervélégan, ainsi que celle des autres membres de la Convention constitués ou en état d'arrestation.

Acte qui fut immédiatement appuyé par une lettre à la Convention, où les mêmes administrateurs disaient aux députés formant la majorité de l'assemblée, « *qu'ils avaient manqué l'occasion d'attacher leurs noms à une gloire immortelle, en ne repoussant pas l'effort des mutins pour maintenir le caractère et l'indépendance de la Représentation ; et que si Paris, un département coupable, avait obtenu devant eux la priorité sur la volonté générale, en violant lâchement la liberté d'un grand nombre de leurs collègues, tous demandaient justice de cet attentat contre la souveraineté du peuple.* »

Ce fut là le premier cri de l'indignation publique dans le Finistère. Mais, hommes de cœur et de tête, ces administrateurs, persistant à défendre l'inviolabilité de la Représentation nationale, décidèrent, le 10 Juin (car nous tenons à jeter un jour complet sur cette trop mémorable immolation) « que dans la crise, où *l'Etat lui-même était menacé d'une destruction prochaine, le salut de la chose publique résidait uniquement dans l'union et le courage des bons citoyens, et que les députés de la nation appartenant indistinctement à toutes les sections de la République, le peuple avait seul le droit de révoquer les membres investis de ses pouvoirs, et que, dès-lors, la Convention, en écartant de son sein trente de ses membres, avait ainsi attenté à l'essence de la souveraineté.* Ce qui les conduisait à décider :

» 1º Que les départements des Côtes-du-Nord, du Morbihan, de l'Ile-et-Vilaine, de la Loire-Inférieure, de la Vendée, de Maine-et-Loire, de la Manche, des Deux-Sèvres, du Calvados, de l'Orne, d'Indre-et-Loir, de la Vienne, de l'Eure, de Loir-et-Cher, d'Eure-et-Loire, de la Seine-Inférieure et de l'Indre seraient invités à nommer chacun un député qui se rendrait sur-le-champ à Laval, à l'effet d'y former *un Comité de correspondance ;*

» 2° Que ce Comité se mettrait en relations avec tous les dé-
» partements désignés ;

» 3° Que les autres départements de la République seraient
» invités à former de pareils Comités et à correspondre avec
» celui de Laval ;

» 4° Que des bataillons de fédérés seraient promptement
» organisés et marcheraient sur Paris pour délivrer les bons
» citoyens de l'oppression ;

» 5° Et, enfin, que si la dissolution de la Convention deve-
» nait inévitable, le Comité se concerterait sur les moyens de
» réunir promptement les suppléants à Bourges..... »

Et nommant, pour le Finistère, un député chargé de faire partie de ce Comité, les trois administrations réunies du département, du district et de la commune de Quimper, désignèrent pour ces importantes fonctions, Roujoux, Louis-Julien, accusateur public près le Tribunal criminel du Finistère, ancien membre de l'Assemblée Constituante.

Cet acte fut suivi d'une lettre aux quatre-vingt-quatre autres départements de la République, où l'on invitait ceux-ci à envoyer leurs *suppléants* à Bourges, avec prière à ces suppléants de ne faire cependant, avant de quitter leurs départements, aucun acte si la Représentation nationale se maintenait intacte.

Les choses n'en restèrent pas là, et l'appel du Finistère, qui se confondit promptement avec celui des autres départements de la Bretagne et de la Normandie, près de laquelle s'étaient réfugiés les députés Girondins qui n'avaient pu être saisis, amena une série de mesures tendant toutes à une résistance prononcée contre les excès du parti dominant de la Convention.

Parmi ces mesures, que nous ne pouvons citer toutes, nous remarquons avec les arrêtés des derniers jours de Mai, qui décidèrent la levée d'une première force départementale fixée à 400 hommes ; — celui du 2 Juin, qui portait cette même force de 400 à 600 hommes, et qui décidait que, si les enrôlements ne suffisaient pas, il y serait pourvu par voie de ré-

11

quisition ; — enfin, celui du 21 juin 1793, qui mobilisait cette force départementale et lui donnait l'ordre de se mettre en route pour Paris, en marchant sous la bannière de la Fédération du 14 Juillet 1790, qui avait été remise aux volontaires du Finistère par les sections de la ville de Paris. — L'ordre des administrateurs du Finistère portait « *que les bataillons que le patriotisme des départements dirigeait sur Paris, n'étaient point armés pour combattre les citoyens de cette ville, mais au contraire pour s'unir à la saine portion de ses habitants, afin de cimenter ensemble l'unité et l'indivisibilité de la République, la sûreté des personnes et des propriétés, la liberté, l'égalité sociale, le respect et l'inviolabilité des Représentants du peuple.* »

Des souscriptions, des dons volontaires en armes, en vêtements, en objets de fourniment et de chaussure, aidèrent à la levée de ces hommes, et ils se mirent bientôt en route, se tenant aux ordres du département d'abord, mais surtout du Comité central des délégués des départements de l'Ouest, qui s'étaient réunis à Rennes au lieu de Laval, et qui, de là, essayèrent d'activer le mouvement de résistance que les départements de l'Ouest avaient résolu d'organiser pour sauver la Convention de ses propres déchirements ; *l'inviolabilité de la Représentation nationale ainsi que l'unité et l'indivisibilité de la République* furent de nouveau proclamées comme les véritables principes de la souveraineté du peuple.

Les meneurs et les Montagnards s'efforcèrent plus tard d'altérer ces faits pour perdre leurs adversaires ; mais nous ne parlons que pièces sur table, et chacun peut juger de quel côté resta le bon droit et le juste sentiment des dangers de la patrie.

Toutefois, les patriotes modérés et les Girondins avaient été défaits et vaincus aux deux journées du 31 Mai et du 2 Juin ; ils le furent également dans la personne des administrations départementales qui se réunirent par leurs délégués, à Rennes, et qui eurent leurs troupes et leurs bataillons à Caen et à Lisieux, où rencontrés par les Maratistes et les envoyés de Paris, ils furent une seconde fois dispersés.

Leur crime ne fut pas d'avoir conspiré contre la République, mais de n'avoir pas été assez forts pour contenir les factieux, pour rétablir l'ordre troublé et maintenir le droit de la Représentation ouvertement violé.

Voici, au reste, ce qui se passa : dès que la résistance avait été résolue dans tous les districts et les départements réunis pour s'opposer aux entreprises de la Montagne, on avait décidé les deux choses demandées par le Finistère : la création d'une force armée et l'organisation d'un Comité central composé des délégués des départements, avec la mission de tout diriger, toujours dans le but de maintenir *l'indivisibilité de la République et l'inviolabilité de la Représentation nationale.*

Les décisions et les actes du Comité central, sous la présidence de Le Graverend, Roujoux étant secrétaire, témoignent de ce fait, de ce but, de cette pensée. Personne dans le pays ne l'avait jugé autrement, ni les plus ardents Montagnards, qui demandèrent plus tard la tête des administrateurs, ni les Représentants mêmes de la Montagne qui se trouvaient en ce moment en mission dans les départements de l'Ouest. Ainsi Sevestre, Merlin, Gillet et Cavaignac qui, à la date du 14 et du 17 Juin, décidèrent, à Lorient, que l'un d'eux, Sevestre, se rendrait immédiatement près de la Convention pour lui faire connaître *tous les maux dont la France était menacée par suite de l'effet désastreux qu'avaient produit dans les départements de l'Ouest les journées du 31 Mai et du 2 Juin* (1) ; — pour lui faire connaître *que le mécontentement à cet égard avait été provoqué par les excès auxquels on s'était porté contre la Convention nationale, par suite de la faiblesse qu'elle avait montrée en cédant aux vœux d'hommes armés qui entouraient le lieu des séances ;* — *que l'indignation s'était accrue surtout lorsqu'on avait vu Marat désigner parmi les victimes celles qu'il croyait dignes de sa clémence.*

(1) Sevestre était de Rennes.

« Enfin, que la confiance du peuple dans la Convention était étrangement affaiblie, qu'on révoquait en doute si les décrets qu'elle avait rendus depuis le 1er Juin seraient obligatoires ; que dans quelques départements on refusait de les publier ; que les Représentants en mission avaient éprouvé dans plusieurs endroits les dégoûts d'une injuste défiance, et que dans le Finistère leur liberté avait été menacée et leur autorité presque méconnue ; — enfin que la commune de Paris excitait de vives alarmes ; qu'on croyait voir dans ses arrêtés et sa marche le projet insensé de s'ériger en commune dominatrice, et que, pour lui en ravir l'espoir, on s'armait de toutes parts. » Actes et assertions qu'ils confirmaient le 19, en accompagnant en grande pompe, jusqu'au passage Saint-Christophe, les Fédérés qui partaient de Lorient pour Paris. »

Sevestre, qui avait rejoint Paris, monta cependant à la tribune le 23 Juin, après s'être concerté avec les membres du Comité de Salut public, non pour confirmer ce qui avait été dit à Lorient, mais pour démentir tout ce qu'il avait avancé avec ses collègues dans les proclamations du 14 et du 17 Juin, et dire que la patrie n'était en danger, que parce que les autorités départementales, au mépris des lois, se permettaient de discuter et de contredire les actes des Comités et de la Convention ; assertions nouvelles que Merlin, Gillet et Cavaignac, qui, de Lorient, s'étaient portés à Nantes, appuyèrent de leur côté par une proclamation datée du 15 Juillet, où, se contredisant à leur tour, ils disaient aussi que les administrateurs de la Loire-Inférieure avaient trahi et outragé la Représentation nationale, en donnant des commandements à Beysser et à Canclaux (1).

(1) Il serait trop long sans doute de reproduire ici l'histoire nouvelle de ces événements ; mais que de choses cependant restent à dire, quand, avec les actes contradictoires de Lorient et d'Ancenis, on voit encore, par une lettre du 7 Ventôse an II, que Bréard et Jean-Bon Saint-André, à Brest, au paroxisme de la terreur, ne savaient pas

Toulouse, Lyon, Bordeaux, comme la Bretagne et la Normandie, fortement attachés à la juste inviolabilité de la Représentation, continuaient à demander une éclatante réparation des excès du 31 mai. — La création des Comités et l'organisation des forces départementales auraient pu suffire à tout réparer, et il eût fallu pour cela plus de célérité dans les mouvements, plus de nerf et de concentration dans la résistance. Mais au lieu de suivre le plan indiqué par l'arrêté du Finistère du 10 Juin, qui provoquait la création d'un comité formé d'un seul délégué par département, Roujoux, en arrivant à Rennes, trouva une assemblée nombreuse de tous les délégués des districts et des communes des autres départements qui, dès le 15 Juin, essayaient de se constituer, en reprochant au Finistère de n'avoir pas comme les autres départements envoyé des délégués des communes et des districts. C'était peut-être plus légal, mais était-ce aussi opportun et aussi célère? — Les évènements ne prouvèrent que trop qu'il n'en était rien, et pendant que le Comité formé de ces nombreux délégués délibérait et lançait de Rennes dans le public quelques bulletins, la force départementale du Finistère, isolée, jetée en avant, mais trop faible pour supporter l'effort des bataillons partis de Paris, succombait à Lisieux, à peine soutenue par quelques détachements du Calvados.

Les habiles des Comités et de la Convention ne se trompèrent

s'ils pouvaient prendre sur eux de laisser Sevestre et Cavaignac en dehors de l'accusation de Fédéralisme qu'ils allaient porter au Tribunal révolutionnaire de Brest contre les administrateurs du Finistère. Deux correspondances inédites, l'une du représentant Guermeur, qui, avec son collègue Maillaud, quitta le Morbihan au moment même où Sevestre et Cavaignac y arrivaient; l'autre des députés de la ville de Nantes, chargés de voir à Lorient les Représentants et les généraux Canclaux et Beysser, pour leur ville si vivement menacée par les Vendéens, jettent un jour bien inattendu sur cette grande crise de la Révolution; — mais, encore une fois, nous ne pouvons nous y arrêter : ce sera pour plus tard.

sur rien de ce qui s'était passé, et réservèrent toute leur haine pour les administrateurs du Finistère.

Nous allons dire comment cette vengeance s'accomplit.

Mais au préalable, disons dans quelles circonstances l'administration du Finistère fut elle-même renversée, et par qui elle se trouva remplacée.

Deux hommes, deux ennemis acharnés, dont les noms sont restés consignés au *Moniteur*, Blanchard et Vallet, partirent de Carhaix pour Paris, et, s'étant rendus près des Comités de la Convention, agirent pour faire décréter d'accusation les administrateurs du Finistère (1). Mais un instant l'active et bienveillante intervention des Représentants, qui n'avaient point été décrétés avec les Girondins, parvint à balancer les obsessions des deux Montagnards qui s'attachaient à la perte des administrateurs, quand un des arrêtés du département transmis au Comité de Salut public par des membres du district de Morlaix, qui désiraient s'excuser d'avoir pris part au mouvement, donna un poids nouveau aux intrigues de Jullien, de Paris, et aux plaintes de Guermeur qui avait été détenu pendant plusieurs mois au Château du Taureau, près de Morlaix, comme nous l'avons dit ailleurs. Dès ce moment la perte des administrateurs fut résolue, et le rapport de Barrère à la Con-

---

(1) Comme toujours, d'ailleurs, il arriva que l'un de ces dénonciateurs était loin d'agir sans motifs. Receveur du district de Carhaix et homme de mauvaises mœurs, Blanchard, au moment de son voyage à Paris, était dans la position la plus fâcheuse qu'un comptable puisse avoir ; en déficit et sans aucun moyen de masquer plus longtemps ses malversations, ainsi que le prouvent les arrêtés et la correspondance de la commission administrative de Landerneau, il avait été conduit à offrir sa démission, et les commissaires envoyés sur les lieux parlaient de le mettre en jugement. Incarcéré après le 9 Thermidor, comme Terroriste, on établit que le déficit de sa caisse était de 20,000 francs. Transféré à la maison d'arrêt de Quimper, il y mit fin à ses jours en s'ouvrant les veines.

vention, provoqua le décret du 19 Juillet 1793, portant que dix-huit des administrateurs du département seraient mis en accusation, pour avoir tenté d'avilir la Représentation nationale, d'usurper ou d'influencer l'autorité du souverain en se rendant coupables d'entreprises contre-révolutionnaires.

L'effet de cette mesure fut terrible dans le Finistère, et je trouve que la plupart des districts appelés à désigner, d'après le décret du 19, un de leurs membres pour former la commission administrative qui devait siéger à Landerneau, hésitèrent à faire cette désignation. Pont-Croix, Quimper, Landerneau même se refusèrent d'abord à toute nomination, et quand le district de Landerneau, chargé de suppléer un instant la commission qui devait s'organiser, en eut enfin pris son parti après bien des hésitations, ce ne fut qu'au quatrième tour de scrutin qu'elle put trouver un de ses membres qui consentit à accepter la mission de faire partie de la nouvelle administration qui allait se saisir de la direction des affaires du département. Et, quel était ce membre ? L'un des ennemis les plus déclarés de l'ancienne administration, qui avait eu à subir deux ou trois fois les censures les plus sévères pour des sorties injustes et intempestives à la société populaire de Brest, pour des entreprises coupables à l'occasion de la *subordination* de la première force départementale du Finistère, qui s'était trouvée à la journée du 10 Août.

Toutefois, cette même administration du district pressée de convoquer les assemblées primaires pour l'avis à donner sur la nouvelle Constitution, décrétée depuis la journée du 51 Mai, décida en même temps, c'est-à-dire le 25 Juillet, que le projet de Constitution qui lui était arrivé le 16, serait envoyé aux communes pour qu'elles eussent à se prononcer, le dimanche suivant, sur cette Constitution, *ainsi que sur le décret du 19 Juillet, portant accusation contre l'ancienne administration du département, et elle ajoutait, dans une de ses délibérations, qu'elle espérait que les citoyens de Paris et des Départements, jetteraient leurs armes pour s'étreindre comme des frères....*

Mais ces sympathies et ces résistances, dues à un mouvement honnête, cédèrent promptement devant d'autres considérations, et dès que la commission administrative fut parvenue à se constituer, ce qui n'eût lieu que le 29 Juillet, quoique le décret du 19 eût été promulgué le 24, à Landerneau, il se trouva de suite des hommes ardents et zélés qui se préoccupèrent de recueillir tout ce qui pouvait concerner l'administration déchue et accusée. Un des membres de la Commission administrative, Perrin, partit immédiatement pour Morlaix, afin de savoir ce que devenait la force départementale qui s'y était repliée de la Normandie, et de là, bientôt présent à Carhaix et à Quimper, on le voit occupé de savoir ce que sont aussi devenus les députés Girondins, qu'on dit avoir passé à Rostrenen et dans les landes de Roudouallec, accompagnés de vingt et quelques citoyens de la force départementale, qui les dirigeaient dans leur fuite.

A peine a-t-il signalé la présence de ces députés dans le Finistère, qu'attaché à leurs traces et à celles des anciens administrateurs du département, il épie partout avec quelques-uns de ses collègues la fuite où la présence des anciens administrateurs. Plusieurs missions qu'il se fait délivrer par ses collègues, et dont on trouve le motif dans la correspondance de la commission administrative, nous le montrent successivement à Carhaix, à Morlaix, au Faou, à Quimper, à Pont-Croix, à Douarnenez, à Brest, chez les représentants et l'accusateur public, partout où il peut trouver un fait qui accuse, une indication qui puisse faire saisir ou découvrir ceux qu'il poursuit. Une fois c'est Guermeur, l'envoyé de la commission de Paris, long-temps détenu, qu'il interroge ou qu'il consulte ; une autre fois ce sont les sociétés populaires et les comités de surveillance au milieu desquels il se porte, pour accuser et surprendre les plus compromis..... Et cependant que lui avait donc fait l'ancienne administration du Finistère? elle avait tout simplement demandé au général Chevigné, commandant la division militaire, une lieutenance pour lui, en le recommandant très chaudement ; mais elle n'avait pu obtenir cette lieutenance (1).

Quelques instants cependant, malgré le décret du 19 Juillet, malgré les intentions très malveillantes de plusieurs, l'attention des Représentants en mission, complètement absorbée par ce qui se passait à Brest et dans la flotte au moment de la rentrée de Morard de Galle, sembla se détourner des anciens administrateurs du Finistère, et, peu d'entr'eux ayant été arrêtés jusqu'à ce moment, on crut dans le public que l'acte d'accusation tombait de lui-même, et que les dix-huit administrateurs décrétés et leurs collègues seraient oubliés, peut-être amnistiés. L'un d'eux, Baron Boijaffray, qui se trouvait à Paris, se présenta même au Comité de Salut public et obtint de rester libre. La condition de quelques-uns de ceux du Finistère n'avait pas été très différente, et les Montagnards parurent, pour quelques jours au moins, fermer les yeux sur eux et sur le soin qu'ils mettaient à se soustraire aux poursuites dirigées contre eux.

Mais ce n'était là qu'un leurre atroce, qu'un piége tendu à la confiance qu'ils ne cessaient d'avoir dans l'innocence de leurs intentions, comme dans les témoignages d'estime les plus prononcés que ne cessait de leur donner la masse éclairée de leurs compatriotes.

Ce fut ce moment même que Perrin choisit pour se faire envoyer de nouveau à Quimper, à l'effet de rechercher dans les archives de l'ancienne administration tout ce qui pourrait éclairer les actes et les intentions de celle-ci. Il se faisait dire à ce sujet par ses collègues qu'il était pourvu de tous leurs pouvoirs pour organiser et réformer les administrations de l'ancien chef-lieu (lettre du 26 Brumaire an II), pour arrêter Veller du district, N...., maire de Quimper, Mollet, de la municipalité, la femme de Kervélégan, au défaut de sa propre personne, Poulain et Kergariou, de l'ancien département ; —

---

(1) Correspondance administrative du département.

« car il faut agir, ajoutaient-ils, et vous êtes chargé spéciale-
» ment d'arrêter Granner, chez lequel était logé précédem-
» ment le fameux Abgral (du district). Il est indispensable que
» Guiller et Morvan, ex-administrateurs, soient capturés en
» même temps. » — Ceux-ci n'étaient cependant pas compris
dans le décret du 19 Juillet. — « A votre tour, chemin fai-
» sant, vous prendrez des mesures pour que Le Gac et Pré-
» dour soient cernés dans leur retraite, à Châteaulin ; les uns
» et les autres seront transférés le plus promptement possible
» en la maison d'arrêt auprès de notre administration. — Brave
» Sans-Culotte, recevez nos salutations fraternelles et celles
» de notre ami commun Guermeur. — Royou.
» 11 Octobre 93. »

C'est ainsi que les arrestations s'étendirent et se multiplièrent bien au-delà des décrets de la Convention, et que les scellés furent mis sur tous les papiers pouvant servir à former un corps d'accusation. Les prisons de Landerneau, de Carhaix et de Morlaix reçurent ces accusés.

C'est le moment où le travail des Représentants et de l'accusateur public du Tribunal révolutionnaire, se confondant dans une même intention, celui-ci et ceux-là demandèrent, partout où ils purent les trouver, les pièces qui devaient servir à faire condamner les administrateurs du Finistère.

J'apprends, par les registres de la commission administrative de Landerneau, que beaucoup de pièces furent ainsi envoyées dans le courant des mois d'Octobre et de Novembre 93, tant aux Représentants qu'au parquet de l'accusateur public. Je vois aussi, qu'à cette même époque, Ragmey, le président du Tribunal, fit avec Perrin un second voyage à Quimper pour rechercher encore quelques pièces qu'on disait avoir été envoyées tantôt aux Représentants, tantôt à l'accusateur public, et qu'on ne retrouvait pas........ C'est enfin à la suite de ce voyage et de ces recherches, et comme s'il avait été inquiet sur l'issue définitive de l'accusation à laquelle il prêtait tant de zèle, que Perrin, sans attendre les débats ni même la mise en jugement, copiant furtivement quelques-unes des pièces qui lui avaient passé sous les yeux, publia coup sur coup deux Mémoires adressés *aux vieux bonnets rouges*, dans lesquels il récriminait contre les accusés, reprochant aux patriotes d'agir mollement, et de mettre de la tiédeur à purger le sol de la liberté d'ennemis aussi dangereux (1).

L'acte officiel d'accusation ne tarda pas à suivre ces manifestations, et, dès le 24 Floréal, le président du Tribunal révolutionnaire de Brest, se mettant en devoir de répondre aux ordres de la Représentation et aux désirs long-temps contenus de ses collègues du parquet, à l'impatience encore plus marquée des Sans-Culottes, à la tête desquels s'était montrée si

(1) Ces deux pièces, l'une de vingt-quatre pages in-quarto et l'autre de vingt-et-une, sorties de l'imprimerie de Teurnier, à Landerneau, s'adressaient surtout *aux modérés et aux sociétés populaires, qu'un esprit coupable de modération, suivant Perrin, avait portés à prêter un intérêt marqué aux administrateurs du Finistère.*
.... « Quelle âme républicaine ne se révolterait pas au projet de
» sauver des conspirateurs, disait-il, et qui pourrait entendre avec
» indifférence les doléances répétées par les plus ardents complices
» des Brissot et des Vergniaud en faveur des administrateurs cou-
» pables du Finistère? » Et ramassant partout les faits qui pouvaient les accuser et les perdre, « *il espérait que dès que le flambeau de la
» vérité aurait brillé aux yeux des sociétés populaires, elles se hâte-
» teraient de désavouer les démarches qu'elles avaient faites pour
» arrêter ou amortir le coup de la vengeance nationale.* »

Rien de plus acerbe et de plus notoirement atroce que ces deux actes d'accusation anticipés et perfidement répandus dans le public par un homme qui avait été officiellement chargé de l'arrestation des accusés et de l'inventaire de leurs papiers. Ce trop mémorable monument de la colère et de la perfidie des hommes de parti, qui, en temps de révolution, ne savent même pas s'abstenir de tronquer les pièces qui doivent conduire leurs adversaires à une mort fatale, est devenue bien rare, et je ne sache pas que d'autres exemplaires que ceux qui me fournissent ces citations aient traversé les longues années de troubles dont le souvenir s'efface heureusement parmi nous.

ardente la commistion administrative de Landerneau, lança un mandat d'amener contre les trente membres de l'ancienne administration départementale du Finistère, quoique le décret du 19 n'en eût mis que dix-huit en accusation.

Ce fut ainsi qu'on arriva au procès lui-même, qui s'ouvrit inopinément le 3 Prairial an II.

Vainement Morvan et Guiller, deux des plus jeunes membres de l'administration départementale, avaient-ils demandé, dans le courant de Germinal, de la prison de Landerneau où ils étaient détenus, communication de certaines pièces nécessaires à leur défense ; vainement s'étaient-ils adressés pour cela à la commission administrative d'abord, puis au Comité révolutionnaire de Landerneau : les uns et les autres commencèrent par nier l'existence des pièces réclamées, au nombre desquelles se trouvaient quatre lettres du représentant Guezno, qui avaient été écrites au moment même de la crise du 31 Mai. Vainement Guiller arguait-il du dépôt de ces pièces fait par lui-même, on allégua d'abord qu'elles devaient avoir été adressées aux Représentants et qu'on ne savait ce qu'elles étaient devenues..... Puis, tout-à-coup, on répondit aux accusés qu'on les avait bien vues, mais qu'elles devaient avoir été brûlées avec d'autres pièces bien autrement importantes que l'un des membres de la commission administrative, Du Couëdic, le procureur-général syndic de cette commission, avait méchamment soustraites dans l'intérêt des coupables, et brûlées au moment où cette manœuvre avait été découverte et son arrestation décidée comme partisan des Fédéralistes.

Vainement, de son côté, Expilly, l'ancien évêque constitutionnel du Finistère, écrivait-il de la prison de Morlaix, lettre sur lettre aux administrateurs de ce district, qui avaient été ses amis et ses plus chauds partisans, quand il était curé de Morlaix, pour demander à attendre dans cette ville le jour de son jugement. — On ne fit aucun droit à ses demandes, et bientôt réuni à ses collègues de l'administration du Finistère, il se trouva, lui trentième, sous les verroux de Donzé-Verteuil, renfermé dans les plus obscurs cachots du vieux Château de Brest.

Cette réunion complète des accusés n'eut toutefois lieu qu'un ou deux jours avant leur comparution devant le fatal Tribunal, et nous avons souvent entendu dire à notre propre père, que Moulin, l'un de ses amis, compagnon ordinaire de ses parties de chasse, rejetant loin de lui le conseil qu'on lui donnait de se tenir à l'écart et de ne point se fier à la justice de sa cause pour aller se livrer à ses juges, ne partit de Quimper pour aller partager le sort de ses collègues que dans les derniers jours de Floréal, prenant son chien et son fusil pour faire à pied la route de Quimper à Landerneau.

Le vénérable président de Kergariou n'avait point fait autrement, et long-temps caché dans notre propre famille, chez les Kergos et les De Kerguiffinec, où il trouva un asile assuré contre les recherches dont il était l'objet, ce ne fut que quand il en sortit lui-même, las de cacher son innocence, qu'il fut mis au nombre des détenus.

Cependant quelques-uns des membres de l'ancien département, déjà placés sous l'œil de la commission administrative, et réunis dans une des prisons de Landerneau, ayant eu connaissance des accusations de Perrin et de ses réquisitoires *aux vieux bonnets rouges*, trouvèrent le moyen de se concerter et de publier eux-mêmes une réfutation de ces méchantes accusations.

Après avoir dit dans quelles circonstances ils publiaient cette justification anticipée, que les vœux formés en leur faveur par plusieurs sociétés populaires rendaient nécessaire encore plus que les attaques d'un *commissaire administrateur* qui appelait sur eux la vengeance des lois, ils disaient que si une fois, au 10 Août, une autre fois, au mois de Février 93, les hommes armés du Finistère avaient déjà marché sur leurs ordres, c'étaient encore eux qui, lors de l'insurrection du Morbihan, s'étaient empressés de lancer les combattants du Finistère sur les rebelles.

« Des rassemblements considérables de révoltés se forment
» successivement à Fouesnant, à Saint-Pol, à Lesneven, à
» Lannilis. Nous nous sommes portés partout, disent-ils, ex-
» posés aux balles des révoltés, et partout nous avons com-
» primé la rébellion. — Pourquoi donc les administrateurs
» exposaient-ils ainsi leur vie ? — Pourquoi travaillaient-ils
» avec tant de zèle à éteindre les soulèvements excités de tou-
» tes parts ? Pourquoi le département surveillait-il avec
» tant d'activité la poste, la messagerie et les gens suspects ?—
» Pourquoi était-il, de nuit et de jour, en permanence, long-
» temps avant qu'elle fût ordonnée par un décret ?— Pourquoi
» mettait-il en réquisition mille hommes pour réparer les for-
» tifications de Brest ? — Pourquoi tant de mesures sages pour
» garantir le Finistère et les autres départements de l'invasion
» des brigands ? — Pourquoi tant de corps-de-garde établis
» sur toutes les côtes, dans une étendue de près de cent lieues?
» — Pourquoi ces trois mille hommes levés par l'administra-
» tion et placés dans les forts et les lignes qui défendent la
» ville de Brest ? — Pourquoi ces innombrables batteries éle-
» vées sur les rochers de nos rivages et présentant, pour ainsi
» dire, de toutes parts, l'aspect d'un camp retranché ? »

Les Représentants eux-mêmes, surpris de tant de zèle et de prévoyance, en témoignèrent leur satisfaction aux administrateurs. Ils voulurent leur faire rendre un plus éclatant témoignage, et deux fois dans un seul mois il fut décrété *que l'administration du département du Finistère avait bien mérité de la patrie !*

« Devant des preuves de civisme si éclatantes et si multi-
» pliées, que devient l'accusation de *trahison*, de *conspira-*
» *tion* ? — Oui ! nous conspirons jour et nuit pour le bonheur
» de la patrie !.....

» On a voulu frapper l'imagination des lecteurs en leur pré-
» sentant l'image de l'exécrable Toulon se jetant dans les bras
» d'un nouveau despote. L'écrivain ne semblerait-il pas vou-
» loir en induire ?...... Non, la plume se refuse à trans-

» crire un pareil soupçon. — Etait-ce donc en multipliant la
» mort sous les pas de nos ennemis, en la leur présentant de
» toutes parts sous mille forme différentes, que les adminis-
» trateurs les invitaient à se jeter dans nos ports ? — Pourquoi
» ce perfide rapprochement *des trahisons du Midi et des er-*
» *reurs du Finistère?* — Les administrateurs ont, dit-on,
» trempé dans le Fédéralisme. — Mais le département du Fi-
» nistère montra-t-il jamais la moindre intention criminelle ?
» Toutes ces démarches ont constamment tendu *à la sûreté de*
» *la Convention, au maintien de l'unité et de l'indivisibilité*
» *de la République.* La preuve évidente de la droiture de ses
» intentions se montre dans les actes mêmes qu'on lui repro-
» che. On y voit toujours à découvert les motifs qui la font
» agir. Il est démontré que si les administrateurs du Finistère
» ont été coupables de quelque genre de *Fédéralisme*, il n'a-
» vait pour objet *ni de rétablir la tyrannie, ni d'attenter à*
» *l'unité et à l'indivisibilité de la République*, mais un but
» tout contraire. Si les correspondances, si leur zèle les ont
» égarés, l'erreur n'est pas un crime, et l'erreur promptement
» reconnue sollicite toujours l'indulgence.

. . . .

» Hommes de bonne foi qui lisez ce mémoire, interrogez
» votre conscience et prononcez ! Dites si vos administrateurs
» furent coupables de conspiration ; dites s'il dépendit d'eux
» de n'être pas victimes de l'erreur ; dites si leurs intentions
» ne furent pas toujours droites et pures. Le ciel lit au fond de
» leurs cœurs ; il connaît leur innocence, et ce motif de con-
» solation soutient leur courage au milieu des adversités. Si
» les mesures générales ont exigé qu'ils perdissent leur liberté,
» ils trouveront un adoucissement à leurs maux en songeant
» qu'ils souffrent pour la patrie ; ils suivent de leurs vœux la
» prospérité de la République, et chantent dans les fers ses
» succès et sa gloire.

« Les anciens administrateurs du Finistère détenus à la mai-
» son d'arrêt de Landerneau.

» Signé : J.-R. Merienne, L.-J.-M. Guillier, — O. Morvan,
» — Y.-V., — J.-H., — L.-S Le Denmat, — Bergevin, fils.»

Mais un second mémoire adressé au Comité réuni de Salut public, de sûreté générale et de législation, parut sous la date du 28 Ventôse an II, signé par Doucin, Y. Daniel, Le Gac, Le Prédour, M.-M. M. Brichet, Daniel, Expilly, G. Leroux, Piclet et le Thoux, alors détenus à la maison d'arrêt de Brest.(1) La rédaction en est évidemment moins ferme et plus contournée. Les malheureux administrateurs sentent qu'ils sont en présence d'un Tribunal exceptionnel, et que le moment n'est pas éloigné où ils auront pour juges des ennemis politiques. Ils essaient de justifier leur conduite, et, préoccupés de leur propre dévouement à la patrie, ils n'admettent pas qu'ils l'aient jamais trahie, tout au plus qu'ils aient été trompés, qu'ils se soient trompés eux-mêmes.

« Ce qui a dissipé notre erreur, c'est le temps, la réflexion,
» le sentiment ; c'est la comparaison que nous avons faite de
» la Convention avec elle-même, c'est le rapprochement de
» son état avant la révolution du 31 Mai, et ce qu'elle est
» devenue depuis cette époque ; c'est le calme et la majesté
» soutenue de ses séances, depuis qu'elle a eu vomi de son
» sein les traîtres qui entravaient sa marche ; c'est l'étonnant
» prodige qu'elle a opéré, tôt après, en comblant les vœux
» du peuple par le don instantané d'une Constitution populaire
» et républicaine... Alors le bandeau est tombé ; des flots de
» lumière nous ont pressés, nous avons contemplé avec effroi
» la profondeur de l'abîme dans lequel on nous plongeait, et
» voyant le salut public dans l'immortelle et nécessaire Révo-
» lution du 31 Mai, nous nous y sommes ralliés irrévoca-

(1) Ces autres administrateurs, saisis par les soins de la commission administrative, avaient été de bonne heure dirigés sur Paris ; mais les troubles des départements au-delà de l'Ille-et-Vilaine, ne permirent pas de leur faire suivre leur destination. Détenus quelque temps à Rennes, ils furent ramenés à Brest.

» blement avec le caractère de franchise, naturel aux anciens
» Bretons. »

Pauvres administrateurs ! et la postérité, sévère, même pour les malheureux, aurait ces paroles à leur reprocher ! Est-ce donc qu'ils manquèrent de courage et qu'ils ne surent pas mourir ? Mais non, car la plupart d'entr'eux se sont eux-mêmes constitués prisonniers, et plusieurs, comme Doucin, ont refusé de s'évader tant ils étaient sûrs de leur dévouement au pays. Mais ces malheureux ont leur famille, des enfants et leurs femmes, et celles-ci abîmées de douleurs rôdent chaque jour autour de leur prison.

« Et, en effet, qu'étions-nous avant la Révolution, comme
» ils le disent en terminant leur mémoire ? — Tous des plé-
» béiens, tous nés dans cette classe qui était tout aux yeux
» de la nature et de la raison, et rien pour des castes usurpa-
» trices habituées à l'avilir et à se jouer de ses droits ; tous
» ne vivant que de notre travail ou de notre industrie.

» Que sommes-nous, depuis la Révolution ? Au premier son
» du tocsin de la liberté, tous, nous nous sommes levés avec
» le peuple, et chacun de nous, selon ses moyens, a respecti-
» vement contribué à toutes ses conquêtes sur le despotisme
» royal, théocratique et nobiliaire. Depuis, nous avons sou-
» tenu de tout l'élan du zèle, de toute l'énergie du civisme, le
» berceau de la République, et si le triomphe de l'aristocratie
» n'était pas absolument désespéré, ne serions-nous pas les
» premières victimes que, dans le Finistère, elle sacrifierait
» à sa vengeance ?....

» Depuis que nous sommes dans les fers, quelle a encore
» été notre conduite ?.... — Nous avons adhéré, applaudi à
» tous les décrets, célébré avec enthousiasme les succès de
« la République. Pendant notre séjour à Rennes, cette com-
» munauté est mise en état de siège ; ses murs sont menacés
» par les rebelles. Accoutumés à tous les sacrifices, non con-
» tents de nous être dépouillés de nos manteaux, de nos
» chaussures, pour les défenseurs de la patrie, nous brûlons

» de partager leurs dangers ; nous demandons des armes avec
» les instances les plus pressantes, et nous réitérons aux Re-
» présentants du peuple, au Comité de Surveillance, au Cou-
» seil général de la Commune, notre offre d'arroser de notre
» sang les drapeaux de la liberté, heureux d'expier, à ce prix,
» une erreur étrangère à nos cœurs !

» Quels sont ceux qui, depuis nos malheurs mêmes, n'ont
» pas balancé à se prononcer hautement pour nous ?.... Le
» peuple du Finistère, le peuple entier, réuni en assemblées
» primaires ou communales, et la majorité des sociétés popu-
» laires ont suivi, jour par jour, chacun de nous dans le
» cours de sa vie politique et de sa conduite, tant révolution-
» naire qu'administrative .... (1)

» Prononcez à votre tour, Citoyens représentants, et con-
» firmez le jugement de nos concitoyens. »

Cette tardive et vaine justification ne fit qu'accélérer la marche de l'instruction. Le 24 Floréal, Bonnet fulminait l'acte d'accusation qui motiva de la part du Tribunal révolutionnaire une ordonnance de prise de corps contre trente-trois membres et le secrétaire général de l'ancienne administration départementale du Finistère. Et cet acte d'accusation, œuvre infernale ourdie dans le secret, et comprenant dix-sept pages in-folio, ne fut communiqué aux accusés et à leurs défenseurs que le 30 Floréal au soir, à sept heures, par trois copies. — Le lendemain, 1ᵉʳ Prairial, les malheureux comparaissaient à la pointe du jour devant leurs juges.

(1) Un instant Brest lui-même fut au moment de se déclarer en faveur des administrateurs détenus, et trois sections s'étaient déjà prononcées pour leur élargissement, quand l'avocat Le Hir, membre du district, le chevalier de Massac, commissaire de Marine, et Smith, président du Tribunal civil, qui s'étaient chargés de colporter la pétition qu'on faisait circuler à cet effet, échouèrent dans la section des quais et dans celle des Sept-Saints, repoussés et poursuivis par les invectives de ceux qu'ils avaient essayé d'intéresser au sort des accusés (Mémoire manuscrit de M. Le Hir).

Le Hir et Riou-Kersalaun, principaux défenseurs, se rendirent immédiatement au château où étaient détenus ces infortunés. Mais comment recueillir leurs moyens de défense dans une si courte entrevue ? Onze d'entr'eux entouraient à la fois Le Hir, lui présentaient leurs notes, en même temps que son collègue Riou recevait, des autres détenus, la confidence des dernières pensées données par ces malheureux au pays et à leur famille.

Parmi eux cependant, étaient ces deux cultivateurs : Postic et Derrien, que la commission administrative elle-même avait cru devoir recommander à la clémence des Représentants, mais que ceux-ci n'avaient point écartés. Ils étaient seuls incapables de rédiger leurs moyens de défense, et Morvan, leur co-accusé, ce jeune et brillant administrateur qui avait une fois disputé à la Harpe le prix de poésie, par une ode sur la mort du prince de Brunswich, s'oubliant lui-même, recueillait avec bonté l'expression de leur simplicité, quand Kergariou et Moulin, qui étaient venus depuis peu de jours partager le sort de leurs amis et se remettre à leurs bourreaux, silencieux et résignés, se confiaient à leur innocence et comptaient sur leur patriotisme pour croire qu'il leur serait rendu justice. — *A demain matin sept heures !* se dirent bientôt les accusés et leurs défenseurs. Et les lourds verroux des portes surbaissées de l'ancien château ayant péniblement roulé sur eux-mêmes, quelques pâles lumières qui dissipaient à peine l'humide obscurité des voûtes noircies de la prison, s'éteignirent........

Le lendemain, 1er Prairial an II, dès six heures du matin, des piquets de l'armée révolutionnaire gardaient tous les carrefours ; une force considérable s'était portée vers le château. Ses ouvrages avancés ayant bientôt été franchis, on vit arriver à l'ancienne chapelle de la Marine, entre une haie d'hommes armés, les trente-quatre administrateurs du Finistère. Les mots *justice du peuple*, gravés sur une plaque en cuivre, se lisaient au front de l'édifice. C'est là que siégeaient Ragmey, Verteuil, Bonnet, des juges et des jurés, commis à l'œuvre régénératrice qui se poursuivait alors sur tous les points de la France. Élevés sur une estrade ombragée des trois couleurs, les vengeurs du peuple avaient le bonnet phrygien en tête et siégeaient où avait reposé autrefois l'autel du sacrifice. Ayant fait placer des gradins à leur droite, ils y firent asseoir les accusés, chacun ayant deux gendarmes à ses côtés, le sabre nu, et soutenus par de nombreux piquets de l'armée révolutionnaire qui gardaient les issues de l'auditoire. Quant aux défenseurs, placés loin de leurs clients, toute communication leur était interdite avec eux.

Les deux premiers jours furent employés à la lecture d'une foule immense de pièces, d'arrêtés, d'adresses, d'extraits de registres, dont les défenseurs n'avaient eu aucune communication. Ragmey pendant ce temps promenait ses yeux étincelants sur l'assemblée saisie d'un sombre effroi, et si quelques-uns des accusés ou leurs défenseurs tentaient de faire une observation sur les arrêtés et les actes qui leur étaient imputés à crime, il leur permettait à peine de s'expliquer et faisait passer outre à l'audition des témoins.

Voici au reste quel était cet acte d'accusation :
Enumérant les faits de la cause, il exposait « que des excès,
» des actes de conspiration et de contre-révolution avaient
» été commis dans le Finistère ;
» Que les anciens administrateurs du département avaient
» tenté d'avilir la Représentation nationale, d'usurper ou
» d'influencer l'autorité du Souverain, et de s'être livrés à
» des entreprises contre-révolutionnaires ;
» Qu'ils avaient soutenu la cause de la contre-révolution
» en idolâtrant les Girondins et les Brissotins, ennemis
» jurés de la patrie ; — qu'ils avaient égaré et trompé in-
» dignement leurs administrés sur leurs véritables intérêts ;
» et que, pour arriver à leurs fins, ils avaient disposé des
» caisses publiques, disposé des forces de terre et de mer, fédé-
» ralisé la République, prêché et donné l'exemple de la ré-
» volte contre les autorités, contre la Constitution ; qu'ils

» avaient opprimé à outrance les citoyens qui avaient mission
» du gouvernement pour la subsistance des hommes libres ;
» qu'ils avaient forcé le citoyen à marcher contre le citoyen,
» en calomniant la ville de Paris et la Représentation natio-
» nale, en cherchant à avilir et à dissoudre celle-ci, en mena-
» çant celle-là d'une destruction calculée par l'aristocratie et
» le royalisme ; en se concertant pour l'affamer et lui couper
» toutes les voies qui pouvaient lui procurer des subsistances,
» etc., etc. »

Faits qui s'appuyaient tous sur des actes et des pièces nombreuses, dont l'accusateur n'avait, disait-il, que l'embarras du choix, et desquels en effet il cita successivement plusieurs fragments qui forment, dans leur ensemble, l'énoncé assez exact des mesures qui, du 7 Juin au 24 Juillet, jour où le décret d'accusation du 19 fut connu dans le Finistère, avaient été prises par les administrateurs du département pour la résistance aux actes arbitraires de la Convention.

Là, en effet, était tout le procès, et les accusés, non plus que leurs défenseurs, n'avaient garde de nier les faits. Seulement ils protestaient de leurs intentions et de leur patriotisme, et s'appuyant sur le premier acte de leur résistance, la création d'une force de 400 hommes mis sur pied pour répondre au décret du 24 Mai, qui plaçait Paris et la Convention sous la sauvegarde des bons citoyens, ils protestaient n'avoir rien eu en vue que le salut de la patrie, *l'indivisibilité de la République et l'inviolabilité de la Représentation.*

Comme eux, l'accusateur public partait aussi des mêmes faits, des mêmes actes et de l'arrêté du 30 Mai, mais en disant que les administrateurs du Finistère avaient méchamment *supposé la Représentation nationale dans une crise de danger pressant*, tandis que leur but n'avait été que d'attaquer *la Montagne et la ville de Paris*, en disant qu'ils voulaient *balayer de la terre de la liberté cette minorité impure qu'ils prétendaient couverte de tous les crimes*, fait atroce et contre-révolutionnaire, disait Donzé-Verteuil, qu'il regardait comme un plan de contre-révolution *compliqué, et dont tous les ressorts, suivant lui, avaient été organisés de sang-froid et dans un but de destruction, calculé par l'aristocratie et le royalisme.*

Cette accusation et la lecture des pièces qui avaient été recueillies pour l'appuyer ne demandèrent pas moins de deux jours, et ce ne fut que le 3 Prairial que les accusés et leurs défenseurs purent trouver le moment de réclamer la parole. — Riou et Le Hir s'étaient concertés sur la défense de leurs clients : le premier devait exposer les moyens généraux de la cause, pour arriver aux faits relatifs à chacun des accusés. Mais à peine a-t-il essayé de parler du patriotisme des prévenus, à peine s'avance-t-il à dire hypothétiquement « que si » les accusés n'ont eu d'autre but que le salut public, s'ils » n'ont été animés que par le salut de la patrie,..... » — que Ragmey l'interrompant brusquement, s'écrie : — « Avant que » tu ailles plus loin, citoyen défenseur, le Tribunal a besoin de » connaître tes opinions personnelles sur les arrêtés de cette » administration..... » — Riou resta interdit et ne put répondre..... — « Le Tribunal, reprit Ragmey, t'interpelle et te » demande si tu ne regardes pas ces arrêtés comme liberti- » cides, parce que, d'après ta réponse, il a peut-être des » mesures à prendre contre toi. »

Riou continua à garder le silence : il ne put, à partir de ce moment, présenter d'autres considérations que celles qui parlaient en faveur de la moralité personnelle de ses clients. — Le Hir ne put et n'entreprit rien autre chose.

Morvan, ce jeune patriote si plein d'énergie et de dévouement, voulut cependant ajouter quelques mots à la défense que Le Hir avait prononcée en sa faveur ; mais Ragmey lui coupa précipitamment la parole, et lui dit, à lui et à son défenseur — « Que le Tribunal ne les écoutait plus ! »

Vainement, dans un autre moment, Le Hir, parlant de Cuny, l'un de ses clients, cite-t-il les onze enfants de cet administrateur, les services et les blessures auxquels il doit de s'être élevé du rang de simple soldat au grade de capitaine d'artillerie ;

c'est à peine s'il peut continuer au milieu des murmures qui étouffent sa voix. Enfin, arrivant à la défense des deux cultivateurs Postic et Derrien, que leur éducation et toute leur vie rendaient étrangers aux affaires publiques, leur conseil put faire valoir avec un peu moins d'entraves les faits qui militaient en leur faveur ; — mais à quoi servirent aussi les considérations particulières que Le Hir présenta en faveur de l'un des membres du département, qui s'était trouvé absent lors des mesures qui firent incriminer ses collègues. Vainement objecta-t-il que la signature de cet administrateur ne se trouvait apposée à aucun des arrêtés servant de base à l'accusation. Ragmey n'en procéda pas moins à son résumé, et comprenant tous les prévenus dans la même accusation, il s'obstina, malgré l'objection d'un *alibi*, à ne poser que les deux questions suivantes :

« 1° Est-il constant qu'il a existé une conspiration contre la
» liberté du peuple français tendant à rompre l'unité et l'indi-
» visibilité de la République, à allumer le feu de la guerre
» civile, en armant les citoyens les uns contre les autres, en
» les provoquant à la désobéissance de la loi, et à la révolte
» contre l'autorité légitime de la Représentation nationale ;
» 2° KERGARIOU, — BRICHET, — AIMEZ, — MORVAN,
» — GUILLER, — BERGEVIN, — DUBOIS, — DOUCIN, —
» DERRIEN, — POSTIC, — CUNY, — LE PRÉDOUR, —
» DANIEL-KERSAUX, — EXPILLY, — LE ROUX, — HERPEU,
» — MÉRIENNE, — MALMANCHE, — BANÉAT, — LE PENNEC,
» — LE THOU, — DÉNIEL, — MOULIN, — LE GAC, —
» PICLET, — LE DENMAT, — BIENVENU, — DESCOURBES,
» — Julien PRUNÉ — et François LE CORNEC sont-ils con-
» vaincus d'être auteurs ou complices de ladite conspiration? »

C'est en vain que Brichet, Bergevin, Morvan, Mérienne et leurs défenseurs s'élèvent contre cette monstrueuse et atroce confusion ; c'est en vain qu'ils invoquent la loi en forme d'instruction, du 21 Octobre 1791, qui veut que — « *les jurés exa-*
» *minent la moralité du fait, c'est-à-dire les circonstances de*

» *provocation, d'intention, de préméditation qu'il est néces-*
» *saire de connaître pour savoir à quel point le fait est cou-*
» *pable, et pour le définir par le vrai caractère qui lui appar-*
» *tient.* » — Il y a une autre loi révolutionnaire du 26 Frimaire an II, article 24, qui porte, en principe, « *qu'il ne sera point*
» *posé de question intentionnelle sur les faits qui auront été*
» *articulés dans les débats.* » — Avant que le jury fût rentré dans la salle d'audience, on avait entendu des chevaux et des charrettes de réquisition, demandés par Ance, le bourreau, à un administrateur du district, entrer dans les cours qui avoisinaient le Tribunal. — Enfin, les sicaires sortent de leur antre ; — leurs regards soucieux n'annoncent que des malheurs !

La première question, celle de la *conjuration*, est résolue à l'unanimité.

La deuxième question l'est aussi dans sa généralité, et sans distinction en faveur de tel ou tel accusé, quels qu'aient été sa position et ses précédents. — Des avis secrètement répandus disaient bien que Malmanche, Cuny, Postic et Derrien ont été un instant au moment d'être sauvés, mais d'autres les ont réclamés (1).

Bienvenu, Descourbes, Julien Pruné et François Le Cornec sont seuls acquittés sur la déclaration du jury portant, *qu'ils ne sont point convaincus d'être auteurs ou complices de ladite conspiration.*

Quant à Poulain et Baron-Boisjaffray, qui étaient en ce moment retenus à Paris sur parole, et à Le Goazre qui, en se cachant, s'était soustrait aux poursuites dirigées contre lui, ils furent laissés hors de cause et durent leur salut à leur absence.

(1) Nous avons en mains une lettre de l'un des hommes qui siégea comme juré dans cette affreuse affaire, et il dit que *ses raisons et son opinion sur la nécessité d'acquitter les deux cultivateurs Postic et Derrien furent inutiles : que leur arrêt était prononcé ; qu'ils devaient périr.*

Le verdict du jury étant ainsi proclamé, Ragmey, se levant avec solennité, reprit la parole après que l'accusateur eut fait ses réquisitions et prononcé la mort des condamnés par application des lois du 16 Décembre 1792 et 26 Juin 1795, et la confiscation de leurs biens en vertu de la loi du 10 Mars même année ; puis il ordonna :

» Qu'à la diligence de l'accusateur public, le présent juge-
» ment, quant à la peine de mort, serait exécuté dans les
» vingt-quatre heures sur la place du *Triomphe du Peuple*, im-
» primé, publié, affiché en français dans toute l'étendue de la
» République, et en breton dans le département du Finistère.

» Et un crêpe funèbre, dit l'honorable défenseur, à la bien-
» veillance duquel nous devons presque tous ces détails,
» sembla voiler le sinistre Tribunal. — L'heure des ombres
» s'approchait avec l'heure dernière des martyrs ; toutes les
» poitrines étaient haletantes, et quand on entendit prononcer,
» *sur l'honneur et la conscience*, l'égorgement des vingt-six
» administrateurs, l'effroi fut à son comble...... Courageux
» Bergevin, intrépide Mérienne, énergique Guiller, brave
» Moulin, je n'oublierai jamais vos dernières paroles : —
» *Scélérats ! notre sang retombera sur vos têtes !.....*

» ...... Mes sens étaient glacés, continue l'honorable dé-
» fenseur, à la place duquel nous ne saurions nous mettre, et
» je ne sais comment je retrouvai ma demeure. — Je m'enfer-
» mai pour rendre compte de ce terrible événement à une
» femme de grand cœur qui s'intéressait au sort de l'innocence ;
» je ne pouvais m'exprimer qu'en mots entrecoupés, et ses
» larmes me laissaient sans force, quand un bruit sourd nous
« fit courir à la fenêtre...... Ciel ! c'étaient les vingt-six admi-
» nistrateurs, pressés dans deux charrettes, en corps de che-
» mise, la tête nue, les cheveux coupés et les mains derrière
» le dos.... Je ne pus croire à tant de rage, à tant de célérité.
» L'impression de la douleur me laissa sans force. »

Malheureux ! plusieurs d'entr'eux chantaient la *Marseillaise* et criaient : *Vive la République* ! Et quand presque tous sóngeaient sans doute à leurs familles, à leurs nombreux enfants, comme Cuny et Piclet, au milieu d'eux était Expilly, longtemps décoré du sacerdoce et que les bourreaux avaient été prendre sur son siége épiscopal. Une autre fois encore, il avait vu Brest (c'était au commencement de 1791), et faisant alors sa première entrée dans son diocèse, il avait été reçu dans ces mêmes rues et sur ces mêmes places avec des fleurs et des arcs de triomphe. Comme à l'aurore d'une paix annoncée au nom du ciel, il avait entendu des hymnes d'allégresse. — Hélas! aujourd'hui il est garotté sur un tombereau, et, à sa suite, il y a un bourreau, du peuple, des femmes en haillons et des enfans qui exhalent de longs cris de vengeance.

Les victimes sont promenées par les carrefours de la ville, et au lieu d'arriver à la place du *Triomphe du Peuple,* comme l'appelle Ragmey, par la rue Saint-Yves, qui y conduit directement, on les dirigea par la rue du Château, le long de laquelle s'alignent les troupes révolutionnaires qui se sont emparées de Brest. — Et, insultant à leur misère, les égorgeurs leur ont offert un repas splendide que l'Hospice avait été chargé de préparer, personne en ville n'ayant voulu accepter une aussi triste mission.

L'échafaud se trouva dressé à sa place habituelle, non loin de la porte orientale du château, avec un soin tout particulier. Sur son pourtour, on avait établi une ceinture de planches que le public ne devait pas passer. Un vaste entonnoir, peint en rouge, était disposé près de la fatale bascule, et une trappe était ménagée sur l'échafaud même pour faire tomber dans des charrettes la dépouille des administrateurs.

Toutes ces mesures étaient-elles une sûreté prise par les égorgeurs ou Ance, le bourreau, qui, dès leur entrée au Tribunal, avait dit que *les administrateurs étaient à lui* ; se serait-il ainsi étudié à disposer avec art le crime qui souriait à sa fanatique férocité...... Je ne sais, mais il fut dit aussi que Ance rangea avec raffinement la tête ensanglantée de chaque supplicié devant les yeux de ceux qui attendaient leur tour. Et toutes ces choses sont croyables, toutes ressortent des faits mêmes, et appartiennent à cet ordre d'idées qui conduisait Carrier et ses acolytes à s'enivrer des chants de l'orgie sur les galiotes de Lambertye; à ce même ordre d'idées qui conduisait les jeunes gens de Rennes à demander l'honneur d'exécuter les jugements à mort d'une troupe de bourreaux ; à cet ordre d'idées enfin qui conduisit d'autres jeunes hommes, alors enfants, à courir, chaque jour, du tribunal au champ d'exécution, où, avides de tout voir, ils ont tout remarqué sans rien laisser échapper de la tradition de ces tristes jours.

Ainsi périrent, le 3 Prairial an II (22 Mai 1794), les vingt-six administrateurs du Finistère que nous avons suivis ailleurs dans leurs actes de dévouement et de patriotisme. — A leur tête, et comme président, était Kergariou, homme de mœurs douces et élégantes, âgé de 69 ans, qui avait fourni dans les armes une longue et honorable carrière qui lui avait valu le grade de maréchal-de-camp. Plusieurs fois, depuis qu'il était à la tête des affaires du département, il avait offert le service de son expérience et de son épée à la patrie.

Un autre vieillard de 72 ans, Le Thou, juge au tribunal de Quimper, partagea son sort et fut du nombre des vingt-six administrateurs sacrifiés, ainsi que deux pauvres cultivateurs de l'arrondissement de Quimperlé, Postic et Derrien, qui n'avaient même pas la première idée d'un débat judiciaire et qui s'exprimaient à peine en français.

Pourquoi Descourbes, chaudement recommandé par les sociétés populaires du district de Quimperlé, échappa-t-il au sort de ses compagnons ; — pourquoi Baron-Boisjaffray, également recommandé par Perrin, quoiqu'il eût signé comme président intérimaire la levée de la force armée du Finistère, parvint-il à sauver sa tête ? nous ne saurions le dire, et nous ne pouvons aujourd'hui que faire remarquer le bonheur inespéré qu'eurent ces deux très honorables citoyens de sortir sains et saufs des mains des bourreaux.

Ce fut donc ainsi, sans pitié et sans aucun retour vers le passé, sans aucune considération pour le service signalé que ces habiles administrateurs avaient rendu à la République en conservant Brest et le Finistère purs de chouannage et de rébellion, sans aucune considération pour la position particulière de quelques-uns d'entr'eux, que Jean-Bon Saint-André et Prieur les immolèrent comme des ennemis de leur pays. Hé ! que ne regardèrent-ils donc alors et la rade et le port de Brest, qui s'animaient du mouvement de trente et quelques vaisseaux de ligne armés en quelques mois ? — Qui avait donné cet élan et préparé ces merveilles, en même temps que les enfants du Finistère volaient à la frontière du Nord, à Saint-Domingue (1), dans la Vendée et partout où on eut besoin de leurs bras....... Mais avec l'honneur du pays et un vif sentiment de la nationalité, ces hommes eurent au cœur quelque chose de grand et de sublime : — *ou nous sauverons la République, ou nous périrons avec elle*, s'étaient-ils dit en apprenant le résultat des journées du 31 Mai...... et ils s'étaient armés contre la Montagne !

Mais une dernière injure devait être faite à leur mémoire, et ce fut l'accusateur public Donzé-Verteuil qui s'en chargea. Il écrivit, le 6 Prairial an II, au *Journal de Paris*, N° 520, une lettre où on lit le passage suivant : — « Avant-hier, vingt-six » administrateurs du Finistère ont porté leurs têtes sur l'écha» faud. Ces Messieurs voulaient donner la ci-devant Bretagne » *aux Anglais !* »

Que pourrions-nous ajouter à cette infâme et dernière injure de l'accusateur public ! — Lui et les Représentants avaient successivement essayé de dire que les administrateurs du Finistère avaient conspiré contre la République, avaient conspiré avec la Vendée et les royalistes, avaient conspiré avec l'aristocratie et l'étranger...... Mais aucune de ces assertions n'avait pu résister à la noble indignation des accusés, à leurs chants et à leurs cris de *Vive la République,* proférés jusqu'au

---

(1) De l'un de ces bataillons, composé de 800 hommes, il n'en revint qu'une trentaine.

pied de l'échafaud. — Verteuil osa dire qu'ils avaient vendu leur pays ! — Non, leur crime fut bien plus grave aux yeux de la Montagne : ils avaient défendu la loi et la juste inviolabilité de leurs Représentants ! — Mais aujourd'hui que nous sommes loin de ces jours si sombres, comment croire que le généreux sacrifice de ces vingt-six administrateurs, morts martyrs de leur pieuse religion en faveur de l'ordre et du droit, ne recevra pas enfin sur l'une de nos places publiques, le témoignage éclatant de la sympathie des générations nouvelles, qui, au lieu de ne voir en eux que des victimes de nos désordres, doivent y voir surtout, comme la justice et la vérité le veulent, des citoyens désintéressés qui s'étaient armés au nom de la patrie en danger, décret du 24 Mai 1793, et sont tombés à son appel sous les coups d'une faction qui désola long-temps la France.

Comment, au lieu de persister à ne voir en eux que les membres dispersés d'une faction malheureuse et vaincue, ne pas apercevoir qu'ils cimentèrent de leur sang cette large base de l'ordre et de l'autorité, contre laquelle se sont arrêtées de nos jours ces doctrines subversives du communisme et d'une sauvage égalité, qui tuèrent d'un seul coup les plus nobles élans du cœur et les plus sublimes conceptions de l'esprit ! Affreuse doctrine qui prend sa source dans les excès de tous genres que commirent les Terroristes de 93 ! Non, encore une fois, ce ne furent ni des rebelles, ni des hommes de parti, ces administrateurs de courage et de cœur, qui, dévoués au maintien du droit et de l'autorité qu'ils représentaient, périrent au nom de la loi. Vous leur devez une réhabilitation et un monument, car leur cause est bien autre que celle des Girondins. Elle fut surtout celle du droit et de l'obéissance aux décrets de la Convention avant la dispersion d'une partie de ses membres..... et si d'autres administrateurs, aujourd'hui que la paix s'est faite pour tous, pouvaient ne pas se rappeler les circonstances dans lesquelles ces têtes tombèrent, il faudrait désormais renoncer à faire du dévouement à la patrie une vertu réelle et digne de respect.

Espérons que notre pays ne sera jamais ni si indifférent ni si oublieux, qu'il ne comprenne plus que sans cette énergie du devoir il n'y a ni ordre ni gouvernement possible.

CHAPITRE XI.

Derniers jugements du Tribunal révolutionnaire : — Belval, — Raby, — Le Bronsort, — Toullec, — Rideau, — Moreau, — Kerangouëz, — Guiller, — Les dames de Coatanscour, etc., etc. — Fête du 14 Juillet. — Agapes et repas public sur le Cours d'Ajot.

Les Tribunaux révolutionnaires, la Montagne et les Terroristes, à Brest, comme à Paris, comme à Nantes, comme à Arras, à Lyon, à Avignon, partout où le parti triomphait, n'eurent plus ni mesure ni résistance pour les arrêter. Une première loi du 26 Frimaire an II, avait dit que le posé de la question intentionnelle était inutile, et que la constatation du fait laissait au juge tout droit d'en décider pour les accusés. Un rapport de Couthon, et une loi du 22 Prairial élargirent encore les voies et les dégagèrent de toute importunité de la part des défenseurs. Cette loi établissait :
« que s'il existait des preuves *matérielles* ou *morales* du fait
» avancé, il ne serait pas nécessaire d'entendre de *témoins*,
» et que les *défenseurs officieux* seraient supprimés ; — que
» cinq voix sur neuf ou quatre sur sept suffiraient pour en-
» traîner la conviction du crime, et, enfin, que la seule peine

» à prononcer par les Tribunaux révolutionnaires serait La
» Mort ! »

C'est à ce moment qu'une scène assez étrange, prélude d'autres immolations méditées contre les administrateurs du district et de la ville de Brest, qui n'avaient pas assez soigneusement caché leurs sympathies en faveur des anciens administrateurs du département, se passa dans le cabinet du représentant Jean-Bon Saint-André, au moment où l'accusateur public Donzé-Verteuil s'y trouvait pour y prendre mot.

Le proconsul et son agent étaient en conférence, quand un huissier vint annoncer au Représentant qu'un membre du Conseil général de l'administration du district demandait à entrer.

— Ah ! c'est toi, Bermond ! que me veux-tu ?

Et à peine le membre du district eut-il dit quel était l'objet de sa requête, que Donzé-Verteuil, qui n'avait cessé de le fixer, interrompant tout-à-coup le Représentant lui-même, et s'adressant à Bermond, lui dit dans le langage courant du temps.

— Tu te nommes Bermond ?

— Oui.

— Parent de Blad (l'un des Représentants du Finistère et de Brest lui-même) ?

— Oui.

— Eh bien ! tu dois le savoir, nous avons un compte à régler ?

— Et lequel, reprit Bermond ?

— N'étais-tu pas à Paris le jour du rapport d'Amar sur la création des tribunaux révolutionnaires ?

— Oui.

— N'as-tu pas vu ton parent Blad ce jour-là ?

— Oui.

— N'as-tu pas été à sa chambre en toute hâte et n'y as-tu pas brûlé des papiers ?..... — N'es-tu pas parti ce même jour de Paris et n'es-tu pas venu ici à Brest, où tu as fait également brûler sa correspondance avec la municipalité ?

— Non, répondit Bermond, non! Tu en as menti! Je te défie de rien prouver de cela.......

Et Verteuil, comme abasourdi, regardait Jean-Bon Saint-André qui riait aux éclats, en lui disant :

— Eh bien ! en voilà un au moins qui sait te répondre....

Bermond sauva sa tête par son audace, en niant heureusement tout ce qui s'était passé entre lui et Blad, au moment où celui-ci, craignant pour sa liberté et pour ses jours, avait prié son parent de détruire tout ce qui pourrait le compromettre. — Après le triage et le brûlis des papiers de Blad à Paris, Bermond, courant sur la route de Paris à Versailles, y avait épié un courrier qu'il savait être son compatriote et ancien domestique de la famille Guilhem, à Brest. — Reconnu de lui à la tombée du jour, heure habituelle du départ, cet honnête courrier, malgré la consigne expresse de ne prendre aucun voyageur, donna place à Bermond à côté de lui, et celui-ci était à la porte de Brest, avant que l'ordre de saisir la correspondance de Blad avec les officiers municipaux, ses compatriotes, pût être connu des Représentants. Bermond s'aboucha sans retard avec le greffier de la commune, et tout ce qu'il y avait de compromettant fut enlevé et brûlé ; on ne laissa que les lettres très secondaires qu'on retrouve encore aujourd'hui dans le dépôt de la ville de Brest (1).

Ce furent au moins quelques têtes de sauvées ; mais toutes ne pouvaient l'être, et déjà, saisis et détenus, Raby, — — Le Bronsort, — Rideau, — Toullec, — Moreau, le père du général, — Malescot de Kerangouëz, — Belval, de l'ancienne administration, — Kerjégu — et plusieurs autres

---

(1) Bermond, pharmacien et chimiste distingué, était, au moment de cette scène, président de la commission des salpêtres, chargé d'organiser les nombreux ateliers où l'on préparait toutes les matières utiles à la fabrication des poudres. Cette importante circonstance dut l'aider beaucoup à échapper à la griffe de Donzé-Verteuil.

furent successivement traduits au fatal Tribunal, condamnés et exécutés. Leur crime fut d'avoir appartenu aux anciennes administrations du département, d'avoir secondé ou approuvé la résistance du mois de Juin 93, d'avoir été liés, de près ou de loin, avec les anciens administrateurs, d'avoir été sympathiques à ce qui était honnête, ou, suivant la jurisprudence des tribunaux révolutionnaires, *d'avoir conspiré contre la liberté et la sûreté du peuple Français.*

Vainement Le Bronsort, ancien secrétaire de la municipalité, — Toullec, administrateur de l'hospice et du district de Brest, — Rideau, ancien prêtre, administrateur du département de l'Indre, retiré à Brest, eurent-ils pour eux toutes les sympathies de leurs anciens administrés, qui témoignaient hautement du parfait dévouement qu'ils avaient mis dans la gestion des affaires publiques de la ville et du district de Brest; tout cela fut sans valeur aux yeux de leurs adversaires, et ceux-ci, non plus que les Représentants, non plus que Perrin, qui prit le soin de les accuser publiquement dans son premier Mémoire, ne leur pardonnèrent de s'être fédérés avec l'ancienne administration du département, d'avoir fait incarcérer au Château deux délégués du Pouvoir exécutif, arrivés à Brest dans les derniers jours de Mai, pour faire de la propagande en faveur de la Montagne ; d'avoir enfin contrarié Cavaignac et Sevestre dans leur mission à Brest, et d'avoir rendu leurs efforts de propagande à-peu-près nuls.

Quant à Belval, qu'on savait s'être très activement employé à la fuite des Girondins, à leur embarquement pour Bordeaux, vainement trompé par la promesse fallacieuse des représentants et de l'accusateur public, s'était-il laissé aller à des confidences compromettantes pour lui et pour ses amis ; vainement avait-il ajouté à ces imprudents aveux une rétractation en règle de ses erreurs passées et la protestation écrite de son retour à la foi nouvelle des meneurs ; — tout cela ne servit à rien. — Traduit devant ses bourreaux le 18 Thermidor, quand la chute de Robespierre était déjà connue à Brest depuis le 13, il fut condamné à mort pour avoir *conspiré contre l'unité et l'indivisibilité de la République, la sûreté et la liberté du peuple Français, en accusant de tyrannie la Convention et les Ministres, en favorisant l'évasion de Pétion et autres députés déclarés traîtres à la patrie !*

Acte de haine et de basse vengeance qui attaquait un des patriotes qui s'étaient le plus sincèrement dévoués à la cause de la Révolution. — Qui, de tous les jeunes hommes actifs et dévoués de Brest, aurait pu dire en effet qu'il avait fait pour la Révolution et ses concitoyens plus que Belval lui-même. Toullec, le jeune Raby et quelques autres qu'on avait vus comme lui dans la milice nationale, dans les administrations locales et les assemblées primaires, animés de cet élan irrésistible qui les poussait vers toutes les situations périlleuses de ces difficiles moments, pouvaient avoir eu autant de zèle que lui, pouvaient avoir encouru autant de haines, amassé autant de dangers sur leur tête, aucun d'eux n'avait aimé la patrie d'un amour plus complet et plus filial.

Adonné de bonne heure aux pénibles travaux de l'administration de la marine où il avait conquis une position honorable, on l'avait vu, dans les premiers mouvements de la Révolution, s'employer activement à la fondation de la société populaire de Brest, qui procéda elle-même à l'organisation de la milice de cette ville. Successivement secrétaire et président de cette société, on l'avait vu préparer ou diriger tous les actes importants de la ville de Brest. Membre des assemblées primaires, il en avait été le délégué d'affection pour la création de toutes les administrations locales et du département lui-même. Lors des premiers troubles survenus en 92, à la suite de la levée des 300 mille hommes, ce fut à lui encore que ses concitoyens, en créant une compagnie de dragons volontaires, remirent le commandement des jeunes hommes qui devaient contenir la rébellion. De là à l'administration départementale il n'y eut qu'un pas, et mêlé à tout ce qui se fit dans le Finistère en faveur de la Révolution, on le trouve successivement s'em-

ployant sans réserve à l'accomplissement de toutes les mesures que les circonstances faisaient regarder comme un moyen de salut public : soit la compression et l'arrestation des prêtres réfractaires, soit l'arrestation des suspects, le sequestre des biens des émigrés, etc., etc...... Enfin, un jour, les amis de la royauté ayant cru utile d'enlever Louis XVI à la fureur des partis et de l'entraîner loin de la France, ce fut encore Belval qui, se trouvant comme président à la tête de la société populaire de Brest, fut le premier à déclarer qu'il ne voulait plus de Roi et qu'il refuserait tout serment au chef de l'Etat......
La population et la société populaire de Brest, entraînées par ces vives paroles, décidèrent qu'une couronne civique serait appendue à son fauteuil...... Mais à quoi servirent tous ces entraînements de la faveur publique, à quoi lui servit à lui-même d'avoir, dès la fuite de Varennes, hautement déclaré qu'il ne voulait plus de Roi. — Ceux qui surent préparer et amener le 21 Janvier ne s'arrêtèrent même pas à la chute de leur chef, et, le 18 Thermidor, ils se regorgeaient encore à Brest du sang de l'un des jeunes citoyens qui avaient fait le plus pour la Révolution, mais qui en l'aimant de cette sainte piété du devoir, s'étaient constamment prononcés contre tous les excès qui devaient la déshonorer.

Combien de pieuses et d'innocentes victimes furent ainsi sacrifiées à cette affreuse idole de quelques jours qu'on appela *la Montagne*, et qui par un juste sentiment de ses instincts atroces s'appela avec tant de raison *la Terreur*. Affreux Saturne qui dévora ses plus chers enfants, et qui compta pour rien tous les sacrifices qu'ils s'étaient imposés !

A-peu-près en même temps périssait Gabriel Moreau, ancien juge du district de Morlaix. Père d'un fils qui devait rendre et rendait déjà de si grands services à la tête des armées, on trouve et l'on établit *qu'il avait correspondu avec les ennemis du peuple et qu'il avait fait passer des secours en argent à plusieurs émigrés* dont les intérêts lui avaient été confiés. La mort fut aussi prononcée contre lui quoique très peu de jours auparavant la ville entière de Morlaix, heureuse et fière des succès de son fils, se fût rendue près de lui pour le féliciter sur le passage de la *Sambre* si heureusement opéré par l'ancien prévôt de l'école de droit de Rennes. — Tous ces hommes d'ailleurs, jeunes et vieux, portèrent sur l'échafaud cette ferme et courageuse résolution qui devint à chaque exécution comme une éclatante protestation contre les excès de leurs ennemis. Aucune exécution cependant ne fut à ce qu'il paraît plus émouvante que celle des jeunes Le Bronsort et Toullec, administrateurs de la ville de Brest, qui moururent pleins de vie au milieu de leurs concitoyens, auxquels ils avaient rendu, comme Belval, de signalés services.

Quoique l'on fût au mois de Juin (leur condamnation est du 25 Messidor an II), c'est-à-dire dans les plus longs jours de l'année, leurs bourreaux, pour échapper en partie du moins à l'animadversion publique, décidèrent *que leur exécution n'aurait lieu que de nuit.* C'est donc aux flambeaux qu'ils montèrent sur l'échafaud, aux flambeaux que leurs têtes tombèrent ! Le Bronsort, qu'on soupçonnait, comme nous l'avons dit d'avoir favorisé l'anéantissement des lettres de Blad, fut le premier à passer par les mains de Ance. Sa condamnation fut due, à ce que nous en a dit l'avocat Le Hir, dans une note écrite que nous avons de lui, à la persistance que Le Bronsort mit à vouloir que ses témoins fussent entendus dans tout ce qui pouvait établir son innocence. Interpelé par Ragmey, comme l'avaient été dans le procès des vingt-six les défenseurs des administrateurs, le président, sans coup-férir, le mit hors de la loi et prononça son arrêt de mort, sans qu'il y eût eu ni défense, ni audition de témoins. Au moment de l'exécution, il se trouva cependant qu'une partie des torches portées par les aides vinrent à s'éteindre, à l'instant où l'on déliait les mains de Toullec pour le placer sur la bascule après Le Bronsort. — Mais je n'y vois plus dit Ance : — et Toullec saisissant la torche de l'un des aides, dit : — *voilà, car je ne crois pas que tu puisses nous faire pâlir !*.......... — Et, pour prix de cette fermeté, Ance eut le soin raffiné de laisser le fatal couteau tomber jusqu'à trois fois sur la tête de Toullec. C'était là un des jeux cruels auxquels ce monstre ne manquait jamais de se livrer quand il rencontrait une victime qui montrait trop de courage ou de résignation. — Mérienne, l'un des vingt-six avait subi la même torture.

Du reste, cette manière de faire était en quelque sorte devenue commune à tous les agents de cet affreux régime, qui, dans la paroxisme du mal et de l'atrocité, s'élevèrent jusqu'aux plus cruels raffinements de la barbarie. C'est dans ce même temps, à l'époque de ces mêmes exécutions, en effet, que préparant la fête du 14 juillet (anniversaire de la prise de la Bastille), ils firent arracher de leur famille en deuil les deux jeunes filles de Malmanche, l'un des vingt-six administrateurs sacrifiés le 3 Prairial, pour les faire figurer dans leurs solennités publiques, couronnées de fleurs et mêlées aux autres jeunes filles de leur âge qui promenèrent, dans les rues de Brest, à la suite des Représentants et des bourreaux de leur père, les attributs de l'agriculture et des jardins avec un modèle du vaisseau la *Montagne* qui reparaissait à chaque solennité que dirigeaient Prieur et Jean-Bon Soint-André, revenant à chaque fête flairer jusqu'au pied de l'échafaud le sang qu'ils y avaient versé. (1) Ber-

(1) Quelques procès-verbaux de ces fêtes nous sont parvenus, et nous voyons par l'un d'eux, qu'à la fête de l'Être suprême, à Brest, le représentant Prieur, entouré des jeunes défenseurs de la Patrie, se promena du Cours-d'Ajot au Champ-de-Bataille, et de celui-ci au Cours-d'Ajot et à la Place du Château, au bruit du canon et des musiques militaires, entouré de toutes les autorités de la place et menant à sa suite une charrue ornée de fleurs et entourée elle-même des Quatre Saisons représentées par de jeunes beautés qui portaient des corbeilles de fleurs qu'elles répandaient sous les pas du Représentant. Après elles venaient, suivant le langage de la société populaire, *un couple vertueux destiné à s'unir par un mariage civique ;* puis une *mère féconde* entourée de ses nombreux enfants, le dernier étant attaché à son sein; puis encore, *un vénérable vieillard* âgé,

thomme, beau-frère de Toullec à peine exécuté depuis quinze jours, dut, comme maire de Brest, prêter son concours à ces atroces raffinements de cruauté, et pour se sauver lui-même, se montrer à côté des Représentants et les suivre jusqu'au pied

de 96 ans, *courbé sous le faix de l'âge et qui retrouvait une nouvelle chaleur dans les émotions variées et délicieuses qu'un spectacle aussi moral lui faisait éprouver tour-à-tour.* — A la fin de la colonne se montrait un char de forme antique, attelé de deux jeunes taureaux, qui paraissaient fiers de traîner les deux déesses de la *liberté* et de l'*égalité*, représentées par deux belles femmes que tout Brest a connues. Près de ce char et de ces déesses venaient, portés sur les épaules des jeunes défenseurs de la patrie, des brancards sur lesquels on remarquait des bustes de Marat, de Chalier, de Brutus et de Le Pelletier. Cent trente jeunes filles, de 10 à 14 ans, et autant de jeunes garçons, rangés autour de ces trophées, en formaient comme la garde, et conduisirent tous ensemble le représentant Prieur jusqu'au pied de la *sainte Montagne*, qui s'élevait sur la Place de la Liberté. — Se séparant tout-à-coup de son cortége, Prieur y monta d'un pas ferme, et ayant placé à côté de lui les deux déesses, il entretint un instant le peuple des brillantes destinées qui l'attendaient, et après que les pères avec leurs fils, et les mères avec leurs filles eurent marié leurs voix dans des chœurs patriotiques et alternes, le vieillard de 96 ans, apparaissant tout-à-coup sur le haut de la Montagne, *fut couvert des baisers du Représentant, qui l'enleva dans ses bras et le montra à la foule.*

Un bon citoyen déclara aussitôt adopter le vénérable vieillard pour son père, et, sans désemparer, un *Noir* fit son apparition auprès de Prieur, qui le fit asseoir à ses côtés, et l'honora aussi de l'*accolade fraternelle*, en déclarant le reconnaître pour un frère....... Après ce noir, parurent deux nouveaux nés que l'officier public inscrivit sur le registre de l'état-civil, en donnant au garçon le nom de *Théophile Marat* et à la fille ceux de *Unité Cornélie*.

« Puis enfin, dit le rapporteur que nous laissons parler, vint le
» touchant spectacle d'un mariage civique, qui devait former le der-
» nier tableau de cette brillante fête. Ce lien si respectable et si sacré
» fut ainsi formé sur la Montagne, en présence d'un peuple im-

de la guillotine, toujours en permanence, et dont, à chaque fête publique, on ne manquait pas de faire le tour (1).

. . . .

Mais il est temps d'en finir et de détourner la tête. Et cependant si nos lecteurs se sentent le courage d'aller jusqu'au bout, il faut encore, pour la complète appréciation de la moralité de ces prétendus apôtres de la vertu montagnarde, qu'ils nous suivent à Lesneven et à Pont-Croix, deux districts qui eurent aussi dans ces cruelles immolations leurs infâmes comparses et des victimes cruellement dévouées.

» mense, et bien que les présents de la fortune fussent tout-à-fait
» étrangers à ce couple estimable, que l'or corrupteur n'avait point
» perverti, l'amour de la vertu étant son plus cher et son unique
» héritage, il arriva que la société populaire s'employa fraternelle-
» ment à former la dot de la jeune mariée. . . . . . .
» Mais déjà, dit toujours notre rapporteur, le soleil s'avançait dans
» la carrière, des groupes s'étaient formés de tous côtés sur le Cours
» et sur les gazons des promenades publiques, et le représentant, les
» magistrats, les marins et les militaires de la garnison, bientôt con-
» fondus avec les habitants de la ville, s'étaient assis pour prendre
» part à un repas frugal et patriotique qui se forma de tout ce que
» chacun voulut bien ajouter. Des chants et des cris de joie prolon-
» gèrent avec les orchestres la longue soirée d'une si belle journée. »

(1) La présence des tribunaux révolutionnaires n'avait pas seule, comme on pourrait le croire, déterminé la permanence de la guillotine sur les places publiques de nos villes. Le fatal instrument avait été élevé partout où l'on avait cru nécessaire de le montrer à la foule comprimée, et l'instrument des vengeances populaires était ainsi devenu comme le premier attribut du régime de la terreur. Nous avons sous les yeux les ordres donnés par le commissaire du gouvernement près le Tribunal criminel de Quimper, pour que la guillotine fût dressée en permanence vis-à-vis la déesse de la liberté qu'on avait érigée sur la place Saint-Corentin, en face de la cathédrale. A Vannes, à Lorient, à Saint-Brieuc, les choses ne se passèrent pas autrement.

Deux vieilles femmes, retirées dans le château de Kerjean, près de Lesneven, l'une âgée de 70 ans, la marquise de Coatanscours, l'autre âgée de 65 ans, Anne-Marie de Coatanscours, veuve Launay de l'Etang, avaient été, comme nous l'avons dit, condamnées et exécutées le 9 Messidor.

Quand l'extrait de leur condamnation, pour la saisie de leurs biens, arriva du parquet de Brest au district de Lesneven, les administrateurs de celui-ci délibérèrent aussitôt sur ce qu'il y avait à faire, et décidèrent « qu'un d'entr'eux accompagné de dix
» gendarmes se rendrait immédiatement au château de Ker-
» jean, appellerait devant lui le citoyen Paulin, concierge et
» homme de confiance de ladite maison, et lui ferait observer
» que les veuves de Launay et de Coatanscours ayant été con-
« damnées et déclarées coupables envers la République, il n'y
» avait plus lieu de garder le secret de ces femmes, ou de per-
» sister à tenir caché le dépôt qu'elles devaient avoir fait, dans
» un lieu voisin du château, de leur argenterie, du numéraire
» et de tous les objets précieux qu'elles avaient omis de dé-
» clarer lorsque le sequestre avait été posé provisoirement sur
» leurs propriétés ; *qu'il serait désormais impardonnable à*
» *Paulin de garder le silence et de tenir à des engagements*
» *pris avec des femmes reconnues coupables de complicité avec*
» *les ennemis de la République*, et que s'il persistait à le faire,
» *ce serait partager lui-même cette complicité en voulant frus-*
» *trer la nation des effets dont elle devenait seule propriétaire*
» *et dont il serait censé vouloir se bénéficier en refusant d'en*
» *faire la déclaration*.... Sur quoi, dit la délibération (18 Mes-
» sidor an II) il y aurait lieu de le *faire conduire par lesdits*
» *gendarmes à la maison d'arrêt de Lesneven pour être ensuite*
» *traduit au tribunal révolutionnaire comme* RECELEUR DE
» BIENS NATIONAUX ET COMPLICE DE LA VEUVE COATANSCOURS...

Comprenez-vous ! — « Nous avons inventorié et sequestré
» précédemment tout ce qui appartenait à tes maîtresses, disent
» les administrateurs de Lesneven ; mais leur or et leur ar-
» genterie nous ont échappé : tu avais leur confiance, tu dois

» savoir où ils sont ? — Si tu ne le dis, c'est que tu es leur
» complice, que tu conspires avec elles contre la République et
» que tu voles celle-ci.... Le Tribunal révolutionnaire, duquel
» tes maîtresses ne sont pas revenues, en connaîtra !.... » —
Que fit Paulin..... Hélas ! nous aurions voulu pouvoir penser
que le devoir et l'honnêteté l'emportèrent sur la crainte ; quelque temps nous crûmes à cette assertion, et tout ce que nous en avait dit un membre de la famille Le Tersec, alors chargé des intérêts de la maison de Coatanscours, nous y avait confirmé, quand une pièce nouvelle, un procès-verbal du 22 Thermidor an II, signé de Paulin lui-même, des commissaires du district de Lesneven et des officiers municipaux de Plouzévédé, est venue nous apprendre que « *Paulin avait lui-même*
» *indiqué et déterré après le décès de la citoyenne Coatanscours,*
» *l'argenterie et tous les objets qui avaient été cachés du vi-*
» *vant de sa maîtresse, pensant que le secret qu'il lui avait*
» *promis pouvait et devait même être violé, parce que le trans-*
» *port de ces objets paraissait impossible sans qu'on s'en aper-*
» *çût....* »

Combien sous ce rapport la conduite de la famille Le Tersec fut plus noble et plus élevée, quand, apprenant à peu de temps de là, le retour des héritiers de Coatanscours de l'émigration, l'ancien homme d'affaires de leur famille, M. Le Tersec, père, vint leur annoncer qu'il avait eu le bonheur de racheter de la Nation tous les biens mis en vente par suite de la mort de Madame de Coatanscours, et que ces biens étaient à leur disposition. (1).

(1) Tout le mobilier saisi dans cette dernière visite au château de Kerjean fut attribué, sauf l'argenterie, à l'hôpital de Lesneven, comme annexe de l'hôpital maritime de Brest. Nous savons d'une autre part qu'un très bel herbier, contenant plus de 500 plantes, cueillies sur les lieux par les anciens propriétaires de Kerjean, ainsi qu'un très beau paysage du marquis de Kerouartz, et une très belle vue du château de Kerjean par Madame de la Rochefoucault, duchesse de Chabot, se trouvèrent au nombre des objets enlevés. — Que sont-ils devenus ?

Encore un fait cependant ; un jeune négociant de Douarnenez, nommé Guiller, Louis-Jean-Marie, avait péri comme administrateur du département. — Ce n'était pas assez. Il avait un frère juge au district de Pont-Croix, Urbain-Vincent-Marie Guiller ; il était aussi coupable que son frère de *modérantisme*, il avait ouvertement sympathisé avec les Fédéralistes, il avait même secondé leur mouvement de résistance.... Il fallait sa tête ! Mais comment y arriver ? Il était juge au tribunal de son district, capitaine de la garde nationale, président de la société populaire, membre et président du Comité révolutionnaire régénéré après la chute des Girondins. C'était donc un homme bien venu des plus zélés et des plus ardents.... Il se trouva cependant un dévoué qui avait vu et pratiqué pendant une couple de jours Durun et Perrin dans la courte excursion que ces deux délégués de la commission administrative de Landerneau avaient faite de Quimper à Pont-Croix, toujours à la piste des Fédéralistes, et cet infàme déclara que quand la nouvelle de la mort de Marat était arrivée au club de Pont-Croix, Guiller s'était écrié : — *Mes amis réjouissons-nous : j'aurais voulu porter le premier coup* ! *Crions tous bravo !*

Sur cette première dénonciation, d'autres vinrent, qui assurèrent, qu'à l'occasion du *maximum*, Guiller avait dit en plein club *qu'on aurait bientôt joué à la boule avec la tête des marchands, qu'on verrait des choses terribles et qu'on entendrait les femmes crier à deux lieues à la ronde !*

Enfin d'autres se rappelèrent la scène qui s'était passée lors de la présence du bataillon de l'Hérault, et le *cagotisme* que le président du club avait mis à se plaindre des soldats qui avaient renversé une croix de mission, signe abhorré de l'ancienne superstition de leurs frères.

Ces détails et ces propos plus ou moins envenimés s'accumulaient contre le pauvre Guiller, et bientôt arraché de sa double présidence du club et du Comité révolutionnaire, il vit déposer sur le bureau de cette dernière assemblée une dénonciation en règle, sous le titre de *mémoire instructif*, non signé cependant, mais homologué dès son dépôt par les membres mêmes du Comité, qui conclurent à son arrestation immédiate.

Mais ce n'était là que l'apparence des choses, ainsi que nous le font voir les nombreuses délibérations du Comité qu'il présida tout le temps que se poursuivit l'application des premières mesures destinées à faciliter l'exécution de la loi sur le *maximum* dans les derniers mois de 93. Le véritable motif de l'animadversion qui s'éleva contre lui, ce furent les mesures mêmes qu'il fut obligé de prendre contre ceux de ses concitoyens, tant de la ville que des campagnes, qui tendaient à se soustraire à l'action du *maximum*, soit en refusant les prix légalement établi, soit en refusant les paiements en assignats, soit en refusant d'exposer les marchandises, qu'il eut plusieurs fois l'occasion de prescrire.

Comme on le pense bien d'ailleurs, les accusateurs n'avaient garde d'articuler de pareils faits ; ils se prévalurent des propos qu'on lui attribuait, ils ajoutèrent, qu'il n'avait prêté serment à la Constitution qu'en *rechignant* et en disant qu'il ne l'avait fait que pour ménager du pain à sa femme et à deux enfants qu'il avait.

Et de suite il s'ouvrit sur le *mémoire instructif fourni par la voix publique, mais non signé comme nous venons de le dire,* une enquête au sein du Comité, enquête dont tous les détails nous ont été transmis par des procès-verbaux, et qui montre jusqu'à quelles infâmes et méchantes manœuvres furent entraînés dans ces temps, les hommes et les partis qui divisaient nos plus petites villes.

Le secret le plus absolu, sans aucune communication, même avec sa femme et ses enfants fut d'abord imposé à Guiller par ses anciens collègues du Comité. — Jusqu'à trente et quelques témoins furent appelés à déclarer ce qu'ils savaient contre l'accusé. C'étaient les juges qui avaient siégé avec lui au Tribunal du district, les huissiers et les habitués de ce même tribunal, les femmes et les jeunes filles de ces mêmes juges qui pratiquaient avec lui et avec toute la population le club qu'il avait présidé et qui s'était long-temps tenu dans la chapelle du cimetière.

Aux uns, on demanda ce qu'on l'avait entendu dire à la mort de Marat ; ce qu'il avait fait à l'occasion de la Constitution et des bulletins qui en prescrivaient l'acceptation ; ce qu'il avait pensé ou dit des arrêtés du département et de la levée des hommes qui marchèrent sur la Normandie.

Mais quand on en vint à ces informations, les dires et les circonstances qui les accompagnaient changèrent beaucoup, et il fut appris par plusieurs que c'était un nommé Le Breton, qui était entré au club avec une lettre annonçant la mort de Marat et l'action de Charlotte Corday ; que c'était Le Breton avec d'autres qui avaient applaudi à cette nouvelle, et que Guiller n'avait fait que s'associer aux *bravos* qui furent proférés. Que pour l'adoption de la nouvelle constitution c'était à la chambre de lecture et au moment de sa première présentation, qu'il avait dit qu'il ne l'accepterait pas, ce qu'il fit cependant, tout en avançant que *c'était du pain* qu'il voulait assurer à sa femme et à ses enfants.

Tout cela était donc bien peu de chose ; on imagina alors qu'étant en relation avec un nommé Kervarec, cultivateur, agent national de la commune de Pouldergat, il aurait demandé à ce citoyen à lui emprunter 1,200 livres, et que celui-ci n'ayant pu les lui donner, Guiller l'aurait fait porter sur la liste des suspects et arrêter. — Deux témoins disaient qu'ils avaient la certitude de ce fait, l'un d'eux alla même jusqu'à dire qu'il avait été porteur de la lettre de Guiller pour Kervarec, et, qu'ayant subrepticement lu ce que contenait cette lettre, il avait eu connaissance du fait..... Il n'y manquait qu'une chose, c'est que Kervarec lui-même vînt confirmer le fait ; mais au lieu de cela il comparut à son tour devant le Comité, et déclara formellement qu'il n'avait reçu ni lettre ni demande de ce genre de Guiller.

Une nouvelle accusation s'éleva alors contre lui et de nouveaux témoins vinrent déposer au Comité que dans une vente faite chez l'émigré Le Gouandour, le 7 avril 1793, Guiller aurait touché une somme de 54 livres 10 sols, de laquelle il n'aurait pas rendu compte à l'administration du district. Le Comité interpela et fit comparaître les membres de cette administration, ils répondirent que Guiller avait versé la somme en question au directoire du district, et qu'*il n'était pas juste qu'il payât deux fois.*

Mais toutes ces dénégations n'y firent rien : juge, capitaine de la garde nationale, président du club et du Comité pendant long-temps, il avait été jusqu'à dire à l'occasion du *maximum*, ainsi que l'établit la déposition d'un témoin, que beaucoup de marchands se refusant à obéir à la loi, il serait obligé de faire des exemples, et toutes les acrimonieuses passions de la petite ville s'étaient accumulées sur sa tête,...... si bien que ses ennemis, marchands et anciens collègues, craignant qu'il ne leur échappât, décidèrent, après l'avoir mis au secret, que la porte et les croisées de la chambre, où on le détenait, seraient fermées et condamnées, qu'on ouvrirait un guichet dans la porte pour lui passer les aliments dont il aurait besoin, et que des factionnaires seraient placés à toutes les issues de la prison jusqu'à ce qu'on l'eût livré à l'accusateur public du Tribunal révolutionnaire....... Et que pour que rien ne fit avorter le jugement espéré, le registre des procès-verbaux du Comité serait chaque jour enlevé du lieu des séances et placé sous la garde personnelle du président, afin que quelque mauvais citoyen, quelque ami de Guiller, ne vînt pas à le faire disparaître.

Le premier Messidor an II, Urbain-Vincent-Marie Guiller comparaissait donc devant le fatal Tribunal, et condamné à mort pour avoir *tenté d'avilir et de dissoudre la convention nationale en manifestant de la joie à l'occasion de l'assassinat de Marat,* — il fut exécuté.

Malheureux père de famille, sans fortune, à peine âgé de 37 ans, ayant une jeune femme et deux filles en bas âge, que nous avons vues toute leur vie dans un état voisin de la misère, Guiller mourut ainsi victime de l'une des plus atroces machinations que l'esprit de parti ait fait naître dans ces temps au sein d'une petite ville de moins de deux mille âmes, où toutes les irritables passions des plus absurdes coteries éclatèrent tout-à-coup contre l'homme même qui avait un instant réuni tous les suffrages de ses concitoyens. — Ses amis, ses collègues, ceux qui l'avaient placé partout à leur tête se tournèrent subitement contre lui, et jusqu'à des jeunes filles de 18 et 20 ans, qui fréquentaient le club, vinrent déposer contre lui ; des modérés, accusés à leur tour de fédéralisme, s'acharnèrent eux-mêmes à le perdre en commentant jusqu'à ses intentions les plus secrètes, sans trouver un mot pour sa défense. — Un seul homme cependant, Monbet, de l'administration du district, frappé de tant d'égarement, s'était jeté au milieu de la mêlée et avait adjuré de se montrer plus calme, d'oublier ce qui avait pu être dit, et de s'embrasser comme des frères. — Mais personne n'écouta le vénérable vieillard, pas même ceux qui furent plus tard accusés de fédéralisme, et qui, arrêtés à leur tour, n'échappèrent au Tribunal révolutionnaire que grâce à la chute de Robespierre.

Mais encore une fois finissons, et pour tout terminer sur ces malheureux temps et sur les auteurs atroces de ces assassinats juridiques, contentons-nous de dire que quoique la nouvelle du 9 Thermidor et de la chute de Robespierre fût officiellement arrivée à Brest le 13, le Tribunal révolutionnaire n'en continua pas moins de siéger, et que le 24 il rendit un dernier jugement contre Guillaume Thomas, ancien maire du Conquet, qu'il condamnait à la déportation pour s'être opposé à *l'acceptation de l'acte constitutionnel et avoir décrié les journées du 2 et du 3 Septembre 1792 !*

Vous l'entendez, *pour avoir décrié* LES JOURNÉES DU 2 ET DU 3 SEPTEMBRE !

Un tel tribunal ne pouvait mieux finir, et c'était en quelque sorte résumer lui-même ses propres principes en les rattachant par un aveu public à l'assassinat et au massacre des prisons comme une des mesures et une des règles les plus appropriées aux circonstances et peut-être les plus désirées de lui.

Aussi s'est-il trouvé, encore de nos jours, des gens qui n'ont pas hésité à accepter la solidarité de tous ces excès, et d'autres moins osés ou moins *avancés* comme on dit, qui, n'approuvant pas ces excès, n'en répudient cependant pas les résultats, et qui les regardent comme une nécessité malheureuse, mais inévitable. Il en est d'autres qui, doués d'une certaine modération, mais bien peu éclairés, suivant nous, vont jusqu'à croire que pour changer la face de la société française, il a fallu ces crimes et tout le sang qui a été répandu avec tant d'aveuglement et de colère.

A tous, aux uns et aux autres, nous n'opposerons qu'une réponse, celle que les faits donnent eux-mêmes, quand, après la terreur et ses désastres, on descend à considérer l'état dans lequel la France et la République sortirent de la main des Montagnards.

On a très souvent fait le tableau de l'affaiblissement général du pays à cette époque. — Sans rien ajouter sur la désorganisation que subit le gouvernement lui-même après cette crise, nous essaierons de redire quel fut l'état de nos départements et des populations que l'on avait agitées de tant de manières : ce sera la courte conclusion d'un livre où nous avons retracé bien des crimes. Puisse-t-il, pour d'autres circonstances, suggérer de plus sages conseils et une réserve plus modérée !

Du reste, ces feuilles et les volumes que nous avons publiés, il y a déjà plus de 20 ans, sur les phases de la Révolution dans les départements de l'Ouest, formeront comme une partie de notre dette envers la société où nous avons vécu sans beaucoup lui demander, sans plus en recevoir, mais très reconnaissant cependant de la protection qu'elle nous a accordée à nous et aux nôtres, dans l'exercice de nos droits, sans manquer pour cela d'être désireux d'un peu plus de lumière dans les masses, d'un peu plus de réserve pour quelques-uns, et pour tous d'un peu plus de ce juste sentiment du droit des autres, qui aide à la fusion des opinions opposées et amende les mœurs publiques, véritable force du pays.

CHAPITRE XII.

Arrivée de la nouvelle du 9 Thermidor à Brest, — suites et révélations des affidés de la Terreur.

Ainsi que nous l'avons déjà dit, la nouvelle de la révolution du 9 Thermidor arriva à Brest le 13, et, dès ce jour, il fut su de tous que Robespierre et ses partisans avaient été renversés, que plusieurs avaient été tués, que les autres avaient été incarcérés et allaient être mis en jugement.......
Mais, malgré la joie qui put en résulter, beaucoup ne comprirent pas d'abord la portée d'un tel événement; un plus grand nombre n'osèrent pas se livrer aux espérances qu'on pouvait en concevoir, et d'autres, plus intéressés, s'efforcèrent de donner le change sur l'étendue de l'événement, en retenant dans leurs mains les pouvoirs extraordinaires sous lesquels tout tremblait encore.

Et cependant avec la faiblesse de ceux-ci, voyez l'audace de ceux-là! Se fait-il, au club, à la municipalité, au district, dans les sections, au tribunal révolutionnaire lui-même (1), des

(1) Chacun de ces corps s'applaudissait de la chute des nouveaux *Catilina*! — Lettre de Prieur du 15 Thermidor.

adresses de félicitations pour complimenter la Convention sur la résolution qu'elle a prise d'expulser les *tyrans* de son sein, Ragmey, ainsi que l'atteste Prieur, est un des premiers à voter les adresses qu'on signe, et quand un arrêté du Comité de Salut public, daté du 21 Thermidor, vient décider que Ragmey sera mis en état d'arrestation, cette lettre le trouve encore le 24 à Brest siégeant et faisant condamner à la déportation, Thomas, le maire du Conquet, pour avoir mal parlé des journées du 2 et du 3 Septembre. — Et que répond au Comité de Salut public Prieur de la Marne, le seul représentant resté sur les lieux ? Il écrit, à la date du 5 Fructidor an II, qu'il vient de mettre Ragmey en arrestation chez lui, et qu'il serait sage de le faire partir pour Paris, au lieu de le retenir sur les lieux ; — « qu'au reste, il ne lui est revenu aucune espèce » de plainte contre le président de l'ancien Tribunal, et qu'il » n'a jamais rien remarqué de suspect ni dans ses principes, » ni dans sa conduite politique ; » — et faisant semblant de déférer aux ordres du Comité, il désigne, par arrêté spécial, Le Bars et Désirier, comme membres du Comité révolutionnaire, pour saisir les papiers de l'ancien président et les inventorier.

Mais qu'est-ce à dire ? Le Bars, comme juge du Tribunal révolutionnaire, et Désirier, comme l'un de ses plus fidèles jurés, étaient les complices du président ; aussi ne se trouvat-il rien chez celui-ci, si ce n'est quelques lettres de Robespierre et de Dumas, dont Ragmey était la créature ; tout le reste avait disparu, et chacun sut à Brest que, pendant les deux ou trois jours que Ragmey passa dans une maison de campagne près de l'anse Kerhuon, maison à laquelle allaient et venaient Palis, Le Bars, Verteuil, Bonnet et quelques autres, tout ce qui aurait pu devenir compromettant avait été brûlé et détruit.

Le Comité révolutionnaire de Brest, au sein duquel Le Bars et Désirier avaient été choisis par Prieur pour simuler l'inventaire des papiers que le Comité de Salut public devait connaître, a pris le soin lui-même de nous l'apprendre, en protestant, par une délibération du 14 Frimaire an III, contre tout ce qui avait été fait par Prieur et les commissaires désignés par lui comme délégués du Comité, sans que celui-ci eût même été avisé de leur mission et de leur mandat.

Mais une bien autre tempête allait se déchaîner contre l'ex-tribunal révolutionnaire et les suppôts du terrorisme à Brest.

Un nommé Roffin, ancien huissier de l'une des juridictions locales de la ville de Brest, homme de cœur et de résolution, qui, dans une sphère d'ailleurs étroite, avait été mêlé depuis 89 à tout ce qui s'était fait en faveur du nouveau régime ; qui successivement appelé dans les colonnes mobiles et les équipages des vaisseaux mis à la mer, avait montré partout le plus louable désir de bien faire, arrivant inopinément à Brest, en débarquant d'une frégate qui rentrait de croisière, s'était montré le 19 Thermidor au club, et y prenant la parole, avait attaqué de front tous les Terroristes, qui, là présents, arrêtaient, suivant lui, l'heureux mouvement du 9 Thermidor et compromettaient jusqu'à ses plus légitimes conséquences........ Quelques murmures et des paroles acerbes interrompirent d'abord l'orateur, mais, bientôt soutenu par les amis et les parents des nombreuses victimes du Tribunal révolutionnaire qui continuait ses séances, il attaqua ceux mêmes qui le défendaient, et parlant des crimes du Tribunal, il dit qu'il allait en faire l'histoire...... A cette annonce, l'émotion devint si profonde de toutes parts, que ni l'orateur ni le président ne purent se faire entendre, et tous les membres du club s'étant levés spontanément, il y eut, dans la salle où se tenait la séance, une indicible confusion, où les bourreaux et les amis de leurs victimes échangèrent les menaces les plus irritantes. Entouré, poussé par les habitués du Tribunal qui le saisissaient déjà, c'est tout ce que Roffin put faire que de leur échapper. — Mais, à peu de jours de là, et pour y couper court, il publia un mémoire intitulé : *Roffin à ses concitoyens*, dans lequel il articula une série de faits tendant à établir :

« Que le Tribunal révolutionnaire de Brest, contrairement à la loi, avait dépouillé la municipalité de la police des prisons ;

» Que l'on avait fréquemment remarqué, lors des débats, des signes d'intelligence entre les juges et les jurés ;

» Que le Tribunal avait souvent refusé la parole aux prévenus ;

» Que Le Bars et Palis avaient blâmé le citoyen Gauchelet, en présence de plusieurs témoins, de s'occuper à publier des mémoires justificatifs qui étaient sans objet. — *Nous les f...... au feu*, avait dit Le Bars, *et nous ne les envoyons pas moins à la guillotine* ;

» Que les jurés étaient convoqués au parquet avant l'audience et qu'on les y endoctrinait après leur avoir donné communication des pièces à charge ;

» Que Ragmey entendait négligemment et en masse les témoins à décharge et les avait plusieurs fois expulsés du Tribunal sans les entendre ;

» Que le Tribunal avait une caisse à sa disposition, des deniers de laquelle l'accusateur public avait plusieurs fois payé des témoins ;

» Que des condamnés à mort avaient été dépouillés, même devant leurs parents ; — que leurs effets avaient été confisqués et transportés au greffe sans inventaire ;

» Que les défenseurs officieux avaient été constamment terrifiés et entravés dans leurs défenses par des interpellations tendant à leur demander si les principes qu'ils professaient étaient les leurs ;

» Que Ragmey, affidé de Robespierre, avait dit *que la liberté de la presse était un moyen de contre-révolution ;*

» Que quinze jours avant le jugement des vingt-six, des charrons et des charpentiers se présentèrent au district, munis des ordres de Verteuil, pour prendre les bois nécessaires à la construction d'une voiture propre à transporter au moins douze personnes, quoiqu'il en existât déjà une de même importance ;

» Que le Tribunal avait plusieurs fois intercepté des doléan-
» ces adressées par les prévenus aux comités de sûreté géné-
» rale et des finances ;

» Que le Tribunal avait souffert que le couteau de la guillo-
» tine fût couvert de bandes aux couleurs tricolores ;

» Que le Tribunal entretenait des espions dans les prisons,
» et refusait aux détenus les motifs de leur arrestation ;

» Que plusieurs prisonniers étaient morts faute de secours
» nécessaires ; que beaucoup manquaient de linge, et que des
» effets de prix, argenterie, bijoux, or monnoyé, avaient été
» détournés par des employés infidèles, en présence de *Pas-*
» *quier*, l'un des membres du Tribunal, qui avait lui-même tra-
» fiqué de la misère des prisonniers ;

» Que le Tribunal avait très souvent remis les séances à
» cinq heures de relevée les juges et les jurés allant dîner en-
» semble ;

» Enfin, qu'il était de notoriété, qu'au mépris de la loi du
» 11 Thermidor, qui suspendait les tribunaux révolutionnai-
» res, celui de Brest avait continué ses fonctions et rendu ses
» jugements, dont deux à mort, le 19 et le 24 Thermidor. »

Cet écrit et cet acte de courage rendirent la commune de Brest à elle-même.

Le Tribunal cessa de siéger, ses membres et ses suppôts se dispersèrent ; un décret de la Convention rappela dans son sein tous ceux de ses membres qui, étant depuis plus de six mois en mission, pouvaient avoir concouru à la mise en pratique de l'affreux régime qui avait causé tant de deuil dans toutes les classes de la population. Chacun courant aux prisons y demanda son père, ses amis, ceux qu'il avait connus et qu'il était encore temps de sauver. Un nouveau comité de surveillance et des commissaires pris dans la classe la plus éclairée furent chargés d'écouter toutes les plaintes et de recueillir tous les renseignements qui pouvaient intéresser les victimes et les détenus de toutes catégories encore placés sous les verroux.

Castelnau, Robin, Trouille et Bergevin, tous nouvellement

extraits de la prison du Château, et que la ville et les sections choisirent d'un commun accord pour rédiger le mémoire où seraient exposés les crimes du Tribunal révolutionnaire, reçurent la mission de présenter ce mémoire à la Convention et d'obtenir un décret d'accusation contre les membres dudit Tribunal. — Une autre commission, que présidait Guesnet, chargée de recueillir les pièces qui pourraient appuyer ce travail, parvint à en réunir une soixantaine relatives aux actes à dénoncer.

Redire aujourd'hui tout ce qui circula et se répéta alors à Brest au sein des familles qui avaient été si durement victimées, comme dans les rangs de ceux qui, d'accusateurs, devinrent accusés à leur tour, serait difficile, d'autant plus que la parole dans le moment même n'y suffit pas et que les écrits abondèrent de part et d'autre sans être tous parvenus jusqu'à nous.

Ainsi que nous l'a dit Roffin, ainsi que le dirent les auteurs du mémoire intitulé : *Les crimes du Tribunal révolutionnaire de Brest*, tout ce qu'il y eut de plus atroce et de plus audacieusement criminel avait été en quelque sorte tenté et accompli par les suppôts de l'affreux régime qui venait de tomber. Mais comment tous ces crimes s'étaient-ils ourdis et accomplis ? entrons, pour le savoir, avec les affidés de la maison dans le détail intime de ces existences si étrangement troublées par les irritantes passions du jour. Une des pièces les plus curieuses à consulter sous ce rapport, est l'acte d'accusation que Donzé-Verteuil articula au moment suprême, après le 9 Thermidor, quand il était encore sur son siège, dont il ne voulait pas descendre, contre l'ivrogne Dagorne, contre cet homme qui, revêtu de la confiance des Représentants pour fermer la cathédrale de Quimper, y avait causé tant de scandale, que les Représentants eux-mêmes, voulant donner une demi-satisfaction aux croyances populaires des campagnes, avaient cru devoir le faire saisir sous le coup d'une prochaine comparution devant le Tribunal révolutionnaire. Mais, jusqu'au 9 Thermidor, ses complices n'avaient osé l'extraire du Château où il était détenu pour le produire au grand jour d'un débat judiciaire. Les représentants ne l'avaient pas cru possible ; Donzé-Verteuil, aux abois, le tenta cependant, et se retournant ainsi contre un des siens, contre un de ceux qui avaient été les plus compromis, il l'accusa d'avoir joué le patriote tout en servant au fond les émigrés et les ennemis de la République avec lesquels il avait, dit-on, des intelligences ; — d'avoir à dessein exagéré les mesures de répression à l'égard du culte catholique ; — d'avoir, en dînant avec des membres du Comité et de la commission administrative de Landerneau parodié la *Marseillaise*, en s'écriant, plein de vin :

> Allons enfants de la patrie,
> Le jour de boire est arrivé, etc.

et d'avoir répondu à quelqu'un qui le saluait, en l'appelant *citoyen*, qu'il n'y avait chez lui de citoyen que son chien, etc., etc., (1).

(1) Cette espèce de palidonie se continua de la part de Donzé-Verteuil et de Grandjean, son substitut, jusqu'à la fin de Fructidor, près de deux mois au-delà de la chute de Robespierre. Les lettres de ces deux suppôts de la Terreur, qui sont arrivées jusqu'à nous, sont curieuses par le soin affecté qu'elles prennent de s'apitoyer sur le sort des détenus, qu'il serait injuste ou cruel de retenir quand on peut les relâcher, et qu'en tous cas on doit entourer de tous les soins qui peuvent adoucir leur détention, comme, libre pratique avec leurs amis et leurs parents, remise et délivrance des objets nécessaires à leur entretien, etc., etc. — Jugés sur de pareilles pièces, l'accusateur, son substitut et les juges du Tribunal révolutionnaire auraient été les hommes les plus inoffensifs du monde, et on les vit, dans le but de se réhabiliter, tenter, dans ces derniers jours, tout ce qui pouvait les faire bien venir des amis de l'ordre et du peuple lui-même en intentant au même moment plusieurs procès pour accaparement, vrais ou faux, de blés et de denrées utiles à l'alimentation publique. Un double procès intenté par eux contre le maire et trois officiers municipaux de la commune de Pont-Labbé, à la date du 17 Fructi-

A quoi Dagorne, une fois bien sûr que le Tribunal n'était plus, et que la *griffe* de Donzé-Verteuil, comme on le disait, s'était refermée, répondit « que l'intrigue la plus criminelle
» avait constamment assiégé les Représentants, que c'était à
» l'obsession que Palis, Le Bars et Pasquier avaient dû de sié-
» ger dans le Temple de la justice, et qu'en formant le Comité
» révolutionnaire des juges et des jurés du Tribunal, qui s'é-
» taient ainsi trouvés à la fois juges et accusateurs des préve-
» nus, il avait fallu encore s'assurer de sept à huit habitués
» qui se présentaient incessamment comme témoins à charge
» dans presque toutes les affaires où l'espionnage des prisons
» et la déclaration soudoyée avaient été ajoutées à tous ces
» moyens. »

Une fois la porte ainsi ouverte par ceux-mêmes que ces récriminations devaient démasquer, les renseignements abondèrent. — Un jour, c'était Durand, officier municipal et juré, qui, après l'affaire du 24 Thermidor, apprit au public qu'il avait vainement prévenu par un billet les membres du Tribunal révolutionnaire des manœuvres qui s'étaient ourdies au Conquet pour perdre Thomas, et que n'ayant pu prévenir la condamnation de celui-ci, il déclarait qu'il avait été contraint de siéger malgré son désir de ne pas le faire.

Une autre fois, c'était Rébillard, artiste dramatique, et membre du conseil général de la commune, qui, accusé d'avoir concouru à la perte de Toullec et d'avoir révélé les confidences de quelques détenus, rejetait ces accusations, en disant qu'il

---

dor, pour accaparement de blé, puis pour détournement d'une partie de vin pris indûment chez le maire lui-même, et vendu par les officiers de la commune à leur profit personnel, achève de prouver quelle nouvelle direction prirent tout-à-coup ces actes de profonde hypocrisie, et comment ils les appuyèrent de toutes les formes légales, et même de la descente sur les lieux de leurs plus intimes affidés. — Voir le numéro 1 de la section D des archives de la commune de Pont-Labbé pour quelques-uns de ces actes.

avait été le premier à fournir la preuve de l'espionnage du Tribunal dans les prisons, et de l'infidélité des juges à transmettre à la Convention les renseignements qui étaient destinés pour elle seule. — Juré et très au courant de ce qui s'était passé lors du jugement de Binard, il affirmait que la mort de ce malheureux avait été décidée par les juges avant même que les débats fussent ouverts.

Une autre fois, c'était un nommé Adam qui apprenait à ses concitoyens que, dénoncé par Palis, accusé par lui au Comité révolutionnaire, il l'avait encore rencontré pour juge-informateur au Tribunal révolutionnaire ; que l'un des jurés de ce même Tribunal, chargé de prononcer sur son sort, avait été un nommé Brandin, qui agiotait si effrontément sur l'argent monnoyé, au moment où les assignats seuls devaient avoir cours, qu'il avait expédié à Nantes jusqu'à 30,337 livres en espèces sonnantes. — Il établissait, d'une autre part, que le juge Le Bars, menuisier de sa profession, n'avait recherché les fonctions de membre du Tribunal que pour échapper au service militaire, auquel son âge l'obligeait, et qu'ayant été, une fois, comme fournisseur, forcé de réduire, après débat judiciaire, un mémoire de 1430 livres à 505 livres, il s'était vengé comme juge sur les experts qui avaient ainsi réduit son mémoire, quoiqu'il eût reconnu par un acte public la parfaite exactitude des appréciations de ceux-ci. — Il établissait également que le greffier Quémar, d'accord avec Ragmey, Palis, Le Bars et autres, avait plusieurs fois mis impunément à néant l'appel des témoins à décharge, et notamment dans une séance du 7 Thermidor, où l'on jugeait Le Gogal, ancien maire de Carhaix. — Enfin, déchirant jusqu'au rideau qui avait un instant caché les nombreuses turpitudes de tous ces hommes, il apprenait à ses concitoyens comment Palis et Ance, le juge et le bourreau, assis à la même table, devisaient habituellement sur les péripéties journalières de l'échafaud et de l'instrument si cruellement appelé par eux la *justice du peuple* ; — comment Bonnet, à l'œil de verre, incessamment tourmenté de cette cruelle dureté de cœur, qui est trop souvent le triste apanage de certaines infirmités physiques, prenait l'infernal plaisir d'ajouter ses ignominieuses atrocités aux rigueurs de la loi, qui pesaient déjà d'un poids si lourd sur les détenus que l'arbitraire livrait chaque jour à toutes les fantaisies de sa méchanceté ; comment, par opposition à ces égorgeurs émérites, Donzé-Verteuil, paré des manières doucereuses et étudiées de la caste à laquelle il avait appartenu comme chanoine et ancien gentilhomme, se tenant constamment à l'écart, semblait laisser tout faire à ses seconds, pour ne prendre mot que des Représentants eux-mêmes dans l'intimité desquels il vivait familièrement (1) ; comment Palis et quelques autres habitués du Tribunal et du Comité, se jouant audacieusement de tout ce qu'il y avait d'honnête et de mesuré dans les habitudes et dans les mœurs du pays, s'étaient montrés partout où il y avait eu une mauvaise pensée à fournir, quelque trouble à exciter : ici, dénonçant les pieuses filles dont les services, malgré l'exclusion de la loi, avaient été réservés près des hôpitaux par les Représentants eux-mêmes ; là, dénonçant ses chefs comme officiers de santé, troublant les cours et les démonstrations qui se faisaient jusque dans la salle de dissection, et publiant par là-dessus des traités de morale pour la jeunesse, un *credo* républicain pour les jeunes soldats, et allant jusqu'à se vanter d'avoir réformé les mœurs dissolues de ses camarades, quand tout Brest l'avait signalé pour les atroces monstruosités de l'immolation de la jeune de Forsan.

Et qu'on ne pense pas que ces traits fussent exagérés ou controuvés. Un mémoire signé de trente et quelques administrateurs de la ville de Quimper, ancien chef-lieu du département, publié dans ces entrefaites, est resté comme pièce offi-

---

(1) Une caricature, affichée sur les murs de Brest après le 9 Thermidor, le représentait allongeant sa griffe pour saisir un prévenu qui lui échappait. — La devise portait : *Doucereux Verteuil, donne un œil de plus à Bonnet et cache ta griffe.*

cielle pour nous apprendre que la plupart des administrateurs et des comités révolutionnaires de l'époque, composés d'ivrognes qui paraissaient aux séances presque toujours pris de vin, y avaient fait descendre la plus grande partie des délibérations où l'on traitait souverainement de la liberté des citoyens au rang des plus ignobles querelles de taverne ; que l'écharpe municipale avait souvent été relevée dans le ruisseau avec ceux qui la portaient, et qu'allant au-devant du vice, on avait vu ces hommes élever jusqu'à la hauteur d'une doctrine républicaine la pensée que la révolution ne pouvait être utilement servie que par des femmes de mauvaise vie (1). Comment avec ces doctrines et ces principes s'étonner que les victimes de la terreur nous aient dit que les juges, les jurés et les accusateurs du Tribunal de Brest, après avoir versé le sang des victi-

(1) Comme on pourrait croire que nos assertions sont un peu outrées, nous rétablissons ici le texte même du Mémoire dont nous parlons, et dont un exemplaire imprimé existe encore entre les mains de notre ami Levot, bibliothécaire de la Marine à Brest.

« L'ivrognerie, qui était la compagne habituelle de plusieurs mem-
» bres de ces administrations, semblait y être à l'ordre du jour et
» avoir changé en querelles de tavernes les délibérations qui de-
» vaient éclairer l'administration. On l'avait vue, en l'absence du
» maire, présider les séances, déshonorer l'écharpe municipale et
» se vautrer dans la fange, en se mettant elle-même sous le coup de
» la police. »

En parlant du Comité révolutionnaire, ils disaient : « Ne les
» a-t-on pas vus aller au-devant du vice pour le caresser et prêcher
» hautement la prostutution ? Venez, disait-on à des filles sans pu-
» deur, à des filles éhontées, ce sont des femmes comme vous
» qu'il faut à la République, ce n'est point avec des citoyens hon-
» nêtes qu'on fait des révolutions........

» Combien de fois n'en a-t-on pas vu qui, la tête troublée des
» liqueurs dont ils s'étaient enivrés, allaient mendier de porte en
» porte du vin et de l'eau-de-vie...... Combien de fois, dans les
» maisons d'arrêt elles-mêmes, ne les a-t-on pas vus mettre à contri-
» bution les pauvres détenus pour étancher leur soif. A l'hôpital

mes, volèrent jusqu'à leurs dépouilles et se les approprièrent ; que Palis et Bonnet intimidèrent quelques détenus au point de les faire se dessaisir de leurs bijoux (1) ; que Pasquier imposa au même titre des échanges onéreux de bijoux, d'or monnoyé et d'étoffes précieuses contre des assignats sans valeur, et qu'un commerce presque régulier se fit entre quelques-uns d'entre eux et certaines caisses d'où l'on retira des valeurs métalliques pour y substituer du papier complètement discrédité (2).

» militaire, il y en a qui ont eu l'impudeur de forcer la main au
» dépensier pour lui arracher des liqueurs destinées aux pansements
» et au service des malades. »

(Mémoire imprimé à Quimper et signé de plus de quatre-vingts notables de l'administration et de la commune.— 5 Brumaire an III).

Des délibérations de la commune et du district de Quimper prouvent qu'en Prairial de l'an III, la terreur inspirée par ces hommes n'était pas encore apaisée.

(1) Un syndic des classes, membre du Comité révolutionnaire, fut, plusieurs fois, jusqu'à se rendre, à minuit, dans les prisons, pour y intimider les détenus, en se présentant à eux le sabre à la main, accompagné de deux fusiliers.

(2) Les sources où nous avons puisé tous ces détails, forment, comme nous l'avons dit, une partie des mémoires que publièrent, les Terroristes après le 9 Thermidor, en s'armant les uns contre les autres pour se soustraire à la juste vindicte du public. Mais combien d'autres faits et d'autres énormités n'aurions-nous pas pu recueillir dans les procès-verbaux très nombreux que nous possédons des clubs et des comités réorganisés dans le sens thermidorien, immédiatement après la chute de Robespierre. — Une épuration générale des membres de ces sociétés, faite en vue d'en exclure tous les hommes qui s'étaient compromis sous la Terreur, présente comme un état nominatif de tous les crimes et de tous les excès qui furent alors commis dans chacune de nos villes, au nom d'un mensonger patriotisme, qui cacha les plus honteux penchants de méchanceté et de perfidie humaine. — A voir tant d'infirmités, on se prend involontairement à bien peu compter sur des prétendus dévouements qui font effort pour se faire jour dans les crises révolutionnaires.

Mais terminons, et sachons encore une fois ce qu'il faut penser des dernières accusations portées contre Jean-Bon Saint-André auquel les contemporains persistèrent à attribuer la plupart des crimes que nous venons de rapporter.

Si l'on en croit ce que ce représentant a dit lui-même dans sa réponse aux délégués de la commune de Brest, qui furent chargés de retracer les crimes de l'ex-tribunal révolutionnaire, il n'aurait été pour rien dans la réorganisation de celui-ci et se serait contenté, après avoir long-temps résisté à sa création, de récuser toute participation à sa formation, en écrivant au Comité de Salut public qu'il voulait rester étranger à toutes les nominations à venir. — Quant à l'action du Tribunal révolutionnaire et au concours qu'il aurait pu lui donner, il ajoute qu'il ne se mêla que très rarement des arrestations à opérer, et qu'il essaya de modérer son action, en examinant lui-même ou en faisant examiner dans ses bureaux les causes de la plupart des détentions opérées.

Nous comprenons comment il s'est fait que l'ancien ministre protestant, devenu préfet d'un des départements de l'Empire, ait tenu à accréditer ces assertions et se soit efforcé de se justifier de ces accusations par le choix de nombreux documents qu'il avait pris le soin de classer et de faire trier pour l'histoire de sa vie ; mais les actes et les faits passés de sa mission à Brest sont restés consignés dans des actes publics ; c'est ceux-ci qu'il faut consulter.

Il n'a été, ni n'a voulu être pour rien, dit-il, dans la nomination des membres du Tribunal de Brest ; mais sa lettre du 5 Nivôse, déjà citée, est restée aux archives de Brest, et en se plaignant en effet de ce que l'esprit public éprouvait en ce moment à Brest une sorte de convulsion qu'il importait de calmer, nous voyons que c'est lui qui a recherché le substitut de Fouquier qu'il connaissait, qu'il avait pratiqué lorsqu'il était à Paris membre du Comité de Salut public, où il avait eu l'honneur de faire entrer son ami Robespierre. Et que dit-il à Verteuil, dans cette circonstance : « qu'il aime les républicains

» qui joignent à l'instruction la douceur des manières et l'im-
» perturbable fermeté de l'homme de bien, et qu'il l'attend,
» sans retard, deux jours après la réception de sa lettre. » —
Jean-Bon Saint-André poussa la déférence envers Verteuil, qui
lui donna souvent de vive voix et par écrit son avis sur les faits
les plus importants, jusqu'à confier à un de ses frères l'inspection générale du port de Brest, et à remettre ainsi en quelque sorte le port et la ville sous le contrôle de l'ancien substitut de Fouquier.

Les délégués de la commune de Brest, chargés de relever les crimes du Tribunal révolutionnaire, attribuent à Jean-Bon une grande partie de ses excès. — Le Représentant accusé répond que s'il a accueilli avec distinction le président et l'accusateur public du Tribunal si justement incriminés, c'est qu'il eut le désir de conserver par ses relations le droit et le moyen de faire quelque bien et de modérer l'ardeur dont on était animé autour de lui.

Mais alors, répondaient les membres de la commune de Brest, comment avoir été jusqu'à oublier la hiérarchie et l'ordre naturel des pouvoirs, en nommant du comité révolutionnaire chargé de la recherche et de la dénonciation des prévenus, ceux-là mêmes qui devaient les juger comme jurés et comme juges ; comment, enfin, quand il s'éloigna de Brest et s'embarqua sur la flotte, avoir précisément et par affiche remis tous ses pouvoirs, c'est-à-dire le droit d'arrêter et d'accuser, à qui ? — au Tribunal révolutionnaire lui-même et en particulier à son accusateur public. — Je conçois que lui et ses amis aient constamment dénié une telle énormité. Je conçois qu'il se soit efforcé de dire qu'il n'avait jamais donné une telle délégation, et qu'avec une dénégation aussi affirmative, il ait échappé près de ses collègues de la Convention à une mise en accusation...... Mais revoyez ce que les délégués de la commune affirmèrent, ce que Blad, le député de Brest, maintint comme exact à la tribune même de la Convention ; revoyez enfin les archives de la ville de Brest à sa bibliothèque communale, vous y retrouverez la proclamation de Jean-Bon du 18 Floréal an II, qui dit expressément aux habitants de Brest, qu'en s'éloignant de cette ville pour suivre la flotte, il *s'en remet pour la tranquillité et la sûreté publique à la vigilance et à la fermeté du Tribunal révolutionnaire dans la personne de l'accusateur public, chargé de requérir la force armée toutes les fois qu'il sera nécessaire.*

Et comme si cela n'eût suffi, un autre arrêté avait déféré au même Tribunal le soin de statuer sur toutes les arrestations opérées ou à opérer, en lui attribuant la faculté de prononcer sur le sort de tous les détenus, et en particulier sur celui des détenus saisis en vertu de la loi du 17 Septembre 1793, c'est-à-dire sur les suspects eux-mêmes, sur les citoyens que l'on poursuivait révolutionnairement comme ennemis du régime inauguré par la Montagne (1).

Nous demandons si aucune autre mesure plus révolution-

(1) Nous possédons en original un des arrêts rendus dans ces circonstances au parquet du Tribunal révolutionnaire de Brest, daté du 9 Thermidor an II. Cet arrêté est relatif à la mise en liberté d'un nommé Goulvain Pezeron détenu dans la maison de Morlaix. Cette pièce signée de Ragmey, de Donzé-Verteuil et de ses deux substituts Grandjean et Marion, fait elle-même mention des arrêtés de Jean-Bon Saint-André, des 17 et 19 Floréal, portant que le parquet en présence du président du tribunal *statuera sur toutes les arrestations faites et à faire dans l'étendue des départements maritimes de la République.*

Quant à sa sollicitude en faveur des membres mêmes du Tribunal, on ne peut douter qu'elle n'ait été personnellement très bienveillante, malgré le soin qu'il a pu prendre de dire que ses relations avec eux furent presque nulles. Des lettres de Verteuil, de Palis, de Grandjean, écrites dans les termes de la cordialité la plus libre en font foi, et je possède, en outre, une réquisition de Jean-Bon à l'administration du district qui prescrivait à celle-ci (25 Ventôse an II) de fournir aux membres actifs et externes du Tribunal tous les objets dont ils pourraient avoir besoin, *même pour l'intérieur de leur maison.*

naire et d'une compression plus terrible aurait pu être prise, et si la *Terreur* elle-même rencontra nulle part un plus libre essor et de plus formels encouragements ! L'œuvre, en effet, était machiavélique et profondément combinée ; aussi les détenus incessamment renvoyés de Caïphe à Pilate, de Verteuil à Duras, ou de Palis aux Représentants, subissaient-ils toutes sortes de vexations, qui s'accumulèrent au point que beaucoup, privés d'air, de nourriture et de vêtements, astreints à des traitements atroces jusqu'aux derniers jours de ce régime, ne purent sortir de leurs cachots qu'à la fin de Fructidor, c'est-à-dire près de deux mois après l'arrivée à Brest de la nouvelle du 9 Thermidor.

Comme dernier renseignement sur ces tristes jours, nous devons dire, au reste, que la Convention, cédant à l'énormité des faits qui lui furent dénoncés, décida, par une loi du 16 Prairial an III, que les jurés et les membres du Tribunal révolutionnaire de Brest seraient arrêtés et déférés à un jury spécial. — Mais qu'advint-il de cette mise en accusation ? — Pas grand'chose à ce qu'il paraît, si même il y eut jugement, car des notes et des mémoires, établissant pour presque tous qu'ils furent les citoyens *les plus honnêtes et les pères de famille les plus dévoués*, nous apprennent qu'en l'an IV ils étaient encore, pour la plupart, retenus en prison. A cette époque, Donzé-Verteuil, s'adressant de la maison d'arrêt d'Evreux au représentant qui s'y trouvait en mission, lui annonçait un mémoire justificatif de sa conduite, où il *lui dirait des choses absolument neuves*. — Un autre prévenu, Perrin, appelé à rendre compte de sa conduite devant le tribunal correctionnel de Châteaulin, disait de son côté, que c'était bien à tort qu'on lui attribuait la mort des vingt-six administrateurs du Finistère, et que si l'on rendait plus de justice à ses intentions et à ses actes on reconnaîtrait que si l'administration entière du district de Brest n'avait pas péri dans la même circonstance, c'est que lui et quelques-uns de ses collègues de la commission administrative de Landerneau avaient eu le courage de soustraire leur correspondance avec le département et de la jeter au feu au lieu de la faire parvenir à l'accusateur public..... *Si Duras et Verteuil étaient ici*, disaient-ils en terminant, *combien d'autres n'en saurait-on pas...... mais je dois me taire et souffrir.....* (1).

Palis, Ragmey, Le Bars, Bonnet et presque tous les jurés du Tribunal révolutionnaire subirent aussi une détention plus ou moins longue ; mais, rendus bientôt à la liberté, ils se perdirent dans la foule, et peu de personnes savent ce qu'ils devinrent. On a cependant dit du président Ragmey, qu'il avait été vu à Anvers vers 1812.

(1) Poursuivi en vertu de la loi du 3 Ventôse an III, sur la résidence des fonctionnaires de la Terreur, Perrin eut six mois de détention à subir.

CHAPITRE XIII

COURTES RÉFLEXIONS.

Aucune Révolution peut-être n'entraîna plus d'excès que la Révolution française.

Le nombre et l'importance des changements opérés en furent, sans contredit, la première cause ; — mais la nature et le caractère de l'esprit français, si mobile, si impressionnable, furent aussi pour beaucoup dans les crimes qui ont été commis, cela n'est pas douteux.

Quoi qu'il en soit de ces causes et de leurs suites, que devons-nous penser aujourd'hui, placés que nous sommes à près d'un siècle des événements, que devons-nous penser de la *Terreur* comme moyen révolutionnaire ; — de la *Terreur* comme moyen de salut et de succès dans l'incroyable crise où se trouvèrent engagés la France et l'Europe après la chute du trône et l'exécution de Louis XVI ?

Il y a aujourd'hui, comme il y eut après le 9 Thermidor, comme il s'en trouva après les événements de 1848 et de 1851, des hommes qui persistent à dire que si la République ne s'est fondée à aucune de ces époques, c'est que les Républicains n'ont été ni assez énergiques, ni assez osés pour faire tout ce qui devait être accompli contre les classes, contre les individus, contre les intérêts qui ne se rangèrent pas d'eux-mêmes sous le rude niveau d'une brutale *égalité*, en contradiction avec la nature elle-même.

Qu'à chaque reprise de cette affreuse lutte, promptement poussée jusqu'aux plus cruels excès de la surexcitation populaire, il se retrouve toujours des hommes prêts à retrousser leurs manches et à tout détruire de leurs mains, c'est ce dont on ne peut douter, et il n'est localité, si obscure qu'elle soit, qui ne doive rester bien convaincue, qu'il s'y trouverait, à jour dit, quelqu'enfant perdu de la *Marianne*, disposé à faire, en moment opportun, toute la besogne que les frères pourraient demander. — Quelques mois de 48 et quelques journées de 1851, nous ont appris tout ce que les doctrines de 93, amendées par la science nouvelle des économistes de tous degrés sauraient faire à un moment donné.

Aussi ne serait-ce rien leur dire que de répéter, pour la millième fois, que le régime de la Terreur fut un régime atroce, que les instincts les plus ignobles et les passions les plus haineuses y jouèrent un rôle infâme ; que tout ce qui était honnête fut sacrifié...... — A cela ils répondent que sans cette énergie et sans le sang qui fut répandu, le pays et la nationalité eussent péri ; — que sans ces mêmes excès, les bras et la volonté des masses fussent restés inertes ; — que sans la crainte et la Terreur, les ennemis de la Révolution eussent triomphé......

Eh! bien, soit ; admettons pour un instant cette argumentation ; soyez, comme vous le dites, les seuls et vrais patriotes du pays, les seuls qui aient aperçu le danger, puis comptons, ou plutôt, en restant sur les lieux, près des faits et des choses, voyons qui vous avez sauvé, qui vous avez préservé du danger, ce que vous avez fait pour le pays, pour son avenir, pour sa prospérité future, car c'est bien là le but que vous vous êtes donné, celui aussi qu'il fallait atteindre.

Nous ne discuterons pas les chiffres de vos réquisitions, l'importance relative de vos levées d'hommes, le nombre des détenus et des émigrés, la valeur des biens confisqués, le nombre et l'importance des têtes qui ont roulé de l'échafaud sur la place publique ; nous ne rechercherons même pas vos actes arbitraires et pleins de violence, vos menaces, vos surprises, vos spoliations de tous genres, vos coups frappés indistinctement à droite et à gauche...... Tout cela fut nécessaire, dites-vous, et si le char en marche a écrasé quelques malheureux, qu'importe, pourvu qu'il soit arrivé ! ! !......

Mais vous le savez mieux que nous, c'est qu'il n'arriva pas, c'est qu'il ne pouvait arriver, c'est qu'il n'arrivera jamais par la voie violente et pleine de colère que vous donnez ainsi pour la seule praticable.

Et, en effet : — à la fin de 1792, vous aviez la France entière et ses inépuisables ressources à votre disposition. Sans chefs, sans généraux, presque sans officiers comme sans administrateurs, on parvint à tout organiser, à tout faire, à tout prévoir dans l'administration comme dans l'armée, et les jeunes soldats du pays, triomphant partout de l'ennemi, grandirent et portèrent au loin le nom glorieux de la France.

Croyez-vous bien et pouvez-vous dire que la mort du Roi, que l'expulsion de tant de prêtres respectables, que les injures prodiguées à tant de nobles sentiments et de pieuses croyances, que ces haineuses préventions contre quelques classes d'hommes et ces soupçonneuses catégories de *suspects* et de *modérés* n'aient été pour rien dans les embarras qui suivirent ?

Vous n'oseriez et ne pourriez le dire.

Mais une fois entré dans ce régime, sous prétexte qu'il fallait la force et la Terreur pour arracher les dernières ressources du pays et faire marcher tout le monde en criant *la liberté ou la mort*, qu'arriva t-il ?

Je me renferme toujours dans le Finistère et les départements de l'Ouest, et je vois, pièces en mains : — que les prisons étaient pleines d'hommes, de femmes, d'enfants, de suspects de tous rangs et de toute origine, appartenant à la noblesse comme à la bourgeoisie, au clergé comme à la nombreuse classe des cultivateurs, aux plus humbles conditions des travailleurs vivant de leurs bras et de leurs services journaliers ; — que partout, jusques dans les plus petites villes, les prisons et les maisons de détention se multiplièrent sans pouvoir renfermer tous ceux qu'on voulait détenir (1).

Que si les églises et les maisons religieuses furent promptement veuves de leurs anciens habitués qu'on ne put saisir, parce qu'ils avaient fui à l'étranger, on imagina, pour les frapper encore, de catégoriser parmi les suspects les frères et les sœurs des absents, jusqu'à leurs plus éloignés parents, jusqu'à leurs domestiques dont la fidélité seule fut un acte contre-révolutionnaire. Et sur ce point, je vois qu'en matière d'émigration et de classification, le père répond de son fils, le fils du père, la femme de son mari, la mère elle même de ses fils, quel que soit l'âge de ceux-ci ou de celle-là.

Quand ainsi, au milieu d'une crise sans égale, tout a été en quelque sorte livré au cours désordonné des passions populaires portées, jusqu'au fanatisme le plus aveugle ; quand tout a été demandé au nom du salut public, je vois, pièces sur table, que le *maximum* lui-même n'a paré à rien ; que les réquisitions, les levées en masse, comme les spoliations par voie de garnisaires et de commissaires extraordinaires n'ont conduit qu'à une misère commune, à un dénûment absolu.

J'en ai pour preuve les délibérations des villes de Rennes, de Nantes, de Brest, de Lorient, d'Auray, de Quimperlé, de Châteaubriand, de Vitré, etc., etc., qui s'accordent, dès la fin de l'an II, à dire que les populations qu'elles représentent manquent de tout, que le pain est à 40 sols argent la livre dans ces localités, que tous les magasins sont dépourvus de vivres

---

(1) Dans plusieurs villes, comme à Quimper et à Morlaix, dans le Finistère, on fut obligé de laisser une partie des suspects dans leurs familles et sur parole.

et de marchandises ; que les militaires sont arrêtés dans leur marche, faute de linge et de chaussures ; qu'il y a des équipages qui ont passé l'hiver à la mer sans chemises et sans vêtements ; que la ration du soldat a été successivement réduite de vingt-quatre à douze onces et même à huit ; qu'on ne blute plus aucune farine ni pour les militaires ni pour les citoyens ; enfin que si de prompts arrivages n'ont lieu, il faudra dans les seuls ports de Brest et de Lorient congédier 50 à 60,000 hommes et désarmer la flotte ; faits qui sont chaque jour reproduits et confirmés par la correspondance des Représentants Brue, Guezno, Guermeur, dans le Morbihan ; Faure, Tréhouart, Topsent, et Champeaux, à Brest ; Hoche, Petiet et Daru pour les troupes en mouvement. Quant aux villes, on a un instant voulu rendre leurs officiers municipaux responsables des approvisionnements, et ils ont été égorgés ou obligés de fuir dès qu'ils ont essayé de pénétrer dans les campagnes. Vainement on a mis les troupes à leur disposition : les cultivateurs ne veulent plus des assignats, ne veulent même plus du numéraire qu'on leur offre, et le conseil municipal de la ville de Rennes est obligé, dans ces tristes circonstances, de refuser une allocation de 150,000 francs, espèces que le Comité de Salut public met à sa disposition et dont il ne peut faire emploi.

Et comment cela aurait-il été autrement ? Les réquisitions avaient tout épuisé dans les campagnes, les blés, les fourrages, les bois, les chanvres, les chevaux, les bestiaux de toute espèce, et jusqu'aux hommes et aux enfants eux-mêmes commandés pour aller brûler les brandes et les fougères qui devaient alimenter les ateliers nationaux de cendres et de salpêtres..... et pour tout cela, des assignats et du papier qui n'avaient plus de cours.

Au dépourvu de tout, l'Etat lui-même ne savait plus à qui s'adresser, et en même temps qu'un arrêté du Comité de Salut public accordait aux cultivateurs, après bien des sollicitations, dix millions de livres de fer pour être échangés contre les derniers blés qu'ils pouvaient avoir (1). Les Représentants en mission sur les lieux, malgré ces mesures et les dispositions déjà prises, craignant de voir la récolte elle-même ne pas se faire, engageaient un des leurs, *Mathieu*, à rendre un dernier arrêté, par lequel on prescrivit aux généraux des armées de Cherbourg, de Brest et de l'Ouest, de faire faire les récoltes par des détachements de troupes cantonnées partout où cela serait possible ; aux administrations des districts et des communes de concourir à cette opération par des ouvriers agricoles qui seraient payés par l'Etat sur le produit des blés récoltés ; — de réunir tous les blés ainsi obtenus dans les magasins de la République et de les distribuer par moitié entre les chefs-lieux de district et les magasins de l'armée, sauf à en remettre le prix aux propriétaires après estimation faite par les administrations de district ; d'aviser ensuite aux ensemencements à faire, en achetant ou faisant fabriquer les instruments nécessaires à cette opération, à des prix qui seraient eux-mêmes soldés en blé provenant de la récolte (2).

(1) Un agent spécial, nommé Chambon, qui fut envoyé pour cet objet par les Représentants en mission dans l'Ouest, près du Comité de Salut public, ne passa pas moins de deux mois dans les avenues du Comité et de la Convention avant d'arracher cet arrêté qu'il annonçait chaque jour et qu'on remettait incessamment. Et quand l'arrêté eut décidé la livraison aux Représentants des côtes de Brest et de Cherbourg des dix millions de fer qui existaient dans les magasins de la commune de Châteaubriand, il arriva, qu'en raison des distances et de la difficulté des transports, la mesure fut sans aucun résultat, comme il n'était que trop facile de le prévoir.

(2) Cet arrêté, en douze articles, portait en considérant, « que le » nombre des bras disponibles était insuffisant dans la plupart des » communes rurales, et que les cultivateurs étaient presque partout » empêchés de faire leurs récoltes. » Daté de Rennes, du 24 Thermidor an III, il formait dans son libellé laconique une sorte de résumé des doctrines et des conséquences auxquelles tous les désordres de la Terreur avaient conduit la nation d'une manière presque fatale. Le solde du travail comme de la propriété y était réglé en nature et

Voilà où on en était à la fin de l'an II, voilà dans quelle situation se trouva le pays en l'an III surtout, après un an au plus de ce régime sans raison comme sans prévision, qui eut la spoliation, l'emprisonnement, le *maximum* et les réquisitions forcées pour base, la Terreur et les tribunaux révolutionnaires pour moyens. — La crainte et l'intimidation avaient pour un instant aidé à satisfaire aux excessifs besoins de la crise ; mais le cours des événements et les faux assignats dont le pays fut promptement inondé, amenèrent l'inévitable dépréciation de ceux du Trésor, qui perdirent 20, 30, 60 et 100 fois de leur valeur (1). — Vainement on essaya dans toutes les communes de déjouer la circulation des faux assignats ; — vainement on désigna les receveurs des deniers publics et des commissions spéciales pour ces vérifications comme pour les poursuites à faire. — Les administrateurs des districts et des départements déclarèrent, de toutes parts, aux Représentants en mission, qu'on ne trouvait plus de collecteurs pour les contributions à recouvrer, et que les ventes publiques, notamment celles des biens et des meubles d'émigrés, ne pouvaient plus se faire (2).

Et ce seraient les hommes qui avaient amené un tel état de choses qu'on persisterait à faire passer comme les sauveurs du pays, quand tant de désastres découlèrent directement et sans intervalle des mesures qu'ils avaient prises ! — Mais il faudrait

en blé comme dans une société qui n'aurait pas eu de numéraire. Un article (VIII) porte que si des enfants en bas âge ont été abandonnés dans quelques communes, les quantités nécessaires à leur subsistance seront prélevées et confiées à un homme probe, qui sera chargé de pourvoir à leurs besoins ainsi qu'à ceux des vieillards des deux sexes.

(1) Nous avons des mercuriales de Landerneau et de Carhaix, qui portent, à cette date, le quintal de froment (50 kilog.) à 1,333 francs et 1,500 francs ; — la viande de vache à 15 et 16 fr. la livre.

(2) Correspondance des Représentants en mission avec les administrations locales des départements de l'Ouest.

être aveugle pour le soutenir, et plus aveugle encore pour croire que le sang répandu et les excès commis purent servir la cause désespérée des hommes qui s'étaient jetés en dehors de toutes les voies honnêtes, sous prétexte de sauver le vaisseau de l'Etat, qu'au lieu de mener au port, comme ils l'avaient annoncé, ils allaient faire sombrer, si une main forte et habile, guidée par le plus grand génie des temps modernes, n'était venue l'arracher à une perte assurée.

Non, encore une fois, La Terreur ne fut et ne sera jamais un moyen de salut public, car dès qu'elle est un moyen d'intimidation, elle est aussitôt une faute pour le parti même qui l'emploie, une cause certaine de compromission pour les hommes qui s'en servent, parce que le sang qu'ils répandent comme la crainte qu'ils inspirent, en faisant naître des excès sans noms, paralysent aussitôt toutes les facultés du pays qu'il aurait fallu conserver plus vives que jamais.

Touchons-nous au moment où les masses comprendront enfin cette irrésistible logique de la justice humaine, dérivant elle-même de la justice de Dieu..... — Nous n'osons trop le croire ; mais nous pouvons être sûrs au moins, qu'en s'avançant dans l'ère du travail et du progrès, qui classent et définissent de mieux en mieux les intérêts de tous, les sociétés humaines trouveront dans ces mêmes intérêts, chaque jour plus solidement établis, autant d'obstacles qu'il deviendra de plus en plus difficile de renverser.— Quelques guerres sociales de l'antiquité durèrent dix et douze ans, celles des temps modernes, en pays civilisés, s'abrègent de siècle en siècle : — quelques mois et quelques jours ont suffi plusieurs fois pour en amener la fin. — L'irrésistible logique des faits en aura un jour complètement raison.

— FIN. —

TABLE DES MATIÈRES.

Avant-Propos. v

CHAPITRE PREMIER. — Mission des Représentants envoyés près des côtes de Brest et de Lorient en Août 1793. 1

CHAPITRE II. — Épuration de la Société populaire de Brest et réorganisation des Autoritées constituées. — Police, Fonds secrets et agents intimes. — Nouvelle de la mort de la Reine. — Marine et Déserteurs. — Création du Cabinet d'Histoire naturelle de Brest. 19

CHAPITRE III. — Les clubs. — Les Comités révolutionnaires. — La Commission administrative du département. 29

CHAPITRE IV. — Action des Représentants et de la Commission administrative. — Hésitations et divisions intestines. Création définitive du Tribunal révolutionnaire. — Exécution des officiers De Rougemont, Le Dall-Keréon et Montécler. 53

CHAPITRE V. — Gouvernement révolutionnaire. — Culte. — Disette. — Réquisitions et maximum. — Séances aux Clubs de Brest et de Morlaix. 77

TABLE DES MATIÈRES.

CHAPITRE VI. — Dénonciations nouvelles et menées des agents secrets.— Belval, ancien procureur-syndic de l'administration départementale. — Encombrement des prisons et internement des parents d'émigrés. — Saisie d'un écrit contre l'amiral Villaret, et révocation de Hugues, accusateur public du Tribunal révolutionnaire. — Reconstitution de ce Tribunal. — Nomination de Ragmey, Donzé-Verteuil et Bonnet. 97

CHAPITRE VII. — Tribunal révolutionnaire régénéré, ses premiers actes. — Poursuites et condamnations contre les agents de l'émigration : Hervé de Chef-du-Bois, — Miorcec de Kerdanet, etc., etc. 111

CHAPITRE VIII. — Les Prêtres insermentés et leurs Receleurs devant le Tribunal révolutionnaire de Brest. — Les Femmes de Morlaix et la jeune Emilie de Forsan. 127

CHAPITRE IX. — Femmes, — Paysans, — Matelots, — Simples militaires devant le Tribunal révolutionnaire. . 137

CHAPITRE X. — Procès et Immolation des vingt-six Administrateurs du Finistère. 153

CHAPITRE XI. — Derniers jugements du Tribunal révolutionnaire : Belval, — Raby, — Le Bronsort, — Toullec, — Rideau, — Moreau, — Kerangouez, — Guiller, — Les dames de Coatanscour, etc., etc. — Fête du 14 Juillet. — Agapes et repas public sur le Cours d'Ajot. 191

CHAPITRE XII. — Arrivée de la nouvelle du 9 Thermidor à Brest. — Suites et révélations des affidés de la Terreur. . 209

CHAPITRE XIII. — Courtes réflexions. 227

BREST. — IMPRIMERIE E. ANNER.

www.ingramcontent.com/pod-product-compliance
Lightning Source LLC
Chambersburg PA
CBHW070525170426
43200CB00011B/2322